中国明清时期陶瓷官窑文化及其当代价值

主　编　吴　隽
副主编　张茂林　李其江　黄胜辉

教育部人文社会科学项目
（10YJC780013）
『中国明清时期陶瓷官窑文化及其当代价值研究』成果

ZHONGGUO MINGQING SHIQI
TAOCI GUANYAO WENHUA
JIQI DANGDAI JIAZHI

高等教育出版社·北京

图书在版编目（CIP）数据

中国明清时期陶瓷官窑文化及其当代价值 / 吴隽主编. -- 北京:高等教育出版社，2016.12
ISBN 978-7-04-044698-2

Ⅰ. ①中… Ⅱ. ①吴… Ⅲ. ①官窑 - 瓷窑遗址 - 研究 - 中国 - 明清时代 Ⅳ. ①K878.54

中国版本图书馆CIP数据核字(2016)第020161号

策划编辑 张 岩　　责任编辑 孙 璐 张 岩　　封面设计 张申申　　版式设计 于 婕
责任校对 刘丽娴　　责任印制 朱学忠

出版发行 高等教育出版社
社　　址 北京市西城区德外大街4号
邮政编码 100120
印　　刷 北京信彩瑞禾印刷厂
开　　本 787 mm×1092 mm 1/16
印　　张 14.75
字　　数 290千字
购书热线 010-58581118
咨询电话 400-810-0598
网　　址 http://www.hep.edu.cn
http://www.hep.com.cn
网上订购 http://www.hepmall.com.cn
http://www.hepmall.com
http://www.hepmall.cn
版　　次 2016年12月第1版
印　　次 2016年12月第1次印刷
定　　价 98.00元

物 料 号 44698-00

序

陶瓷不仅是工业技术产品，也是社会文化和艺术的结晶，反映着不同时代丰富的社会人文信息。在长达万年的历史长河中，我国先民利用他们的聪明才智，创造了绚丽多姿的陶瓷文化。从民窑发展至贡窑，乃至宋代出现的官窑，如北宋汝官窑和汴京官窑，南宋修内司官窑和郊坛下官窑等，反映了不断强化的皇权意志，也代表了当时瓷业的最高水准。

明清时期景德镇御窑（器）厂更是我国陶瓷官窑发展的顶峰，是我国烧造时间最长、规模最大、工艺最为精湛的专造宫廷用瓷的皇家窑厂。为满足帝王和朝廷之需，这里集中了最优秀的工匠，采用最精细的原料，不计工本，精益求精，造出了许多精美绝伦，具有重大的艺术价值、文化价值和社会经济价值的瓷器，代表了中国陶瓷艺术和技术的巅峰成就，是我国民族文化中最有代表性的瑰宝之一。御窑厂对制瓷工艺技术的不断革新，在客观上促进了景德镇制瓷业的发展，使景德镇逐渐成为全国制瓷中心。因而，御窑厂在中国陶瓷发展史上占有特殊而重要的地位，是江西省乃至全国的一笔宝贵的历史文化财富。

2015年2月，宿白等三位著名老专家给中央写信，呼吁加强景德镇御窑遗址的保护与研究。习近平总书记、李克强总理、刘延东副总理先后对三位老专家的信件作出重要批示。受江西省委、省政府委托，时任江西省人民政府副省长的朱虹多次召开协调会，并要求景德镇陶瓷学院成立御窑研究院，加强御窑研究，体现了御窑遗址与长城、故宫相媲美的重要文化战略地位。可见，深度发掘和展示以御窑为代表的我国悠久的陶瓷文化，对于响应国家文化强国战略，为实现“中国梦”注入陶瓷文化力，增强国家文化软实力和中华文化的国际影响力，实现中华民族的伟大复兴都具有十分重要的意义。

当然，鉴于明清景德镇御窑的重要地位，相关著述颇丰。而吴隽教授等所编著的这本《中国明清时期陶瓷官窑文化及其当代价值》却能不落窠臼，特点鲜明。在研究方法方面，该书注重多学科的交叉融合；在研究内容方面，从官窑文化现象入手，由表及里，层层深入。例如，从史料的角度，通过系统的文献资料调查，全面考察了我国古代官窑的管理体制和生产模式的发展脉络，及当时相应的社会政治、经济、文化环境背景；从材料分析的角度，通过对我国明清历代官窑制品的制作工艺（包括坯釉配方、原料处理、成型技术、烧成制度等）和性能进行系统分析和测试，深入剖析了明清官窑制瓷技术的突出成就；从社会、经济的角度，通过和我国民窑的对比分析，总结和归纳出明清陶瓷官窑文化的核心价值内涵，及其对行业和区域经济、文化、技术的影响，并充分发掘其当代价值。

总体来说，该书对我国明清官窑文化价值体系的系统研究和深度揭示，不仅将补充完善明清时期中国陶瓷发展史，而且将进一步丰富中国陶瓷文化的内涵。此外，作为一种超经济的文化现象，中国明清官窑文化对促进当时的陶瓷行业发展、推动技术进步起到了一定的积极作用。对这种文化价值体系的形成、发展和属性的深入研究将让我们明晰利弊，从中汲取养分，为丰富和创新我国当代陶瓷技术品类，培育有中国特色元素的现代陶瓷制品，传承和弘扬古代优秀陶瓷文化遗产，振兴现代陶瓷产业，以及增强我国陶瓷的国际行业竞争力提供科学素材和参考依据。

郭杰忠

2016 年 5 月

前　言

“中华向号瓷之国，瓷业高峰是此都。”郭沫若先生在1965年考察景德镇时以此诗句盛赞千年瓷都的历史和文化。景德镇瓷业始于唐，盛于宋，但其瓷都地位的形成，与明清时期御窑（器）厂的建立和发展有很大关系。御窑（器）厂所包含的追求完美的精品意识、组织严密的管理制度、精致的分工和协作，给整个陶瓷行业和该地区的瓷业发展都产生了无法估量的影响，也进一步推动了景德镇成为中国乃至世界的一个制瓷中心，也成为景德镇仅以单一手工业就支撑了这座城市长期蓬勃发展这一奇迹产生的重要推手。

景德镇的千年瓷业，特别是明清时期的御窑（器）厂，长期以来是陶瓷考古等领域学者和专家们关注的焦点。研究主要集中在官窑模式与产品的自身属性、特点的解剖研究方面。包括：(1)从官窑制度方面，学者们从官窑系统的机构设置、管理模式、用工制度等方面进行了揭示和分析，代表性的有王光尧、刘毅等所著的《中国古代官窑制度》《明清陶瓷官窑制度比异》和《官窑制度的形成及其实质》等专著和论文；(2)对中国明清官窑瓷器的艺术特色的展现，代表性的有熊寥、潘文锦、蔡路武等所著的《明代官窑艺术》《明代各期官窑青花瓷的特点》和《清代历朝官窑瓷器概观》等；(3)科技界对明清官窑瓷器技术内涵方面的探析，以中国科学院上海硅酸盐研究所、中国科学技术大学、景德镇陶瓷学院等单位为代表，发表了大量的科技论文，如《清代官窑瓷器的透明釉成分分析研究》《宣德官窑青花瓷的面扫描分析》等。此外，对中国明清官窑与当时经济、社会及政治的关系也展开了一些初步的研究。如彭涛、付火水、梁淼泰等所著的《明代宦官政治与景德镇的陶政》《明中后期社会变迁与景德镇陶瓷生产》《明清景德镇城市经济研究》等论文和专著。

但是，针对这种全新的官窑模式所催生的文化价值体系，仍然存在许多悬而不明之处，亟待深度发掘和探析。如，中国的官窑模式何以在明清时期发生了质的变化？这种全新的明清官窑模式所催生的陶瓷文化体系，它的核心文化价值内涵是什么？对中国制瓷行业和地区的经济、技术、文化的发展存在什么样的影响？对于当代我国陶瓷行业的发展，有何可借鉴之处？为了回答上述问题，我们在教育部人文社会科学研究项目、江西省社会科学规划项目及江西陶瓷文物遗存保护暨御窑研究协同创新中心的资助下，开展了相关研究工作，本书即是项目的主要研究成果之一。

本书由吴隽、张茂林、李其江、黄胜辉等共同编著，各章节具体分工如下：

第一章：吴隽、张茂林；

第二章：吴军明、曹建文、吴隽；

第三章：李其江、黄薇、吴隽；

第四章：陈世伟、黄胜辉。

由于本书涉及考古学、科学技术史、历史学等多学科的知识，且近年来国内外学者在相关领域内研究硕果累累，作者水平有限，书中错误或遗漏之处敬请广大读者批评指正。

目录

第一章 中国明清陶瓷官窑模式的产生和发展

中国具有长达万年连续不断的陶瓷烧制历史，创造了绚丽多姿的陶瓷文化。除了磁州窑、耀州窑、钧窑、定窑、龙泉窑、建窑、吉州窑等众多以商品性生产为主的民间瓷窑体系外，官窑在我国陶瓷史上占有举足轻重的地位。特别是明清时期专门为皇家从事瓷器生产的御器（窑）厂的设立，使我国古代官窑达到了它的最高点。

第一节 官窑的概念及早期官窑概述

一、官窑的相关概念

官窑是一个相对于民窑的概念。与民窑属于个人或家庭私有的手工作坊不同，官窑是一种封建制的手工工场制度，是由官府投资、计划生产、经营管理，并且产品由官府统一分配的窑业制度。因此，一般来说，陶瓷官窑是指由官府出资设立和生产，产品流向由官府控制的陶瓷器生产窑厂[①]。除个别特殊官窑产品，如所谓的“宣州官窑”流入市场外，官窑瓷器一般仅供皇室或贵族使用。由于使用对象的不同，相比于民窑瓷器造型纹饰的自由丰富，官窑瓷器在器型、纹饰上均有严格的礼仪规定，且追求精工细作，不计成本。

文献中最早提到“官窑”一词的是南宋叶寘的《坦斋笔衡》，书中说：“本朝以定州白磁器有芒，不堪用，遂命汝州造青窑器，故河北唐、邓、耀州悉有之，汝窑为魁。江南则处州龙泉县窑，质颇粗厚。政和间，京师自置窑烧造，名曰‘官窑’。中兴渡江，有邵成章提举后苑，号邵局，袭故京遗制，置窑于修内司，造青器，名内窑，澄泥为范，极其精致，油色莹澈，为世所珍。后效坛下别立新窑，比旧窑大不侔矣……”[②] 显然，此处文献所述的“官窑”特指北宋官窑。南宋时期“袭故京遗制”而建的性质相同的两窑，则分别被称作“内窑”“新窑”，并未以官窑称之。直至明清时期，官窑的概念逐渐扩大。明曹昭《格古要论》曰：“官窑器，宋修内司烧者”[③]，高濂《遵生八笺》曰：“所谓官者，烧于宋修内司中，为官家造也”[④]，已混用了“官窑”“内窑”之名。传统官窑的概念逐步形成，即由官府开设的，产品极其精细且专供官府使用，不再从事商品瓷生产的窑场[⑤]。

如前所述，官窑是指由官府出资设立和生产，产品流向由官府控制的陶瓷器生产窑

---

① 参见王光尧：《中国古代官窑制度》，紫禁城出版社 2004 年版，第 10 页。
② 熊寥、熊微：《中国陶瓷古籍集成》，江西科学技术出版社 2000 年版，第 25 页。
③ 熊寥、熊微：《中国陶瓷古籍集成》，江西科学技术出版社 2000 年版，第 72 页。
④ 熊寥、熊微：《中国陶瓷古籍集成》，江西科学技术出版社 2000 年版，第 77 页。
⑤ 参见袁南征：《重新认识官窑——关于官窑概念的探讨》，《文博》1995 年第 6 期，第 150~154 页。

厂。若官窑产品仅供御用，则此官窑可称为御窑。而一般概念的"官窑"，其产品有可能作为商品出售，如"宣州官窑"等。"宣州官窑"位于安徽省芜湖县东门渡村，窑址南北长3千米，东西宽1.5千米，其年代为唐末至北宋。该窑址未见于文献记载，1985年因文物工作者在窑址进行调查时，采集到钤有"宣州官窑"四字阴文印记的四系罐而大白于世。无独有偶，1991年安徽合肥市阜阳南路拓宽时，发现一个筒形窖穴，出土了数件带"宣州官窑"款的四系罐。但"宣州官窑"的器物瓷质粗糙，制作不规整，釉色不均。显然，"宣州官窑"只是由地方官府控制的生产粗糙酒器的窑场，不可能是传统意义上的为宫廷烧造御用瓷的瓷窑[①]。

谈到官窑，就不得不提到"贡窑"。一般来说，宫廷获取御用瓷器的方式很多，最直接的就是官窑生产[②]。但在此之前，"土贡"是宫廷获取御用瓷器的主要方式。"土贡"一词出自《尚书·禹贡》："禹别九州，随山浚川，任土作贡"。所谓"土贡"，是指中国古代地方政府向中央和统治者进献土特产或珍宝等财物的制度。瓷器也是各地方政府进献朝廷的重要产品之一，这在许多文献中都有所记载。如，唐杜佑《通典》卷六："河南府贡瓷器十五事"，《元丰九域志》卷二："邢州钜鹿郡……土贡绢一十匹、瓷器一十事"，《宋史·地理志》："信德府……本邢州。贡绢、白瓷、解玉沙"，《元丰九域志》卷三："耀州，华原郡土贡瓷器五十事"，《元丰九域志》卷三："越州，会稽郡……土贡……瓷器五十事"，《宋会要辑稿》："瓷器库在建隆坊，掌受明、越、饶州、定州、青州白瓷器及漆器以给用"[③]，等等。这说明唐宋时期，邢窑、耀州窑、越窑及景德镇窑等皆曾烧制贡瓷。由于地方郡县土贡大多是由官府出资收购的，这些由官府出资收买的贡品，一般是由特定的匠户生产。为了保证贡品的质量，晚唐时越窑辟有专烧贡瓷的窑场——"贡窑"。1977年上林湖吴家溪出土的"贡窑"铭墓志罐，高19.4厘米，口径9.7厘米，器身筒形并有圈足，罐外刻志文，其铭曰"府君凌倜，……中和五年岁在乙巳三月五日终于明州慈溪县上林乡石仁里石贵保。……光启三年岁在丁未二月五日，殡于当保贡窑之北山，其坟丙向"，则较为明确地指明了上林湖越窑的"贡窑"性质。实际上，越窑早在东汉时期即已烧造出了成熟的青瓷，如上虞小仙坛的部分青瓷残片，其烧成温度已达1 300℃，显孔气率和吸水率分别低至0.62%和0.28%，已达到现代瓷器的标准[④]。发展至唐代，作为南方青瓷体系的著名代表，越窑青瓷作为土贡产品进奉朝廷

---

① 参见袁南征：《重新认识官窑——关于官窑概念的探讨》，《文博》1995年第6期，第150~154页。杨玉璋、张居中：《宣州窑及相关问题研究》，《广西民族大学学报（自然科学版）》2007年第1期，第18~21页。

② 参见赵宏：《"官搭民烧"考》，《故宫博物院院刊》1996年第1期，第81~85页。

③ 王光尧：《中国古代官窑制度》，紫禁城出版社2004年版，第29页。

④ 参见李家治：《中国科学技术史——陶瓷卷》，科学出版社1998年版，第129页。吴隽、罗宏杰、李其江等：《越窑、龙泉及南宋官窑青瓷等我国南方青釉名瓷的元素组成模式和显微结构特征研究》，《硅酸盐学报》2009年第8期，第1408~1414页。

应是顺理成章的事情。

晚唐五代人王仁裕(880—956)在《开元天宝遗事》中记载了唐朝廷内库收储优质青瓷的情况:“内库有青瓷酒杯,纹如乱丝,其薄如纸,以酒注之,温温然有气相次如沸汤,各自暖杯。”而1987年陕西扶风法门寺地宫的发掘,明确了越窑曾向唐朝廷贡献优质青瓷的史实。法门寺地宫共出土秘色瓷十余件(见图1.1),主要造型为盘、碗、净水瓶等。釉色可分为青绿、青黄两种,造型精巧,碗、盘口沿多作成花边状,底卧足满釉,仅留细小的支烧痕迹。这批器物质地优良,它们是越窑为朝廷烧造的贡品,后又由皇室供奉佛骨真身舍利随葬。法门寺地宫封闭的时间为唐懿宗咸通十五年(874年),秘色瓷进贡不会晚于这个年代[①]。

图1.1 陕西省扶风县法门寺塔地宫出土秘色瓷净水瓶

贡窑是当时生产贡瓷的窑场,但贡窑除生产贡瓷,也生产商品瓷。晚唐诗人徐夤《贡余秘色茶盏》诗曰:“捩翠融青瑞色新,陶成先得贡吾君”,或许说明贡瓷户完成官府摊派的贡瓷定额之后,才可将瓷器自由出售[②]。当然,与后来的官窑乃至御窑相比,首先,贡窑是私人经营;其次,其产品具有商品性。

二、早期官窑概述

根据文献记载,我国古代第一个仅烧制宫廷用瓷的官窑应是五代后周的柴窑。明代文献《宣德鼎彝谱》中记载:“内库所藏,柴、汝、官、哥、钧、定。”将柴窑瓷器列为首位。明代文震亨在《长物志》中写道:“柴窑最贵,世不一见。……青如天,明如镜,薄如纸,声如磬。”[③] 清代朱琰《陶说》中记载:“柴世宗时烧者,故曰柴窑。相传当日请瓷器式,世宗批其状曰:‘雨过天青云破处,者般颜色作将来。’”上述文献从不同角度说明了柴窑器的特征,但在传世的官窑瓷器中无一件可以认定为柴窑产品,柴窑窑址至今也未能确认。它是否存在以及窑址位于何处,目前还有较大争议。有学者认为景德镇的影青瓷就是柴窑瓷器,也有学者认为陕西的耀州窑即是柴窑,如此种种,皆无定论,因而其烧造制度更是无从考究。

宋代是官窑制度形成的关键时期。一般认为属于宋代的官窑有汝官窑、钧官窑、汴京官窑、修内司官窑以及郊坛官窑等。

---

① 参见刘毅:《官窑制度的形成及其实质》,《中原文物》1994年第3期,第90~94页。

② 参见郑嘉励:《越窑秘色瓷及相关问题》,《华夏考古》2011年第3期,第121~125页。

③ 熊寥、熊微:《中国陶瓷古籍集成》,江西科学技术出版社2000年版,第65~66页。

根据现有的考古发现及许多学者的研究成果判断，河南宝丰清凉寺窑址出土的天青釉汝瓷与清宫旧藏传世汝瓷器一致，因此清凉寺窑址应是北宋汝官窑[①]。但从清凉寺汝窑发掘出土的器物显示，除天青釉汝瓷（见图 1.2）外，清凉寺汝窑还生产豆青或豆绿色印花瓷、白釉珍珠地划花瓷、白地黑花瓷等等，而从地层来看，该窑场历经北宋早、中、晚以及金、元时期。因而，此窑应是在私营窑场基础上发展起来的、北宋晚期被官府选中征用并由官府介入烧造事宜的一处官、民窑炉并见的窑场[②]。清凉寺汝官窑生产的瓷器并未被宫廷完全垄断，正如南宋周煇《清波杂志》记载："汝窑……唯供御检退，方可出卖，近尤难得。"[③] 这与后来专供御用的官窑场在性质上有着明显的不同。当然，在生产御用瓷时，同样追求精工细作，不计成本，甚至以玛瑙为制釉原料之一。玛瑙的主要成分为二氧化硅，其对瓷釉性质的影响与普通的石英应无差别，在瓷釉中引入玛瑙这种物质，无非是为了显示皇家地位的尊贵。

图 1.2　宋汝窑椭圆天青水仙盆

南宋叶寘《坦斋笔衡》载："政和间，京师自置窑烧造，名曰'官窑'。"[④] 即后世所谓的"北宋官窑"。由于没有其他可靠史料佐证，特别是窑址始终没有发现，因而学术界对于北宋官窑是否存在、窑址位于何处等问题尚有争议。一种观点认为北宋官窑即"汴京官窑"，其窑址位于北宋都城汴京，即今天的河南开封附近。但由于宋元以来黄河多次泛滥，开封屡屡被淹，昔日北宋的都市已深埋地下，因此窑址恐难以发现[⑤]。第二种观点认为开封附近没有制瓷必需的瓷土和燃料，不具备建窑的自然条件，因而否定北宋"汴京官窑"的存在[⑥]。第三种观点则认为北宋官窑存在，窑址不在汴京，而是在汝州，有学者认为汝州张公巷窑即是学术界寻觅已久的北宋官窑[⑦]。

如前所述，《坦斋笔衡》中同样记述了南宋官窑的情况，明确指出南宋沿袭北宋

---

① 参见郭木森、赵文军：《试析汝窑及相关问题》，《华夏考古》2000 年第 3 期，第 94~98 页。王光尧：《从官手工业制度看汝窑》，《故宫博物院院刊》2002 年第 1 期，第 50~58 页。

② 参见郭木森、赵文军：《试析汝窑及相关问题》，《华夏考古》2000 年第 3 期，第 94~98 页。

③ 周煇：《清波杂志》，《笔记小说大观》二，江苏广陵古籍刻印社 1983 年版，第 333 页。

④ 熊寥、熊微：《中国陶瓷古籍集成》，江西科学技术出版社 2000 年版，第 25 页。

⑤ 参见陈万里：《中国青瓷史略》，上海人民出版社 1956 年版。

⑥ 李辉柄：《宋代官窑瓷器》，紫禁城出版社 1993 年版。

⑦ 参见李刚：《宋代官窑续论》，《东方博物》2006 年第 2 期，第 6~17 页。

旧制，先后在修内司和郊坛下设窑烧制御用瓷器。郊坛下官窑发现于1913年。20世纪50年代和80年代先后进行过两次考古发掘，清理出龙窑两座、作坊一处以及大量的瓷片和窑具标本。学术界于1969年发现了杭州凤凰山老虎洞窑址，经近年来的两次发掘以及多位学者从考古学、材料学等角度的分析研究，证实了老虎洞窑南宋时期的遗存即是修内司官窑[①]。高宗赵构于绍兴八年（1138年）定都临安（杭州），之后5年（1143年）建郊坛，举行大型祭祀活动。由于在仓皇南迁的过程中宫廷珍器已被金兵洗劫，因此祭祀用器只能从简。《咸淳临安志·郊庙》记载："设祭器九千二百有五，卤簿万二千二百有二十人。祭器应用铜玉者，权以陶木，卤簿应用文绣者，皆以缬代之。"因此，定都后的宫中用瓷以及郊坛祭典用瓷的需求，迫切需要建置官窑，即文献记载的"修内司官窑"[②]。马端临《文献通考》载："（宁宗嘉泰）四年（1204年）三月丁卯，行都大火，燔尚书省、中书省、枢密院、六部，右丞相府、制敕料粮院、亲兵营、修内司，……时省部皆寓治驿寺。"修内司官窑应毁于这一次的火灾，因而在郊坛下别立官窑，以代替焚毁的修内司窑[③]。

宋代官窑瓷器不仅要严格按设计生产，而且产品质量精益求精，稍不合格，即须就地打碎重新烧造。官窑窑场大量的废品残片堆积，就是这种背景下的产物。宋代的几处官窑，都设在京城附近。至于文献中记载的汴京官窑、修内司官窑和已经找到窑址的郊坛官窑，更是直接设在了京师。从汝官窑到京城官窑的发展，不仅是地理方位的转移，而且反映了宫廷对官窑控制的进一步加强。为了保证皇宫用瓷的质量和产量，宋朝廷还专门派人管理官窑。从文献记载来看，将作监、文思院、后苑造作所有可能是中央官府管理官窑的机构。

宋朝倡导尊重儒术，礼教孔子，以儒家思想作为治国安邦、巩固统治政权的指导思想。从宋初建隆二年（961年）宋太祖赵匡胤御批《三礼图》开始，宋朝统治者将"尧舜之典""夏商之礼"这种宋代理学的拟古思想作为自己的社会意识形态思维灌输到宫廷官窑瓷的器型设计中。于是，商周秦汉青铜礼器和玉器造型成了宋代官窑器型设计的典范，形成了宋代官窑瓷独特的器型设计风格。特别是宋代官窑陈设瓷的器型设计，基本上是仿商、周、汉青铜器和玉器的造型。整个陈设瓷器型设计古朴，造型外观洋溢着一种古制的遗风，给人以庄重、自然的复古感[④]。宋代官窑瓷器以天青色为主流釉色，由于呈色元素含量、烧成温度高低以及气氛的变化等因素的影响，宋代官窑瓷器还常呈现出豆青、粉青、虾青、月白等釉色。汝窑与钧窑的青釉瓷在外观上相近，历来有"汝钧不分"的说法。通

① 参见李家治：《简论官哥二窑》，科学出版社2007年版，第126~127页。

② 参见李辉柄：《谈南宋官窑及相关问题》，《文物》1998年第4期，第33~37页。

③ 参见邓禾颖：《南宋官窑探微》，《东南文化》2003年第5期，第69~72页。

④ 参见叶宏明、叶国珍、袁敏智：《宋代官窑瓷器型风格与特色》，《中国陶瓷工业》2005年第10期，第13~16页。

过科技研究发现，汝瓷和钧瓷在瓷胎的主量和痕量元素含量上差异不大，但二者瓷釉组成明显不同。与汝瓷相比，钧瓷瓷釉 Al_2O_3 含量低而 SiO_2 含量高，满足了分相的条件，形成了独特的分相析晶乳光釉，古人在不明其原理的情况下，称之为“窑变”①。南宋官窑“袭故京遗制”，器物在一些外观特征上受了汝官窑等的影响，但南宋官窑瓷器与汝官窑器在胎体化学组成上大有区别，如老虎洞窑南宋堆积层瓷胎标本中 SiO_2、Fe_2O_3 和 K_2O（分别为 66.15%~70.11%，2.41%~2.92%，1.93%~2.86%）的含量都比汝窑瓷胎中的这三种氧化物（分别为 60.51%~64.81%，2.08%~2.28%，1.53%~1.84%）含量要高；而老虎洞窑瓷胎中 $A1_2O_3$ 和 CaO（分别为 22.86%~25.81%，0.10%~0.14%）都比汝窑瓷胎中的这两种氧化物（分别为 27.62%~31.27%，0.49%~1.55%）含量要低。这是由两地所产的原料所决定的，窑工们是无法承袭的。二者瓷釉组成虽有差异，但差异相对较小，化学组成点都位于 SiO_2—CaO—$A1_2O_3$ 三元平衡相图中的钙长石初晶区内或附近的一个不大的区域内，有利于钙长石晶体的析出以及随后在晶间以及周边分相的发生。这说明宋室南迁后，为了“袭故京遗制”，在杭州建立的第一座官窑老虎洞窑的窑工们，利用杭州地区所产的原料在不长的时间内就能烧制出与汝窑瓷相似的、玉质感极强的析晶分相的乳浊釉。除了原料配方外，南宋官窑瓷都是在南方特有的龙窑中烧成，而汝官窑是在北方常用的馒头窑中烧成，窑形的不同，势必会影响窑内气氛和温度的控制，进而影响胎、釉的颜色和裂纹的形成。老虎洞窑出土南宋地层的瓷片，在元素组成上较为分散，反映了其作为南宋建立伊始的首个官窑，由于原料和工艺的变化，探索烧制类汝官窑的过程。而后来建立的郊坛官窑，其瓷器的元素组成相对集中，说明此时配方已较为成熟②。

综合古代文献记载和考古发掘两方面的资料来看，北宋汝官窑和南宋修内司、郊坛官窑已经具备了官窑的性质，官窑烧造制度基本确立，也为明清时期陶瓷官窑制度与文化的产生和发展奠定了一定的基础。

第二节　明清官窑模式的产生和发展及其社会背景和原因

明清时期，景德镇瓷业一枝独秀，更是生产皇室用瓷的御窑厂所在地。虽然明初朝廷

① 参见李家治：《中国科学技术史——陶瓷卷》，科学出版社 1998 年版，第 417 页。

② 参见李家治、吴瑞：《科技研究为官哥等窑的时空定位提供新思路》，《文物保护与考古科学》2006 年第 4 期，第 39~48 页。

曾在龙泉等地设置官窑，但这些官窑在烧制时间以及影响力等方面均远逊于景德镇御窑厂。因此，本书所探讨的明清官窑，如非特殊说明，均指景德镇官窑。

一、景德镇及其周边的瓷业资源

景德镇瓷业之所以能在宋元时期异军突起，在明清时期一枝独秀，与其丰富的瓷业资源条件是密不可分的。

景德镇位于江西省的东北部，东面与安徽休宁和本省的婺源、德兴相连，南邻万年，西面是鄱阳，北面靠着安徽的东至和祁门。景德镇城区坐落于群山环绕之中，昌江穿城而过，上溯祁门，下至鄱阳湖。景德镇气候温和湿润，春夏秋冬四季分明，冬冷春寒，夏热秋旱，春秋短而冬夏长，属亚热带季风气候。热量丰富，雨量充沛，光照充足，无霜期长。由于季风的影响，冬夏多偏北风，春夏之交梅雨绵绵，夏秋之际天气晴热，具有明显的丘陵山区气候特色。这种气候对农业生产和瓷业生产都十分有利①。

景德镇蕴藏着丰富的优质陶瓷原料，主要有瓷石和高岭土两类，分布在高岭、瑶里、三宝蓬、银坑、寿溪、大洲、柳家湾、浮南等处。除当地出产瓷土外，邻近各县如星子、临川、余江、波阳、乐平以及安徽的祁门等地，都蕴藏着大量的高岭土、瓷石、釉果和耐火土等矿物。瓷石是一种以石英、绢云母等为主，并有包含长石、氧化铝等的硅酸盐岩石矿物。瓷石能在 1 200 多度的温度下烧结，因此可单独作为制胎原料。此外，用风化较浅的瓷石（钾、钠含量较高）原料即釉果配以一定量的釉灰，即可制成景德镇传统的灰釉。高岭土主要含有高岭石等矿物，氧化铝成分较高，熔剂成分较少，它虽一般不能单独成瓷，但若在瓷石原料中加入一定的高岭土，则所制瓷胎不但更加洁白，且烧成范围扩大，烧成温度提高，在高温下也不易变形，因而高岭土是配制高级硬质瓷胎的重要原料。民国时期向焯在《景德镇陶业纪事》一书中也提到，“陶业所资，在于劳工与原料。而原料之中，所关最要者，即白土窑柴也。先是浮梁之东乡，地名高岭，所出瓷土，最为适宜，且发现最早。数百年甄陶之用，均取于兹。厥后渐次告竭。而本邑三宝蓬、明砂、银坑坞等处及邻封星子、余干与安徽之祁门，相继产出。土质之佳，有过之无不及。其地距离景德镇，近则数十里，远则二三百里。水道运输，尚称便利。瓷土之来，源源不绝。此景德镇地位之便利者一也”，亦说明了高岭土在传统瓷业中的重要意义。

景德镇境内主要为中低山与丘陵区群山的表层，到处覆盖着葱郁茂密的森林，以松树和杉树为主要树种，且遍山长满了被当地人称为狼茇草的蕨类，为景德镇制瓷提供了丰富的燃料和原料。自古以来，景德镇烧造瓷器，主要用松柴和杂柴等为燃料。特别是松木，油脂多，火焰长，灰尘少，主要用来烧制细瓷。而松树的枝叶和其他灌木、茅草等槎柴则用

① 参见方李莉:《景德镇民窑》，人民美术出版社 2002 年版，第 13~17 页。

来烧制粗瓷。

景德镇虽地处山区，但水路交通甚为方便。其主干河流昌江，发源于安徽省祁门，贯穿于整个景德镇，最终流入鄱阳湖和长江。昌江支流众多，较大的有东河、南河、西河、小北河等。河流密布的水系，一方面方便用于淘洗瓷土原料，还可利用水流落差做动力，大量设置水碓，以粉碎坚硬的瓷石原料。更为重要的是，便捷的水路为原料、燃料和陶瓷产品的运输提供了便利条件[①]。

二、明代之前的景德镇瓷业基础

景德镇制瓷历史悠久。根据清代乾隆四十八年《浮梁县志》等史料载，"新平冶陶，始于汉世"。有学者据此认为景德镇陶瓷史可上溯至汉代。此时景德镇的陶器"质甚粗，体甚厚，釉色淡而糙"，"只供迩俗粗用"，并不远销，因此影响极为有限。该史料中亦有关于景德镇唐代"陶窑""霍窑"的记载，如："新平霍仲初，制瓷日就精巧，唐兴素瓷在天下，仲初有名"，"武德四年，有民陶玉者，载瓷入关中，称为假玉器，献于朝廷，于是诏仲初等暨玉制瓷进御"，等等。当然，从其与"火中出"谐音的名字即可知道，该记载的可信度并不高。唐代著名文学家柳宗元曾为当时的饶州刺史写过一篇《代人进瓷器状》，因此有学者认为进贡的瓷器应是景德镇所产。文中提到瓷器"艺精埏埴，制合规模。禀至德之陶蒸，自无苦窳；合太和以融结，克保坚贞。且无瓦釜之鸣，是称土铏之德。器惭瑚琏，贡异砮丹。既尚质而为先，亦当无而有用"。虽然文献中多有关于景德镇唐代瓷器的记载，但长期以来未发现窑址，因而景德镇瓷业是否始于唐代，学术界一直存有争议[②]。直至2011年底，江西省文物考古研究所、景德镇市陶瓷考古研究所等单位对景德镇南窑、兰田窑进行了初步发掘整理，并邀请耿宝昌等专家举行了论证会，与会专家一致认定了两窑应是唐代窑址，表明景德镇瓷业肇始于唐代。

从组成配方上来看，景德镇兰田窑出土的青釉瓷器胎体中 SiO_2 的含量大多在73%~77%之间，少数高达79%左右；Al_2O_3 的含量基本在14%~19%的范围之内变动；Fe_2O_3 和 TiO_2 的含量分别在2%~3%和0.5%~0.8%之间波动。总体来看，兰田窑出土的五代和唐代青瓷胎体元素组成变化不大（见表1.1）。由表1.2可知，景德镇兰田窑出土的青瓷瓷釉中的 Al_2O_3 和 SiO_2 的含量变化不大，Al_2O_3 含量基本在11%~14%之间浮动，SiO_2 的含量大多介于60%~65%。瓷釉主要以 CaO 和 MgO 为助熔剂，其含量之和基本达到18%左右，K_2O 和 Na_2O 含量较低，属典型的钙釉。此外，MnO 和 P_2O_5 的含量较高，说明瓷釉配

---

① 参见曹建文：《景德镇传统陶瓷兴衰历史原因之研究》，《中国陶瓷工业》2010年第2期，第16~21页。方李莉：《景德镇民窑》，人民美术出版社2002年版，第13~17页。

② 参见余家栋：《江西陶瓷史》，河南大学出版社1997年版，第188页。

方中应加入了一定量的草木灰。不同时期的兰田窑瓷器样品中助熔剂元素及呈色元素含量差异明显，如唐代样品瓷釉中 CaO 的含量基本在 12%~16% 之间，至五代时期则升至 14%~20%；但 MgO 的含量却由唐代的 4% 左右降至五代的 1%~2%；此外，五代青瓷瓷釉中 Fe_2O_3、TiO_2 以及 MnO 和 P_2O_5 的含量也同样明显低于唐代青釉瓷器（见图 1.3~ 图 1.5）。这说明：第一，唐代瓷釉配方中可能使用了白云石或者含镁量较高的石灰石；第二，唐代瓷釉配方中草木灰的用量较大，至五代时期则有所减少；第三，五代时期瓷釉中铁、钛等呈色元素含量明显降低，其原因有待探讨，可能和草木灰用量减少以及更为精细的原料处理工艺有关。从瓷釉组成配方来看，景德镇兰田窑与越窑及洪州窑青瓷接近，皆属高钙含量的石灰釉。值得注意的是，与越窑及洪州窑青釉瓷器的一成不变不同，五代景德镇青瓷瓷釉中铁、钛含量明显下降，在此基础上，至宋代则生产出闻名世界的“假玉器”青白瓷，为景德镇瓷都的地位奠定了基础。

表 1.1　景德镇兰田窑青瓷胎体主次量元素组成（wt%）

编号	时期	Na_2O	MgO	Al_2O_3	SiO_2	K_2O	CaO	TiO_2	Fe_2O_3
T-01	唐代	0.31	0.70	16.95	74.94	2.58	0.22	0.59	2.30
T-02		0.12	0.80	17.68	73.50	2.64	0.18	1.49	2.21
T-03		0.03	0.82	18.21	73.37	2.72	0.19	0.67	2.53
T-04		0.13	0.70	16.91	75.23	2.48	0.19	0.61	2.33
T-05		0.60	0.75	16.45	74.89	2.58	0.14	0.82	2.35
T-06		0.36	0.61	13.37	79.99	1.97	0.17	0.53	1.70
T-07		0.03	0.74	19.25	72.80	2.75	0.16	0.69	2.20
T-08		0.29	0.72	17.58	75.25	2.44	0.12	0.60	1.70
T-09		0.25	0.89	17.10	74.58	2.35	0.36	0.69	2.37
T-10		0.21	0.37	13.55	79.67	1.83	0.14	0.53	2.29
T-11		0.20	0.41	16.14	76.63	2.36	0.17	0.62	2.10
T-12		0.03	0.71	18.37	73.66	2.58	0.19	0.64	2.40
T-13		0.27	0.72	17.81	74.55	2.45	0.19	0.66	2.00
W-01	五代	0.24	0.79	17.62	74.66	2.70	0.22	0.63	1.82
W-02		0.03	0.58	16.81	76.39	2.39	0.15	0.53	1.81
W-03		0.13	0.65	18.27	73.91	2.62	0.23	0.65	2.16
W-04		0.26	0.65	15.54	75.99	2.38	0.31	0.74	2.66
W-05		0.30	0.76	16.58	75.59	2.50	0.39	0.62	1.92
W-06		0.45	0.66	16.49	76.01	2.40	0.26	0.58	1.84
W-07		0.25	0.58	14.39	78.48	2.25	0.22	0.74	1.77

续表

编号	时期	Na_2O	MgO	Al_2O_3	SiO_2	K_2O	CaO	TiO_2	Fe_2O_3
W-08	五代	0.44	0.99	18.10	73.77	2.63	0.20	0.67	1.86
W-09		0.36	0.92	16.37	75.84	2.41	0.25	0.59	1.92
W-10		0.03	0.68	17.93	73.42	2.72	0.45	0.73	2.57
W-11		0.14	0.85	18.57	73.45	2.83	0.15	0.65	2.01
W-12		0.45	0.75	17.26	74.35	2.54	0.24	0.71	2.30

表 1.2 景德镇兰田窑青瓷瓷釉主次量元素组成（wt%）

编号	时期	Na_2O	MgO	Al_2O_3	SiO_2	K_2O	CaO	TiO_2	Fe_2O_3	MnO	P_2O_5
T-01	唐代	0.45	3.31	13.62	60.19	3.72	13.27	0.50	2.76	0.68	0.56
T-02		0.03	4.08	12.83	62.18	2.58	13.67	0.48	2.00	1.14	0.70
T-03		0.21	3.93	12.49	61.83	3.23	13.75	0.44	2.05	0.75	0.64
T-04		0.03	4.32	11.67	60.57	2.85	16.26	0.40	1.87	0.92	0.77
T-05		0.03	4.02	12.59	62.15	2.83	13.87	0.48	1.99	0.80	0.66
T-06		0.12	4.25	12.19	61.45	2.55	14.63	0.49	2.05	1.26	0.77
T-07		0.34	3.94	13.75	61.75	2.41	13.31	0.50	1.96	0.92	0.64
T-10		0.33	4.24	11.34	60.29	1.76	16.81	0.50	2.58	0.84	0.79
T-11		0.18	3.71	14.40	62.61	2.66	11.93	0.61	1.87	0.81	0.62
T-12		0.21	3.47	11.70	60.89	2.21	16.73	0.50	2.20	0.63	0.64
T-13		0.03	3.91	12.41	61.76	2.77	14.66	0.43	1.98	0.91	0.73
W-01	五代	0.24	2.11	13.38	61.07	1.86	18.68	0.12	0.71	0.07	0.25
W-02		0.41	1.62	12.28	65.68	2.65	14.87	0.10	0.59	0.05	0.21
W-03		0.03	1.54	12.59	66.00	2.47	14.08	0.12	1.24	0.13	0.33
W-04		0.45	1.89	13.38	63.47	1.93	15.83	0.09	1.08	0.14	0.30
W-05		0.58	0.78	12.75	61.71	1.63	19.70	0.08	0.91	0.06	0.18
W-06		0.03	1.68	13.12	62.91	2.26	17.32	0.09	0.75	0.14	0.29
W-07		0.35	1.23	13.80	61.54	2.08	17.77	0.15	1.16	0.10	0.20
W-08		0.22	1.68	12.32	63.96	4.96	14.12	0.11	0.79	0.10	0.30
W-09		0.28	0.87	12.80	61.66	1.90	19.96	0.05	0.65	0.06	0.19
W-10		0.30	1.35	13.07	61.51	3.01	18.13	0.13	0.69	0.09	0.20
W-11		0.13	1.40	13.27	62.38	4.19	15.98	0.08	0.74	0.05	0.24
W-12		0.35	1.16	14.39	61.86	1.94	17.14	0.18	1.08	0.07	0.24

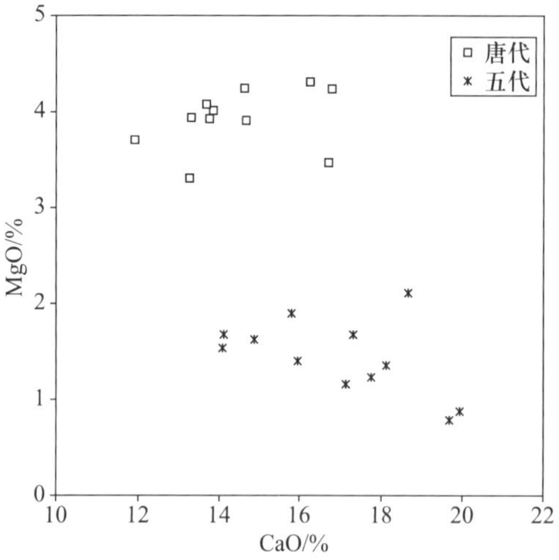

图 1.3　景德镇兰田窑青瓷瓷釉中 CaO 和 MgO 含量的散点图

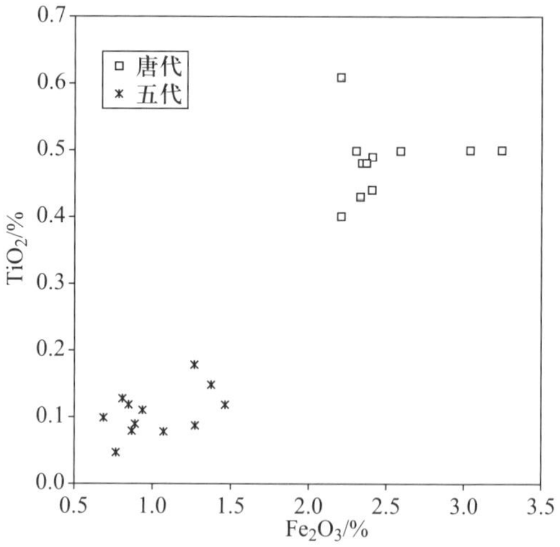

图 1.4　景德镇兰田窑青瓷瓷釉 Fe_2O_3 和 TiO_2 含量的散点图

从物理性能上来看，兰田窑出土的唐代青瓷烧成温度在 1 130℃左右，吸水率在 1% 左右；而五代青瓷烧成温度明显提高，最高可达 1 220℃，吸水率在 0.21% 以下。总体来说，兰田窑出土五代青瓷的烧结程度高于唐代青瓷，反映了瓷器烧制工艺的进步①。

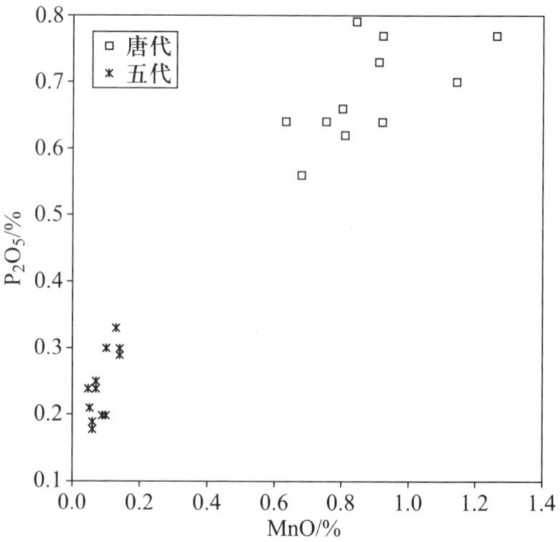

图 1.5　景德镇兰田窑青瓷瓷釉 MnO 和 P_2O_5 含量的散点图

唐代景德镇窑以生产青瓷为主。至五代时期，景德镇瓷业有所发展，窑址主要分布在湘湖、黄泥头、白虎湾、胜梅亭、湖田、柳家湾、南市街等地，兼烧青釉和白釉瓷器，器型主要是盘、碗、壶、水盂、碟等。特别是白釉瓷器，普遍器形规整、胎质致密洁白、釉色透明光亮，据测定其白度达 70% 以上，达到现代高级细瓷的标准，不仅是南方已知最早生产的白瓷，而且其瓷质在全国同时期的白瓷中也名列前茅。

① 参见张茂林、周剑、李其江等：《景德镇五代瓷器组成配方的 EDXRF 分析》，《光谱学与光谱分析》2012 年第 5 期，第 1413~1417 页。

宋代是我国陶瓷发展史上一个繁荣昌盛的时期，南北方名窑林立，除了汝、官、钧、定、哥五大名窑之外，景德镇瓷业生产也进入一个崭新时期。当时景德镇以生产青白瓷（又叫影青瓷）为主（见图 1.6）。青白瓷釉色介于青、白之间，青中泛白，白中显青，"土白壤而埴，质薄腻，色滋润"。因而享有盛名，远销国内外。此外，在景德镇的影响下，江西南丰、吉州、赣州以及湖北、福建、广东、广西、湖南、安徽等地的窑口也生产青白瓷器，形成了宋代我国南方一大重要窑系。乾隆四十八年（1783 年）编撰的《浮梁县志》载："宋真宗遣官制瓷贡于京，即应宫府之需，命陶工书建年'景德'于器底，天下于是咸称有'景德之器'矣。"清蓝浦在《景德镇陶录》称赞此类瓷器"光致茂美，四方则效，于是天下都称之为景德镇瓷器。此后景德镇之名著，而昌南镇之名遂微"，"景德镇"之名即是由此而来。北宋末期，北方战争频仍，河南、河北、陕西等地诸名窑相继衰落。宋室南迁之后，政治、经济重心南移，景德镇制瓷业进入大发展时期，盛时有瓷窑三百余座，"埏埴之器，洁白不疵"，"有饶玉之称"，"视真定红瓷、龙泉青秘相竞奇矣"[②]。

图 1.6　宋代景德镇青白釉刻花注壶[①]

元朝于至元十五年（1278 年）在景德镇设浮梁瓷局。据《元史·百官志》记载："（浮梁瓷局）秩正九品，至元十五年立，掌烧造磁器，并漆造马尾棕、藤笠帽等事。大使、副使各一员。"浮梁瓷局是元朝政府在地方上唯一设置"掌烧造"官府用瓷的机构。元朝政府选择在景德镇设置浮梁瓷局，是因为盛极一时的汝、定、官、钧、吉州和龙泉等宋代名窑，在蒙古统治者征服金和南宋的战争中遭受了极大的破坏。景德镇窑场由于地处偏僻，在这场战乱中不仅没有受到战祸的侵扰，而且还成为收纳各地名工巧匠和廉价劳动力的天然场所，从而推动了瓷业的发展[③]。强大的蒙古帝国征服了欧亚各民族，统治地区横跨欧亚两洲，使得当时中西往来频繁，海外贸易发达，这在一定程度上也刺激了景德镇瓷业生产发展。

元代对景德镇瓷业来说是一个非常重要的创新时期。除继续烧造青白瓷外，又创烧了枢府釉（或称卵白釉）、蓝釉等釉色，还学习北方金代窑场的技术，绘制了红绿彩与金彩等釉上彩绘瓷器。特别是青花瓷与釉里红两种釉下彩绘瓷器的烧造成功，使我国瓷器的装饰艺术别开生面，进入了一个崭新的时代。

枢府瓷胎和青白瓷同样为白胎，但相对来说比青白瓷为厚，枢府瓷釉略显乳浊失透，

① 故宫博物院：《故宫陶瓷馆》，紫禁城出版社 2008 年版。

② 白焜：《宋蒋祈〈陶记〉校注》，《景德镇陶瓷》1981 年第 S1 期，第 36~52 页。

③ 参见熊寥：《元代官窑艺术》，《河北陶瓷》1993 年第 4 期，第 37~42 页。

釉色似鹅蛋色白微青。枢府瓷是元代景德镇为枢密院特别定制的白釉瓷器。枢密院是宋、元时期朝廷的最高军事机关。《元史·百官志二》记载:“枢密院,秩从一品。掌天下兵甲机密之务。”枢府瓷器以盘、碗、执壶和高足杯为多见,极少大件器。最典型的枢府器,其碗为小底足。枢府瓷盘、碗的底足均为露胎,足壁厚,削足规整,有的底心有乳丁突起,且有明显旋纹[①]。

景德镇枢府白瓷在胎的组成方面属于高硅低铝型,胎中 Al_2O_3 含量低(约 21%)而 SiO_2 含量较高(约 70%)。与我国另外两个典型的白瓷体系,即北方定窑及南方德化窑白瓷相比,碱金属氧化物(R_2O)含量(约 5.22%)明显高于定窑瓷胎(约 1.87%),但和德化白瓷的不同之处在于,德化白瓷胎中的 K_2O 含量很高,个别样品甚至达 7.3%,而枢府白瓷则是 Na_2O 含量相对较高;在瓷釉组成方面,与瓷胎组成特征相似,景德镇枢府瓷和德化白瓷釉中碱金属氧化物含量较高,R_2O 平均含量均在 5.5% 以上,应属于钙碱釉[②]。同时,德化瓷釉中为 K_2O 含量高(约 5.27%)、Na_2O 含量较低(约 0.28%),而景德镇枢府瓷釉中为 Na_2O 含量较高(约 2.53%)、K_2O 含量较低(约 3.28%)。此外,在着色氧化物的含量方面,景德镇枢府白瓷胎、釉中 Fe_2O_3 含量相对较高,而定窑瓷胎、釉中的 TiO_2 含量相对最高,德化白瓷胎、釉中的着色氧化物的含量,尤其是其 Fe_2O_3 含量最低。这是由于景德镇窑受长期生产的青白瓷原料配方的影响,因此枢府白瓷也一定程度上带有因铁含量相对较高而导致的“白里泛青”的特点。

青花瓷是在白瓷胎体上以含钴色料描绘纹饰,再罩透明釉,经 1 300℃左右高温烧成,呈现蓝色花纹的釉下彩绘瓷器。青花瓷虽最早见于唐代,但真正繁盛始于元代景德镇。元青花瓷器主要用于与外国王室间的往来以及外销,主要销往南亚及地中海沿岸各国。青花瓷胎质细腻洁白,釉面光洁莹润,青花发色优雅大方,因此,清新明丽的青花瓷逐渐取代了元代以前的刻、划、印花(见图 1.7)等装饰技法,而成为我国陶瓷装饰的主流,开创了陶瓷艺术的新纪元(见图 1.8)。

图 1.7　元代景德镇印花云龙纹盘[③]

一树绽开并蒂花,青花瓷器兴起的同时,元代的景德镇瓷工还发明了釉里红瓷器。釉里红瓷是以含铜色料在坯胎上绘制花纹后,再罩以透明釉,在高温

① 参见冯先铭:《中国陶瓷》,上海古籍出版社 2001 年版,第 450 页。

② 参见李家治:《中国科学技术史——陶瓷卷》,科学出版社 1998 年版,第 325 页。

③ 故宫博物院:《故宫陶瓷馆》,紫禁城出版社 2008 年版。

还原焰中烧成,纹饰呈现红色。由于铜离子对温度和气氛极为敏感,在窑炉中火候不到,呈现黑红色或灰红色;火候稍过,铜离子便挥发,出现特有的飞红或褪色现象。因此,釉里红的烧制难度大,成品率极低。

图 1.8 景德镇元代青花“鬼谷下山”大罐

除了出现许多新品种瓷器之外,元代景德镇在制瓷工艺方面也有所改进。例如,把瓷胎的原料配方从原有的瓷石一元配方改为瓷石加高岭土的二元配方,从而增加了瓷胎中氧化铝的含量,提高了瓷器的烧成温度,降低了烧成中的变形率,为制造大型器物创造了良好的条件[①]。

元代景德镇是否存在官窑的问题一直为陶瓷学界讨论的热点之一。有学者根据元代孔齐《至正直记·卷二·饶州御土》文献中记载:“饶州御土其色白如粉垩,每岁差官监造以供,谓之御土窑。烧罢以封,土不敢私也。”认为“御土窑”应是元代的官窑(陆明华,《元代景德镇官窑瓷器烧造及相关问题研究》,2006)。也有学者认为御土窑的“窑”字,当作“窑器”或“瓷器”解释,并不能作“窑炉”或“窑场”解[②]。亦有学者怀疑景德镇官窑的存在,认为元代景德镇浮梁瓷局管理的窑场,性质仍然属于民窑,浮梁瓷局作为征收瓷业税的政府机构存在,同时也担负着监管官府、皇室向制瓷质量精良的民窑订制瓷器的任务。实际上,孔齐在上述记述之后还有一段话:“或有贡余土,作盘盂碗碟壶注杯盏之类,白而莹,色可爱。底色未着油药处,犹如白粉,甚雅薄,难爱护,世亦难得佳者。今货者皆别土也,虽白而垩耳。”说明朝廷对“御土”(即高岭土)矿的管理并不甚严格,贡余之土也可用来烧制瓷器流入市场。此外,曹昭的《格古要论》中也提到了饶州的“御土窑”:“御土窑者,体薄而润最好,有素折腰样毛口者体虽薄,色且润尤佳,其价低于定器。元朝烧小足印花者,内有枢府字者高,新烧大足素者欠润。有青花及五色花者且俗甚。”根据这一文献记载,显然御土窑是指窑器。《江西省大志》记载:“元泰定,本路总管监陶,皆有命则供,否则止。”这也与后来明清景德镇官窑以及前述的宋代官窑有一定的区别。因此,我们也认为,元代景德镇部分窑厂,如湖田窑等,可能承担了朝廷或官府用瓷的烧制任务,应具有“贡窑”的性质,但本质上依然属于民间窑场。

三、明清景德镇官窑建立和发展的时代背景

中国历代封建朝代的发展都经历了一个周期性的过程:从早期的稳定、起步,到中期

---

① 参见刘新园、白焜:《高岭土史考》,《中国陶瓷》1982 年第 7 期,第 141 页。

② 参见李民举:《浮梁瓷局与御土窑器》,《南方文物》1994 第 3 期,第 47~50 页。

的发展、加速，再到晚期的衰落、停滞。相应地，历代封建朝代也会适应不同阶段发展的需要，对其实行的政治、经济和文化政策有所调整与改革，而这些自然又会影响到整个社会风尚的变化。明清两朝的发展也不例外。作为明清两朝制度的一个重要组成部分的官窑制度，在封建王朝周期性发展的时代背景下，也经历了一个从低到高、从高到衰的发展过程，这是由它所处的时代及其相应的发展阶段决定的。

（一）明清政治制度

明清两朝在政治制度上相继建立起了一种君主专制性质的中央集权制度。

明初的政治机构仿自元朝，在中央设中书省，置左、右丞相，分割了君主的一大部分权力；在地方设行中书省，统揽一省的民政、军政和财政。洪武九年（1376年），明太祖按照“权不专于一司，事不留于壅蔽”[①]的原则对地方机构进行了改革：废行中书省，设承宣布政使司，主管一省的民政和财政，另设提刑按察使司和都指挥使司，主管一省的监察司法和军事。三司互不统辖，分属中央有关部门管辖。地方行政机构由路、府、州、县四级归并为府（直隶州）、县（府属州）二级。洪武十三年（1380年）又以“事皆朝廷总之”[②]的原则对中央机构进行了改革：废丞相，废中书省，以吏、户、礼、兵、刑、工六部为最高行政机构负责全国政务，其长官尚书直接对皇帝负责。将御史台改为都察院，负责纠劾众官，下设十三道监察御史，负责纠察内外官员，都察院并与大理寺、刑部共同理刑；按六部建制设六科给事中，负责稽查各部，驳正章疏违误；设立“厂卫”制度，以加强对臣民的监视，明太祖时设锦衣卫，明成祖时设东厂，明孝宗时又设西厂，一整套的特务机构建立起来。同时将大都督府分为中、左、右、前、后五军都督府，分管卫所和都司，与兵部既互相配合，又彼此牵制。明朝统治者对政治制度的改革，最终形成了一个行政、司法、军事三大机构权力独立、相互牵制，均听命于皇帝一人的权力高度集中的专制机制。

清朝与明朝相同，实行的也是高度集中的专制制度。努尔哈赤时期实行的是八旗制度和议政王大臣会议，政治权力集中于满族贵族，重大决策由满族贵族共同讨论决定。这种满族贵族专制的形式与皇帝独揽大权相抵触，皇太极于天聪五年（1631年）仿明朝制度设立吏、户、礼、兵、刑、工六部，顺治元年（1644年）规定各部长官尚书和副长官侍郎满汉各一，八旗下诸种事务的处理权集中到了中央，由六部分类处理，六部长官对皇帝负责。顺治七年（1650年）又对八旗制度进行改革，由皇帝亲掌正黄、镶黄、正白三旗，同时加强这三旗的实力，改变了以前八旗由王公掌握的局面，满族贵族权力受到削弱。康熙十六年（1677年）设立南书房，由起初陪伴皇帝读书的场所成为由皇帝严密控制的一个核心机构，随时

① 《明太祖实录》卷一百二十九，“洪武十三年春正月己亥胡惟庸等既伏诛”，据广方言馆本补用嘉业堂本校，“中央研究院”历史语言研究所校印1962年版。

② 《明太祖实录》卷二百三十九，“洪武二十八年六月己丑上御奉天门敕谕文武群臣”，据广方言馆本补用嘉业堂本校，“中央研究院”历史语言研究所校印1962年版。

承旨出诏行令，“权势日崇”,内阁和议政王大臣会议的权力进一步分散到南书房来,皇权进一步得到了加强。雍正七年(1729年),为及时处理与准噶尔蒙古内战军情,雍正帝设军机房,后改称军机处。到乾隆帝时,军机处的职能由单纯处理军事逐渐发展到辅助皇帝处理政务的最重要机构,军国大事完全由皇帝决定。由此,清朝的政治权力全部掌握在皇帝手中,中央集权制度达到顶峰。为强化对官僚机构的控制,康熙、雍正帝还采用密折制度,官员使用皇帝发给的折匣,直接向皇帝报告机密事件,不需经过通政使司、内阁机构,皇帝批示后也直接发还官员本人执行。

专制制度作为封建朝廷的一种重要的社会规范,自然而然地会延伸到对伦理道德提出相应的要求以及建立符合专制制度的道德准则。这种准则是以“礼制”的形式体现的,制定礼制成为明清皇帝专制统治的一个重要内容。为维护帝王专制,明清王朝制定了贵贱有别、等级森严的礼制规范。例如,在“古者帝王之治天下,必定礼制,以辨贵贱,明等威”[①]思想的指导下,明代礼制臣民的各种行为(包括朝会、舆服、仪卫、祭祀、丧葬等)均依等级的尊卑高下作出严格规定,不许逾越紊乱,否则将受到严厉惩处,“国初著令,凡官民服色、冠带、房舍、鞍马,贵贱各有等第,上可以兼下,下不可以僭上。官员任满致仕与见任同,其父、祖有官身殁,非犯除名不叙子孙,许居父、祖房舍。及衣服车马,有官者依品级,其御赐者及军官军人服色,不在禁例。又禁凡服色、器皿、房屋等项,并不许雕刻刺绣古帝王、后妃、圣贤人物故事及日月、龙凤、狮子、麒麟、犀牛等形,所以辨上下,定民志。”[②]

明清的专制制度及其封建等级制度极大地影响了明清官窑制度的发展。官窑制度在明清时期达到了顶峰,出现了专门为宫廷生产用瓷的御窑厂。御窑厂凌驾于众官窑、民窑之上,由于它在政治资源上所处的垄断地位,通过政权、法律、道德、军事等手段,御窑厂不仅可以垄断陶瓷生产的矿石、釉料,而且可以强征全国最优秀的制瓷工匠为其无偿地服务。为满足帝王对瓷器的特殊需要,它可以设立官员专门管理厂务及生产,设立专项资金用于瓷器生产,设立专人负责解运瓷器,设立部门专管接收和验收瓷器;它可以在装饰、色彩、用料、规格等方面禁止民间仿制,限制官民使用。例如,洪武二年(1369年)规定,“祭器皆用瓷”[③]。洪武九年(1376年)规定祭祀用瓷:“四郊各陵瓷器,圜丘青色,方丘黄色,日坛赤色,月坛白色,行江西饶州府如式烧解。计各坛陈设:太羹碗一,和羹碗二,毛血盘三,著

---

① [明]朱元璋:万历本《明实录·附录·05·明太祖宝训·卷二·议礼》,“中央研究院”历史语言研究所校印1962年版。

② [明]申时行等修,赵用贤等纂:万历《大明会典·礼部二十·房屋器用等第》卷六十二,见《续修四库全书·史部·政事类》卷七九二,上海古籍出版社1995年版。

③ [明]申时行等修,赵用贤等纂:万历《大明会典·工部二十一·器用》卷二百一,见《续修四库全书》卷七九二,上海古籍出版社1995年版。

尊一，牺尊一，山罍一，代簠、簋、笾、豆、瓷盘二十八，饮福瓷爵一，酒盅四十，附余各一。”[①] 洪武二十四年(1391 年)规定了礼用瓷器：“诏六部都察院同翰林诸儒臣，参考历代礼制，更定冠服、居室器用制度……官民人等，所用金银磁碇等器，并不许制造龙凤文及僭用金酒爵……公侯伯至二品酒注、酒盏用金，余用银，三品至五品酒盏许用金，余用银，六品以下酒器许用银，庶民酒注用锡，酒盏用银，余用磁、漆。”[②] 因此，专制制度下的官窑生产，随着王朝的强盛达到顶峰，也随着王朝的灭亡走向衰落。

(二) 明清经济制度

历史上朝代的更替几乎都是通过战争的形式实现的。明清两朝的建立也不例外。战争必然会使经济遭到较大甚至是严重的破坏。明清统治者为了修复受到严重破坏的国家经济，相继采取了一系列休养生息的政策来恢复国家经济。例如，垦荒屯田：明洪武年间和清康熙年间都大力垦荒，组织屯田。“各处荒闲田地，许令诸人开垦，永为己业，与免杂泛差役三年。”[③] 兴修水利：洪武时期修建了许多水利工程，永乐年间又大规模治理、疏浚了大运河，康熙年间任用靳辅等人治理黄河。减免赋税：明王朝遵循太祖之训，凡四方水旱辄免税，丰岁无灾伤，亦择地瘠民贫者优免之。康熙帝实行“圣世滋丁永不加赋”、雍正帝实行“摊丁入地”政策，地丁合一，减轻了无地、少地农民的负担。这些经济政策有力地恢复了国家经济，促进了农业的大发展。农业的发展带动了手工业和商业的发展，新的城镇在各地不断涌现。明代中后期，在江南的一些工商业城镇相继都出现了资本主义生产关系的萌芽。但是，在高度集权的专制制度的垄断下，明清王朝的经济制度并没有实质性的改革或变化，相反，他们还采取一些措施限制资本主义生产关系萌芽的发展，因此经济发展受到了严重束缚，资本主义生产关系难以有进一步发展的空间。随着社会矛盾不断积累、激化、严重对抗，最终中国封建王朝纷纷走向灭亡。

纵观整个明清王朝的经济制度，其性质是属于封建性质的小农经济，它采取的是以农为本、以商为末、重农抑商的基本国策，例如，明朝开国皇帝朱元璋就告诫户部诸臣，说：“上谕户部臣曰：人皆言，农桑衣食之本。然弃本逐末，鲜有救其弊者。先王之世，野无不耕之民，室无不蚕之女，水旱无虞，饥寒不至。自什一之涂开，奇巧之技作，而后农桑之业废，一农执耒而百家待食，一女事织而百夫待衣，欲人无贫，得乎？朕思足食在于禁末作，

---

① [明]申时行等修，赵用贤等纂：万历《大明会典·工部二十一·器用》卷二百一，见《续修四库全书》卷七九二，上海古籍出版社 1995 年版。

② 《明太祖实录》卷二百〇九，“洪武二十四年六月己未诏六部都察院同翰林院诸儒臣参考历代礼制更定冠服居室器用制度”，据广言方馆本补用嘉业堂本校，“中央研究院”历史语言研究所校印 1962 年版。

③ [明]傅凤翔:《皇明诏令》“大赦天下诏”，《中国法律典籍集成》乙编第三册，科学出版社 1994 年版，第 13 页。

足衣在于禁华靡。”[①] 明朝国家财政政策是：“我国家赋税已有定制，撙节用度，自有余饶，减省徭役，使农不废耕，女不废织，厚本抑末。”[②] 围绕这一指导思想，明清王朝建立起相应的重本抑末制度，采取了相应的重本抑末政策和措施。

为了保护小农经济，阻止农民弃本逐末，从事工商业活动，明朝建立了严格的户籍与路引制度，使居民在政治上成为地域附属物。官方将人口登入户籍，编造黄册，将居民编入里甲，里甲内的士农工商必须互相知保，不准随意流徙；军民出百里之外必须持有路引，方能通关过津，而路引的申请和使用则要遭到官吏的敲诈勒索；进入城镇必须向官府登记，官府允许占“市籍”后，方能从事工商业活动。因此，农民弃本逐末的成本太大，职业选择的空间太小。

为维护传统的等级尊卑的封建礼制，继续歧视和抑制工商从业人员，明政府把人户分为民户、军户、匠户三等，手工业者被编入匠籍，称为匠户，隶属于官府，他们的法律地位最为卑贱，比一般民户地位低，其职业要世代承袭，匠户要脱离匠籍极为困难，需经皇帝批准方可，而且匠户不得应试跻身于士流。洪武二年（1369 年），明王朝下令：“凡军民医匠阴阳诸色人户，许各以原报抄籍为定，不许妄行变乱；违者治罪，仍从原籍。”[③] 还规定：“若诈冒脱免避重就轻者，杖八十，其官司妄准脱免及变乱版籍者，罪同。”[④] 政治上，手工业者对封建国家的人身依附关系，自然在经济上处于被严重剥削和肆意掠夺的奴役状态。明代统治者对手工业者实行轮班制或住坐制，明洪武时规定：“凡工匠二等：曰‘轮班’，三岁一役，役不过三月，皆复其家；曰‘住坐’，月役一旬。”[⑤] 轮班匠或住坐匠必须无偿地为官府手工工场或官府服役。如此的盘剥掠夺，遭到了工匠们的激烈反抗，再加上明朝商品经济的发展和资本主义生产关系萌芽的出现，明王朝改革了对轮班匠和住坐匠的剥削方式，实行以银代役法。“成化二十一年奏准，轮班工匠有愿出银价者，每名每月南匠出银九钱，免赴京，所司类赍勘合，赴部批工；北匠出银六钱到部，随即批放。不愿者仍旧当班。”[⑥] 嘉靖四十一年（1562 年）列为定制，轮班匠一律征银，政府则以银雇工。“住坐之匠，月上工十日，不赴

① 《明太祖实录》卷一百七十五，“洪武十八年九月戊子上谕户部臣”，据广方言馆本补用嘉业堂本校，“中央研究院”历史语言研究所校印 1962 年版。

② 《明太祖实录》卷一百七十七，“洪武十九年春正月三月戊午上谕户部臣”，据广方言馆本补用嘉业堂本校，“中央研究院”历史语言研究所校印 1962 年版。

③ [明]申时行等修，赵用贤等纂：万历《大明会典·户部六·户口总数》卷十九，见《续修四库全书·史部·政事类》卷七九二，上海古籍出版社 1995 年版。

④ [明]申时行等修，赵用贤等纂：万历《大明会典·刑部五·律例四》卷一百六十三，见《续修四库全书·史部·政事类》卷七九二，上海古籍出版社 1995 年版。

⑤ [清]王鸿绪：《明史稿》第五十四卷，敬慎堂刊本，文海出版社 1962 年版。

⑥ [明]申时行等修，赵用贤等纂：《大明会典·工部九·工匠二》卷一八九，见《续修四库全书·史部·政事类》卷七九二，上海古籍出版社 1995 年版。

班者输罚班银月六钱，故谓之输班。”[①] 因此，相对于元代的工奴制，明朝的轮班制和住坐制有了很大的进步，值班匠只要缴纳匠班税，就可自由经营，不再服役。此法实行后，官营手工业明显衰落，民营手工业得到了加速发展，从而推动了市场的繁荣和商品生产的发展。但是，这些制度的改革并没有从根本上解除手工业者所受的政治歧视和经济盘剥，明清时期的经济发展仍然受到很大的阻碍。

此外，明清政府对占籍的民间工商业者征派种种赋税徭役。明清立国之初，都采取休养生息的政策，因而商税较轻。到中期，随着政治的稳定，经济的恢复和发展，政府的赋税徭役名目逐渐增多、税率逐渐增重，以至于后期形成税繁商困的局面。例如，明景泰二年(1451 年)，“青茶盅每七个税钞、牙钱钞、塌房钞，各四百文”[②]。官府还常借“铺户当官”，即官府强制工商行业编排值月，借为衙门办物之机，通过低价收购、借用、任意索派等办法，对工商业者任意剥削和掠夺。明王朝还实行海禁，“禁濒海民不得私出海”[③]，不准片板下海，禁止出海经商。隆庆初海禁虽然有所松动，但也“止通东西二洋，不得往日本倭国”[④]。瓷器的出口贸易和对外赏赐是明朝瓷器生产和发展的一个重要方面，海禁政策无疑对某些生产外销瓷器的窑场产生了致命的打击，浙江、福建的窑场逐渐衰落，景德镇窑场呈现一枝独秀的局面。

明清两朝后期社会矛盾不断激化，封建的政治、经济制度难以维系王朝的正常运行，御器厂的弊端积重难返，最终也难以逃脱衰落的结局：万历三十四年(1606 年)三月庚午，“户科左给事中萧近高言，惜薪司并外四厂柴炭，系内廷正供急需。该司动曰：‘钱粮急缺。’大木炭每厂银一千八百七十五两，内柴每厂银一千二百两，外柴每厂银一千两三钱，价非不敷，预支非不以时，然而至今无此者，何也？良由内监管理人众及杂色人役日增愈众，则费愈多。今该司掌厂之外，又有贴厂，又有佥书，几十数辈，以故罄一厂官银，不足供一厂使费。又报数人役，旧止六名，今报数名下又立大头名色矣。有管事人役，旧止三十名，今至百数十名矣。听用巡逻今不用，弓兵又改名催事人役，人人横索。旧每名索以分钱计，今至百计。旧所领官银，即用以办纳柴炭，今官银一领即辈至报数之家，瓜分蚕食不厌其欲，即柴炭尽办，驾捏未完，经年不报。此外又有包揽使用，有包揽门禁并红门里人役香匠、秤手、柴头、团头人等，横索无厌。彼商人不为沟中瘠者寡矣。”[⑤] 从这段记载可以看出，在

① [清]张廷玉:《明史》第七十八卷，《志第五十四·食货二》，中华书局 1973 年版。

② [明]申时行等修，赵用贤等纂:《大明会典·户部二十二·商税》卷三十五，见《续修四库全书·史部·政事类》卷七九二，上海古籍出版社 1995 年版。

③ 《明太祖实录》卷七十，“洪武四年十二月丙戌诏吴王左相靖海侯吴祯籍等”，据广方言馆本补用嘉业堂本校，“中央研究院”历史语言研究所校印 1962 年版。

④ [明]许孚远:《疏通海禁疏》，《明经世文编》卷四〇〇，中华书局 1962 年版。

⑤ 《明神宗实录》卷四百一十九，据广方言馆本补用嘉业堂本校，“中央研究院”历史语言研究所校印 1962 年版。

明朝后期政治腐败和经济盘剥的大环境下，官窑制度在管理上也已病入膏肓。

（三）明清文化

明朝中期在经济文化上仍处于世界先进水平，然而到了后期，当英法等国资产阶级革命相继取得胜利后，西方列强处于经济、社会和文化的大发展时期，中国仍处于强大皇权与极端专制的封建统治下，虽然在清朝康熙至乾隆时期有过一段经济和社会的繁荣，但是却与西方资本主义国家的发展产生了越来越大的差距。

人类不仅处于自然界中，而且更为重要的是处于历史和时代中。作为一种存在方式，文化是人类对自己的“生活样式”的描述，也是一种对历史和时代的描述。明清文化是明清时期的人对外在世界和自我心灵意识的或表述、或行为、或认知的主观世界的活动，由于它所处的时代性和地域性，这种文化与西方资本主义的民主文化、科学文化相比虽然相对落后，但却是它所处的政治、经济、社会环境的真实写照。

明朝高度垄断的中央集权制在初期有着积极的时代意义，它有力地维护了国家的统一，缓和了社会矛盾，稳定和恢复了社会经济。同时，它也使明朝能够集中更多的人力、物力和财力，组织一些大规模的文化活动，例如，修纂《永乐大典》等，这对明代文化的发展产生了积极的作用。但是，从总体和长远上来看，这种绝对的君主专制、壁垒森严的封建等级制度以及传统的重本抑末政策，必然会导致政治上的腐败、经济上资本主义萌芽的延缓、社会矛盾的加剧以及人们个性和创造力的扼杀，从根本上对明代文化的发展起阻碍作用。明代中期，社会经济有了重要的发展，政治制度出现了一些重要的改革，思想文化领域出现了一系列深刻的变化。以“心”为本体，强调人的主体意识的阳明心学，对明王朝统治者尊崇的程朱理学发起挑战，打破了思想文化的沉寂，促进了人们思想的解放。继起的泰州学派，更具“异端”色彩，从王艮到李贽，特别是李贽的思想更具有反封建的启蒙意义。与此相应，主体意识逐渐觉醒，讲求实学的思潮渐渐涌动，它们给思想文化界带来了新鲜活泼的时代气息，出现了一大批饮誉世界的文学巨著和科技成果。例如，在文学艺术领域，古典诗词等雅文化逐渐失去其主流地位，而适应市民阶层需要的小说、戏曲等俗文化迅速发展，《三国演义》《水浒传》《西游记》《牡丹亭》等，逐渐成为文学艺术的主流意识。在科技领域，一大批讲求实学的科学家对在生产实践和科学实验中获得的自然科学知识进行了总结，出现了以《本草纲目》《农政全书》《天工开物》《徐霞客游记》等为代表的医学、农学、化学、地理学等众多学科的重大成果。嘉靖年间，万户进行了最早的火箭升空试验，成为现代载人太空飞行的先驱。

清朝是由满族贵族联合汉族地主阶级建立的，是我国封建社会的末期和向近代社会转折的时期，其思想文化的发展呈现出时代的不同特点。清初，满族贵族的统治遭到汉人的激烈反抗，统治者忙于政局的稳定和经济的恢复，对思想文化的控制相对来说比较薄弱，这使得思想文化界能够比较自由地对剧烈变动的社会进行理论思考，这一时期的思想文化具有深刻的批判性、求实性和开放性，学术氛围空前活跃。以顾炎武、黄宗羲、王夫之、颜元为代表的思想家对传统的思想进行了深刻的批判，开创了清代学术思想研究的新风气。梁启超在评价顾炎武时，把他作为一代开派宗师，认为他以“经学即理学”为旗帜，提出了贵创、博证、致用的研究方法，于方法建设上作出了贡献，他的精神在于“实用主义”①。王夫之的治学方法已渐开科学研究的精神②。随着政治秩序的不断稳定和经济的空前繁荣，清朝出现了“康乾盛世”的高峰。一方面，统治者组织了《古今图书集成》《四库全书》的编纂，使中国文化得以汇集。另一方面，统治者又积极推进封建文化的发展，以崇儒重道作为基本国策，对思想文化界的动态严密监视与控制，大兴文字狱，文化专制和镇压空前残酷，造成了许多冤假错案，许多古籍遭到严重破坏，思想文化领域陷入一片沉寂，具有时代鲜明特征的乾嘉考据学应运而生，考据之风充斥于学术的各个领域，知识分子们埋头于故纸堆里寻求慰藉，学术与现实渐行渐远。然而，即使在研究古籍的考据学中仍然孕育产生了具有时代特征的科学精神，思想家戴震主张“不以人蔽己，不以己自蔽”的实事求是精神，尽管由于时代的局限，仅仅把它应用于考古，而未能应用于自然科学，但是，它所培育和积淀的思想为后人接受来自西方的自然科学精神时奠定了良好的基础。清代在治经、考史、水利、地理、天文、历算、金石等诸多学科上都获得了很高的成就。经过明代商品经济下市民阶层主体意识觉醒的历史积淀以及自身商品经济的发展，清代在文学艺术领域也结出了丰硕的成果，出现了曹雪芹的《红楼梦》、洪昇的《长生殿》、孔尚任的《桃花扇》等一大批具有里程碑式的文学艺术作品。

明末耶稣会士东来传教，带来了西方思想文化和发达的科学技术，以徐光启、李之藻等人为代表的有识之士为图强富国，提出了“先行会通，进而超胜”的战略性思路，然而，朝代更替打断了这一思路。清王朝的成就也始终脱离不了封建社会的窠臼，在闭关锁国的国策下，终致脱离了世界思想文化发展的主流，中国失去了赶超世界发达国家的第一次机遇。与此相应，官窑文化也失去了一次革新图强、脱胎变质的机遇。明清官窑是我国古代制瓷水平的顶峰，创造出绚丽灿烂的陶瓷文化，但它仍然是一种传统的、封建的官营手工工场制度文化，工匠们对官府具有人身依附关系，与民窑的博弈中依靠的是政治资源的垄断而获得竞争的绝对优势，缺乏市场经济的民主、法治文化内涵。制瓷工艺是几千年来工匠们不断实践并加以总结的智慧结晶，明清之前的论著仅限于蒋祈的《陶记》，其余散见于一些学者文中或史类书籍中。到明清时期出现了大量的总结陶瓷工艺和方法的论著，例如，宋应星的《天工开物》、朱琰的《陶说》、蓝浦的《景德镇陶录》、唐英的《陶冶图编次》等，这对我国制瓷工艺的传承与发展具有积极作用，但由于整个社会在制度上缺乏保障和激

① 参见梁启超:《清代学术概论》，上海古籍出版社 2000 年版，第 10~12 页。

② 参见梁启超:《清代学术概论》，上海古籍出版社 2000 年版，第 19 页。

励机制，缺乏科学技术文化发展的合适土壤，明清官窑文化最终失去了一次与西方文化对接的机会。

(四) 明清社会风尚

社会风尚，指一定时期社会上流行的爱好或习惯，也称社会风气或社会习俗。社会风尚反映的是社会流行的价值观、审美情趣以及相应的社会生活行为。作为一种社会现象，社会风尚会随着社会的变化而发生改变。明清为封建社会末期，有着一个初期的稳定、中期的繁荣到后期的衰落的变化过程，这种经济、政治和社会的变化势必引起社会风尚的变化，而社会风尚的变化更深刻地反映了社会的底色状况。从社会风尚来看，当它朝着积极的方向发展的时候，社会继续维系它的发展与繁荣；当它朝着消极的方向发展的时候，社会则会逐渐衰落以至灭亡。明清两朝的前期都是向着积极方向发展的，反映了社会政治趋于稳定、经济开始复苏；中期政局安定，经济繁荣，但同时经济的发展要求对旧有的生产关系和上层建筑进行改革，当生产关系和上层建筑做出相应的变革时，社会继续朝着积极的方向发展；当生产关系和上层建筑未能做出相应的变革时，社会朝着消极的方向发展，明清两朝进入后期，社会矛盾逐渐加重，贫富两极分化，最终改朝换代。官窑文化势必也会由于社会风尚的转变而发生相应的变化。

一般而言，新朝代建立后的前期，总是会致力于政局的稳固和经济的恢复，社会财富处于积累阶段，民众也会致力于个人经济生活的改善和提高，社会风尚趋“义”适“利”，人民勤劳节俭，民风淳朴；而当商品经济加速发展时，物质供应丰富，人民生活追逐安逸，王朝进入发展中期，这时贫富差距拉大，“利”字开始当头，“利”与“义”之间会产生冲突，社会处于矛盾多发期，处理好了“义”与“利”的关系时，社会风尚在“义”与“利”之间达到平衡，处理不好“义”与“利”的关系时，道德和法律制度双双缺失，社会风尚失“义”唯“利”，社会奢侈淫靡，贪污腐败。明清社会风尚也难以逃脱如此结果。

明清社会前期，鉴于历代统治者奢侈浮靡的生活以及社会的贪污腐败所造成的朝代灭亡这一状况，统治者对社会生活进行了严格的等级规定，并期望这一等级规定能使社会生活有序地进行，因而对大到房舍、小到鞋帽与衣食住行等，都有严格、具体而详尽的规定。例如，明朝统治者就有着下述严格的等级规定：在衣服穿着方面，百姓衣服不得用锦绮、缕丝、绫罗、金绣，只许用绸、绢、纱、布，而商人则只能用绢、布，帽顶和巾环不得用金玉、玛瑙、珊瑚、琥珀，只许用水晶、香木；在颜色使用方面，各级官员、军民、僧道衣服、帐幔等均不许用玄、黄、紫三色；在宴席方面，百姓宴请不得铺设筵席，只能围桌而坐，食取适口，酒止五七巡，不得作乐歌唱。严格的等级制度维系着世风的淳朴，社会风尚趋“义”适“利”。明代仁宣之治和清代康乾盛世时，社会稳定、经济繁荣，人们主体意识觉醒，价值观念逐渐发生变化，促使社会风尚发生变化。例如，明朝中叶以后，官营手工业允许工匠纳银代役，为民营手工业的发展带来了良好的契机，极大地促进了商品经济的发展，当时全国商业都市达到70个左右，并且出现了许多拥有万人以上人口的大镇。商品经济的发展，必然会出现"经商"的社会热潮，原先处于社会地位底层的商人逐渐成为民众追逐的职业，不仅有大批农民弃农经商，而且有大量读书人抛弃仕途前程投身于商业。明朝学者何良俊等曾记述道，苏松一带，"昔日逐末之人尚少，今去农而改业为工商者，三倍于前矣；昔日原无游手之人，今去农而游手趁闲者又十之二三矣。大抵以十分百姓言之，已六七分去农"[①]。社会风尚开始逐"利"轻"义"，长期以来民众耻于言利的社会风气有了极大的改变，民众不讳言求利，不耻于从商，从闽商、徽商到晋商、陕商，无不如此，从商甚至超越了从政，"山右积习，重利之念甚于重名，子弟之俊秀者多入贸易一途，其次宁为胥吏，至中材以上方使之读书应试，以故士风卑靡"[②]。面对如此巨大的价值观念变化，明清统治者却没有从法律、政治制度和伦理道德上做好相应的变革，"利"之前没有了"义"的规范和引导，犹如一匹脱缰的野马而肆意妄为，在"利"的诱惑下，社会各阶层"锱铢共竞"，形成一股追逐金钱的社会风气，"厌常喜新，去朴从艳"成为一种时髦，社会风尚滑入了唯"利"弃"义"的境地。例如，晚明社会，人们的物质享受欲和财富占有欲极度膨胀，社会弊端呈级数滋长。在民众生活中，奢侈、虚荣、物欲横流，张瀚曾对杭州风气记载道："今男子服锦绮，女子饰金珠"；"毋论富豪贵介，纨绮相望，即贫乏者，强饰华丽，扬扬矜诩，为富贵容"；"好事者竞为淫丽之词，转相唱和，一郡城之内，衣食于此者，不知几千人矣。人情以放荡为快，世风以侈靡相高，虽逾制犯禁，不知忌也。"[③] 而在统治者、管理者的生活中，上至皇室、藩王，中至官僚、缙绅，下至宦官、皂隶，纷纷以权谋私，中饱私囊，贪污纳贿视为常事，穷奢淫纵习以为常。万历十六年(1588年)，言官李沂曾直言皇帝接受贿赂，包庇宦官张鲸的罪行。最高统治者竟然接受贿赂包庇下属，可见社会腐败程度已经深到骨髓。

"上有所好，下必甚焉。"处于上层和高位的人喜欢什么，处于下层或低位的人就会跟着喜欢什么、甚至喜欢的程度更强烈。中外历来如此。如果明清当政者能高瞻远瞩，适应历史发展的趋势，及时地进行社会改革，那么，法律和道德就能起到限制"利"的作用，使之缩小到"义"可以容纳的范围。然而，明清后期的统治者或者是庸劣之徒，腐朽无能，或者心有余而力不足，无法力挽狂澜。例如，明万历朝甚至出现了历史上少见的长期政务怠荒的局面，万历本身就是一个历史上少见的贪财黩货皇帝；明中期的成化、正德皆溺于女色，正德更是因荒淫过度，年仅31岁就暴亡；晚明时期的嘉靖为求不死之药，不惜耗尽国库，隆庆、天启在酒色中耗送了年轻的生命。当社会处于生机与腐败、繁荣与危机并存时，亟须当政者能够加以理治，整顿朝纲，化解矛盾，扭转社会风气。然而，晚明皇帝不仅一无作

① [明]何良俊、元朗：《元明史料笔记丛刊·四友斋丛说·史九》卷十三，中华书局1959年版，第1~2页。

② 张正明、薛慧林主编：《明清晋商资料选编》，山西人民出版社1989年版，第24页。

③ [明]张瀚：《元明史料笔记丛刊·松窗梦语·风俗记》卷七，中华书局1959年版，第139页。

为，任由消极的社会风气泛滥，而且自身还一味地纵欲腐败，成为这种风气的引领者。

社会风气一旦形成则无孔不入，对官窑文化而言，它会引起人们审美观念的改变。作为专为宫廷生产御瓷的御器厂，皇帝的喜好直接影响着他们的审美趣味。明沈氏在《敝帚斋余谈》中指出，“玩好之物以古为贵，惟今代则不然。永乐之剔红，宣德之铜，成化之窑器，其价遂与古敌。先是宣窑品最贵，近日又重成窑，盖两朝天纵留意曲艺，宜其精工如此，花样皆作八吉祥、五供养、一串金、西番莲，以至斗鸡、百鸟及人物故事。”① “宣德时最娴蟋蟀戏，因命造蟋蟀盆，今宣窑蟋蟀盆犹甚珍重，其价不减宋宣和盆也。”②不同帝王对“曲艺”留意的不同是造就瓷器类型和装饰不同的重要原因，而画面上多取吉祥福意。此外，中国古瓷历来以青为上品，“陶器以青为贵，彩品次之”③。唐氏在《肆考》中分析了其原因：“洋磁等器，虽甚绚采华丽而欠雅润精细，仅可供闺阁之用，非士大夫文房清玩。”④ 明清瓷器仍崇尚这种风尚，青花瓷生产成为主流，不过，我们仍然可以看到不同时期社会风尚的差异：“永尚厚，成尚薄。宣青尚淡，嘉青尚浓。”⑤ 器物表达的内容足见帝王对社会风尚的影响痕迹。

四、明代景德镇官窑概况

元末景德镇经历了战火的洗礼，从至正十二年（1352 年）到至正二十三年（1363 年），饶州地区先后经元军、徐寿辉、陈友谅、朱元璋等军队的反复攻陷，直至至正二十四年（1364 年）之后局势才逐渐稳定下来。明朝统治者朱元璋出身寒微，深知民间疾苦，于明初采取了一系列恢复生产的措施。农业上兴修水利、移民垦荒、实行屯田；工商业上降低商税税率，鼓励商品流通；手工业上，改变元代没有人身自由的工奴制度为匠籍制度，给予工匠一定的自由，即将工匠分为“轮班”和“住作”两等，前者每三年为政府工作三个月，其余时间可以自主经营；后者每月为政府工作一旬，其余时间自由支配。明代的这种匠籍制度比起前代有了巨大进步，工匠的自由度提高，对手工业生产无疑起到了一定的促进作用。明初社会安定、人口增加，城市的规模相应扩大。另外由于政治中心北移，运河沟通南北，运河两岸又出现了一批新兴的中心商业城市，对手工业产品的需求相应增加。有明一代，虽然政府禁海有一定影响，但对外贸易仍显现出繁荣的局面。此时的瓷器除了继续畅销亚洲、非洲外，到明晚期还大量销售到欧洲各国⑥。

---

① ［清］蓝浦：《景德镇陶录》卷八《陶说杂编上》，京都书业堂光绪十七年本。

② ［清］蓝浦：《景德镇陶录》卷八《陶说杂编上》，京都书业堂光绪十七年本。

③ ［清］蓝浦：《景德镇陶录》卷八《陶说杂编上》，京都书业堂光绪十七年本。

④ ［清］蓝浦：《景德镇陶录》卷七《古窑考》，京都书业堂光绪十七年本。

⑤ ［清］程哲：《窑器说》，见《生活与博物丛书·器物珍玩编》，上海古籍出版社 1993 年版，第 106 页。

⑥ 参见王馨：《历史中的景德镇瓷业——连载之二》，《紫禁城》2008 年第 3 期，第 168~177 页。

工匠人身制度的改变，强大的内外需求，极大地促进了包括瓷业在内的各种手工业的发展。景德镇瓷业，就是在这样的背景下逐步进入了兴盛期。此时中国的瓷业生产由宋代的“百花争艳”逐步演变为景德镇“一枝独秀”的局面。景德镇已成为全国制瓷行业中心，所产瓷器不仅数量大，质量好，而且品种多，销路也很广。宋应星在《天工开物》中写道：“合并数郡，不敌江西饶郡产……若夫中华四裔驰名，猎取者皆饶郡浮梁景德镇之产也。”另一明代官员王世懋在《二酉委谭》中也说：“有明一代，至精至美之瓷莫不出于景德镇……为天窑器所聚，其民繁富，甲于一省。余尝分守督运至其地，火光烛天。夜，令人不能寝，戏目之曰：四时雷电镇。”从这些记述中，可以看到明代景德镇瓷业生产之辉煌。而至明嘉靖年间，景德镇已有人口达十万之多，已跻身全国著名都会之列，成为一座单一手工业城市了[①]。

明朝廷在景德镇珠山设御窑厂，标志着我国古代官窑烧造进入全盛时期。珠山御窑厂与元代设浮梁瓷局监督烧制官窑瓷器在形式上有所不同，是由官府直接开办窑厂烧制瓷器[②]。至于设置御窑厂的具体时间，学术界尚无统一看法。主要有以下几种说法：

(1) 洪武二年(1369 年)说。主要依据为清蓝浦《景德镇陶录》卷一“洪武二年，就镇之珠山设御窑厂，置官监督烧造解京”，以及卷五“洪武二年，设厂于镇之珠山麓，制陶供上方，称官瓷，以别于民窑”。

(2) 洪武末年说。主要依据为明嘉靖三十九年(1560 年)詹珊《重建敕封万硕侯师主佑陶碑记》：“我朝洪武之末始建御器厂，督以中官。”

(3) 洪武三十五年(即建文四年，1402 年)说。主要依据为明王宗沐《江西省大志·陶书》：“洪武三十五年始开窑烧造，……有御窑厂一所。”

(4) 宣德初年说。出自《明史》卷四三《地理志(四)》：“(县)西南有景德镇，宣德初，置御器厂于此。”

有学者根据《明会典》卷一九四《工部(十四)》“窑冶·陶器”记载：“洪武二十六年定，凡烧造供用器皿等物，须定夺样制，计算人工物料。如果数多，起取人匠赴京，置窑兴工。或数少，行移饶、处等府烧造”，认为洪武二十六年(1393 年)以前景德镇最多只有传统形式的官府窑场，并没有设置固定的御器厂。而第二、三种说法，均指建文去位即永乐篡位之时。根据当时的形势来看，建文去位的前半年燕兵已逼大江，连江山皇位尚且难保的建文帝不可能有心思去开设无关军国要事之御器厂。而在永乐篡位之后，南方人心多不服，朱棣为求正名，尽革建文制度而恢复洪武之政，由于洪武朝并没有御器厂，所以新篡位的永

① 参见梁淼泰：《明清景德镇城市经济研究》，江西人民出版社 2004 年版，第 17 页。

② 参见李家治：《中国科学技术史——陶瓷卷》，科学出版社 1998 年版，第 364 页。

乐皇帝也不可能设立御器厂而招致非议，因而他们认为明代御窑厂始建于宣德初年[①]。

学者刘新园等认为，洪武二年（1369年）朝廷在景德镇珠山设立陶厂开窑烧造瓷器，建文四年永乐初政又改之为御器厂。其证据为崇祯十年（1637年）《关中王老公祖鼎建贻休堂记》："我太祖高皇帝三十五年改陶厂为御器厂，……显皇帝（万历）二十七年复命中官为政，三十六年辍烧造而撤中官，因革不常……"以及清康熙廿一年（1682年）《浮梁县志·艺文志》录明嘉靖十九年（1540年）詹珊《重建敕封万硕侯师主佑陶碑记》："至我朝洪武末始建御器厂，督以中官……"[②]

宣德年间，御器厂已经建立是毫无疑问的。《明史》卷八二《食货志》云："宣宗始遣中官张善之饶州，烧造奉先殿几筵龙凤文白瓷器，磁州烧造赵府祭器。逾年，善以罪诛，罢其役"；《明宣宗实录》载："（宣德元年）九月己酉，命行在工部江西饶州府烧造奉先殿太宗皇帝几筵、仁宗皇帝几筵白磁祭器；（宣德二年）十二月癸亥，内官张善伏诛。善往饶州监造磁器，贪酷虐下人不堪，所造御用器，多以分馈其同列，事闻，上命斩于都市，枭首以徇。"上述文献已明确说明宣德时期皇帝干预并遣官于督造瓷器，且产品仅供御用，这些都是御窑的显著特征之一。但若之前尚无御器厂，宣德皇帝朱瞻基即位之初，也有皇叔篡位之虞，似乎也无暇顾及御器厂之设立。且根据《明会典》的记载，洪武二十六年（1393年）规定，若烧造供用器物数多，起取人匠赴京烧制。但至今未在南京附近找到烧制御用瓷器的窑厂。实际上，若在南京附近设窑烧瓷，匠人赴京是容易办到的，但制瓷原料运赴京师显然费时费力。若景德镇在洪武二十六年（1393年）之前仅有传统形式的官府窑场而不是御窑，则其产品应除供御用外，部分还将流入市场，目前考古发现似乎也未找到相关证据。此外笔者最近分析湖田窑青花瓷器元素组成时发现，元代湖田青花瓷用钴料具有明显"高铁低锰"的特征，属进口"苏麻离青"。但明早期湖田青花瓷使用的却是国产钴料，与珠山御窑厂出土的明洪武（见图1.9）、永乐时期青花瓷器用料明显不同。这或许可从一个侧面推测，明早期朝廷在珠山设置御窑，垄断了最优质的制瓷原料，而湖田等民窑则只能退而求其次，选择相应较差的原料生产青花瓷器。鉴于此，关于明代"御器厂"的建立时间，笔者支持刘新园等的看法。

图1.9 洪武青花花卉纹执壶[③]

① 参见王光尧：《明代御器厂的建立》，《故宫博物院院刊》2001年第2期，第78~86页。

② 刘新园：《景德镇瓷窑遗址的调查与中国陶瓷史上的几个相关问题》，《景德镇出土陶瓷》，香港大学冯平山博物馆1992年版。

③ 故宫博物院：《故宫陶瓷馆》，紫禁城出版社2008年版。

洪武、永乐时期的官窑，以烧制青花、釉里红等品种为主。这一时期青花瓷胎釉的化学组分大体与元代产品相近，但制作技术比元代有了进一步的发展。胎土淘炼细致，胎泥中的粗沙断裂现象减少，制品胎体较致密洁白，露胎处的火石红也偏淡。瓷釉白中泛青、晶莹肥厚。青花钴料与元代相同，仍为进口“苏麻离青”，发色深蓝，流动性较大，产生自然晕散，浓重处有黑色的结晶斑深入胎骨。釉里红的真正成熟是在明洪武年间（见图 1.10），铜红料的使用及釉里红器的烧制技术都已经成熟，而在装饰方法方面，釉里红线绘装饰逐渐取代了元代常见的涂抹和拔白。永乐时期的白瓷举世闻名（见图 1.11）。其胎料精细洁白，胎壁极薄，甚至达到半脱胎的程度。釉水莹润，光照见影，视如冰雪，温润如玉。迎光透视，胎釉呈肉红色。后人常称之为“永乐甜白”。

图 1.10　明洪武釉里红折枝牡丹纹花口盘[①]

图 1.11　永乐青花压手杯[②]

宣德时期是高温铜红釉瓷器生产的一个高峰（见图 1.12）。宣德官窑红釉，釉汁不流，釉面没有龟裂纹理，明如镜，润如玉，呈色深沉安定，庄严肃穆，恰似朝霞沐浴下的海棠，又似宝光四溢的红宝石。清代乾隆皇帝亦非常喜爱宣德霁红釉瓷，曾赋诗赞赏《咏宣窑霁红瓶》：“晕如雨后霁霞飞，出火还加微炙工。世上朱砂非所拟，西方宝石致难同。插花应使花羞色，比画翻嗤画是空。”[③]

宣德之后，景德镇官窑瓷器进入了一个黑暗时期。在正统、景泰、天顺三朝短短的 29 年中先后发生了两件明早期极为重要的政治事件：一为正统十四年（1449 年）土木堡之变，

① 故宫博物院：《故宫陶瓷馆》，紫禁城出版社 2008 年版。

② 故宫博物院：《故宫陶瓷馆》，紫禁城出版社 2008 年版。

③ 转引自熊寥：《明代官窑艺术》，《景德镇陶瓷》1992 年第 4 期，第 21~24 页。

英宗被俘而北狩；二为景泰八年（1457年）夺门之变，英宗复辟。政局动荡必然影响官窑御器的正常生产，至今仍未发现有明确纪年款的三朝瓷器。但从文献记载来看，这段时期官窑未曾停止烧制御用瓷器。例如，正统三年（1438年）曾禁止民窑烧造和官窑器式样相同的青花瓷器；正统六年（1441年）命景德镇烧造金龙、金凤白瓷罐及九龙凤青花缸；正统十二年（1447年）又有不准民窑私造黄、紫、红、绿、青、蓝、白地青花等瓷器的禁令；景泰五年（1454年）有减饶州岁造瓷器三分之一的记载；天顺元年（1457年）曾派中官赴景德镇督烧瓷器；天顺三年（1459年）又有将原定烧造13.3万余件的瓷器准减8万的命令[②]。

图1.12　宣德祭红釉僧帽壶[①]

在经历了正统、景泰、天顺三朝瓷业的“黑暗时期”以后，成化景德镇官窑瓷业进入了明代瓷业史上的一个“中兴时期”。永宣时期的传统产品得到恢复，创烧产品、仿古制品也陆续涌现，尤其是斗彩的成功烧造，更为成化制瓷业增添了时代艺术特色，并使之达到了一个新的高度。但是，这种局面未能保持到弘治时期，朝代的更迭使瓷器的烧造发生了很大的变化，御窑厂很快地由“盛”转“衰”，一方面是烧造数量的剧减，另一方面则是色彩的单调，由成化“艳”的倾向转而为“素”的趋势，这两点构成了弘治朝瓷业走下坡路的主要特征。有学者认为，弘治朝官窑瓷业凋敝与明孝宗朱祐樘的治国之道及个人嗜好有关[③]。成化、弘治时期的青花瓷器，使用的是江西乐平县产的陂塘青，其特点是青花颜色清淡典雅，蓝中闪灰，呈色稳定平静。此外这一时期的瓷器胎体洁白细密，轻薄秀美；瓷釉洁白肥腴，纹饰纤细活泼。除青花瓷外，成化时期的斗彩瓷器亦举世闻名（见图1.13）。斗彩，是一种以釉下青花和釉上多种彩绘装饰结合的瓷器品种。青花在釉下勾勒纹样的全部或大部分轮廓线，釉上填

图1.13　成化斗彩婴戏杯[④]

① 故宫博物院：《故宫陶瓷馆》，紫禁城出版社2008年版。

② 参见冯先铭：《中国陶瓷》，上海古籍出版社2001年版，第500页。

③ 参见陆明华：《明弘治景德镇官窑瓷业的衰落》，《景德镇陶瓷》1986年第2期，第53~57页。

④ 故宫博物院：《故宫陶瓷馆》，紫禁城出版社2008年版。

五彩，高、低温二次烧成，亦称“逗彩”“豆彩”。“斗彩”一词始于清雍正年间的《南窑笔记》：“青料画其半体，复入彩料，凑其全体。”乾隆朝唐衡诠《文房肆考》说：“成窑以五彩为上，酒杯以鸡缸为最，上画牡丹，下画子母鸡，跃跃欲动。”至明代晚期成化斗彩瓷器已经相当珍贵，万历《明神宗实录》：“神宗时尚食，御前有成化斗彩鸡缸杯一对，值钱十万。”弘治朝低温娇黄釉，达到了历史上低温黄釉的最高水平（见图 1.14）。其颜色正黄，恬淡娇柔，犹如鸡油；釉薄透亮，清澈晶莹，似一泓清水。

图 1.14　明代弘治娇黄釉瓷盘①

嘉靖、万历是明代生产瓷器最多的时期之一，青花瓷器在这一时期仍然是代表品种。这一时期，低温矾红釉和矾红彩瓷大量使用，以替代失传的铜红釉彩瓷器。特别值得一提的是，嘉靖、万历五彩瓷器也取得很高成就。五彩，又称为古彩、硬彩。是以红、黄、绿、蓝、紫等各种带玻璃质的彩料，按图案纹饰需要施于釉上，再在“彩炉”（在 800~900℃之间烧成）中二次焙烧而成的釉上彩绘瓷器。有用釉下青花充当蓝彩与釉上五彩相结合的，也称为青花五彩（见图 1.15）。

图 1.15　明万历青花五彩莲龙纹镂空盖盒

从嘉靖、万历时期起，明代官窑烧造制度开始走向衰落。这时的官窑制度已不再像以前完备，严格的官家禁令逐渐对民窑开放，这种衰落的标志，就是“官搭民烧”制度的实行②。明代御瓷烧造以下达命令的渠道不同，可分为“部限”和“钦限”。由工部下达命令烧造的，叫部限，有一定定额；但在部限以外，往往由于宫廷的需要又临时加派烧造任务，叫钦限，无定额。明初两类瓷器均由御器厂烧造，嘉靖时期由于烧造数量日多，御窑厂难以完成任务，一部分钦限瓷器在御窑厂内成型后，搭在民窑内烧成，称为“官搭民烧”。近年北京大学考古文博学院、江西省文物考古研究所和景德镇考古研究所共同对景德镇观音阁明晚期瓷窑遗址进行发掘时，发现了刻有“嘉靖年制”款白釉盘子和青花五爪龙纹碗残片，认为这是“官搭民烧”的产物，是陶瓷考古中首次发现的明朝“官搭民烧”生产方式的物证。“官搭民烧”一方面是官窑对民窑的剥削，另一方面，官窑不得不在一定程度上向民

① 故宫博物院：《故宫陶瓷馆》，紫禁城出版社 2008 年版。

② 参见刘毅：《明清陶瓷官窑制度比异》，《南方文物》1992 年第 4 期，第 81~86 页。

窑开放，民窑在烧造钦限瓷器的同时，也烧制了一些仿官窑的瓷器，促进了民窑的发展。

明泰昌、天启、崇祯三朝，政局动荡，景德镇官窑生产陷入衰落直至停烧。

五、清代景德镇官窑概况

清兵入关之后，作为外族统治者，采取了一系列缓和阶级矛盾的怀柔政策，例如，在农业上兴修水利，减免税赋；在手工业方面，彻底废除明代"匠籍"制度，给予手工业者更大的自由度，提高了他们的生产积极性。清朝进入了社会经济最为繁盛的时期——"康乾盛世"，而景德镇瓷业也在这一时期达到了历史的巅峰。

清代官窑，始建于顺治年间。最初主要是为了烧制急用的龙缸、栏板等器。据乾隆《浮梁县志》卷五记载："国朝顺治十一年，奉旨造龙缸，面径三尺五寸，墙厚三寸，底厚五寸，高二尺五寸，至十四年中经饶守道董显忠、王天眷、王锳、巡南道安世鼎、巡抚郎廷佐、张朝璘督造未成。十六年，奉旨烧造栏板，阔二尺五寸，高三尺，厚如龙缸，经守道张思明、工部理事官噶巴、工部郎中王日藻督造，亦未成。十七年，巡抚张朝璘疏请停止……"由此可知，至迟在顺治十一年(1654 年)，景德镇官窑已经恢复为皇室烧造瓷器了。但总体来说，清兵入关后的最初三四十年，前有南明三王，后有吴三桂三藩，战乱频仍，官窑瓷器在烧制质量和数量上都较差。康熙二十年以后才是清朝官窑大量烧造的开端，质量上也开始大幅度提高。

根据《景德镇陶录》记载，康熙十九年(1680 年)九月，朝廷派广储司郎中徐廷弼、主事李延禧到景德镇督造瓷器。康熙二十年(1681 年)二月又派工部虞衡司郎中臧应选、笔帖式车尔德驻厂督陶，直至康熙二十七年(1688 年)"奏请停止江西烧造瓷器"，这一时期的官窑称为"臧窑"，它代表了康熙早期景德镇瓷器的制作水平。据《景德镇陶录》载："康熙年臧窑，厂器也。为督理官臧应选所造，土坯腻，质莹薄，诸色兼备。有蛇皮绿、鳝鱼黄、吉翠、黄斑点四种尤佳。其浇黄、浇紫、浇绿、吹红、吹青者亦美，迨后之唐窑犹仿其釉色。"由此可见，臧窑的成就主要在单色釉上。事实上，这一时期的单色釉又以鲜红最为突出。另外，"臧窑"还仿明代宣德、成化的做法，制造青花五彩器，且青出于蓝而胜于蓝。

图 1.16　康熙郎窑红琵琶式尊[①]

康熙四十四年(1705 年)到五十一年(1712 年)，在江西任巡抚的郎廷极主持下的御器厂，习惯上称其为"郎窑"。它代表了康熙晚期景德镇瓷器的最高制作水平。"郎窑"的最大成就在于成功恢复了铜红釉的烧制(见图 1.16)，世人称之为"郎红"，其釉色宛如红宝石，故也称"宝石红"，法国人称之为"牛血红"。明代

① 故宫博物院:《故宫陶瓷馆》，紫禁城出版社 2008 年版。

宣德红釉的“脱口”为自然形成的白口，而康熙郎窑红的“脱口”则是人为涂饰的一层厚而含有粉质的白釉或浆白釉。此外，“郎窑”还仿宣德豇豆红、成化的青花、斗彩和仿永乐的白釉脱胎器。康熙晚期，还创烧了霁红釉。“郎窑”还发展了正德时已有的素三彩瓷器（见图1.17），它的彩色除了黄、绿、紫外，增加了当时特有的蓝色。“郎窑”开创了在素烧胎上施以绿、黄、茄紫三色的素三彩，上面不施釉料的加彩方法，从而使加彩方法更为多样。郎窑时开始出现胭脂水釉瓷器，胭脂水釉是从西方引进的一种含金的色釉，因而异常珍贵。此外，粉彩瓷器的烧制亦始于“郎窑”。《瓷鉴》中写道：“粉彩色始于康熙末年，因未见粉彩之物有题康熙款者，故皆以为始于雍正初年耳。”可见，在“郎窑”时，景德镇的陶工很可能在珐琅彩（见图1.18）的启发和影响下创烧了粉彩色料。粉彩是以珐琅彩的白料色彩作为粉彩的乳浊剂，即以玻璃白打底。它和珐琅彩可相媲美，具有同样的立体效果，但造价低。

图1.17　康熙素三彩海马杂宝纹罐[1]

图1.18　清代康熙黄地珐琅彩牡丹纹碗[2]

除上述品种外，康熙时期的官窑青花瓷在清代最为精美，康熙青花多以浙江的青料和云南的“珠明料”绘制，质地细腻，经过严格的提炼。呈色青翠明快，色调纯净而清新，与明代青花有所不同。其最典型的艺术特征是运用“分水”技法进行描绘，层次分明，视觉冲击力强。因此素有康熙青花“青分五色”的说法。“分水”技法在明代中后期已经出现，而在清代康熙时期才广泛运用到青花瓷器装饰。它是根据绘制需要把颜料与水的比例进行调配，使青花的装饰图案产生不同的色阶，使青花装饰具有传统的国画“墨分五

① 故宫博物院：《故宫陶瓷馆》，紫禁城出版社2008年版。

② 故宫博物院：《故宫陶瓷馆》，紫禁城出版社2008年版。

色”的意境[1](见图 1.19)。

雍正四年(1726 年),督理淮安板闸关税务的年希尧兼管官窑瓷务,直至乾隆元年(1736 年),这时期的官窑被称为“年窑”。年希尧总理窑务,而从雍正六年(1728 年)开始,唐英便以内务府员外郎之职奉命驻厂协理瓷务。因而年窑的成就应包括年希尧与唐英两个人的贡献。“年窑”时“物力富裕,工事精良”,仿古成就最高(见图 1.20)。《景德镇陶录》中“雍正年年窑”条记载:“厂器也,……选料奉造极其精雅,……琢器多卵色,圆器莹素如银,皆兼青彩,或描锥暗花玲珑诸巧样,仿古创新实基于此。”另外,《景德镇陶录》中还有宣德器、成化器仿于“年窑”的记载。由此可见,“年窑”着意于仿古名瓷及仿宣德、成化之器,瓷质莹洁,工艺精良,品类繁多。尤以仿古青瓷成就最高,徐康《前尘梦影录》中称其为“雨过天晴”,达到了青瓷烧造历史上最成熟的水平。另外,仿钧釉、仿霁红成就也高。“年窑”的釉色也更加齐备和丰富多彩。《景德镇陶录》中记述唐英督陶的成就时说:“又新制洋紫、法青、抹银、彩水墨、洋乌金、珐琅画法、洋彩乌金、墨底白花、天蓝、窑变等釉色器皿。”这里所列举的品种,唐英于乾隆元年(1736 年)所作的《陶

图 1.19 康熙青花山水《红拂传》图棒槌瓶[2]

图 1.20 雍正仿哥窑贴塑三羊瓶[3]

① 参见张新沂:《康熙青花之装饰艺术及成因简析》,《景德镇陶瓷》2002 年第 4 期,第 33~36 页。

② 故宫博物院:《故宫陶瓷馆》,紫禁城出版社 2008 年版。

③ 故宫博物院:《故宫陶瓷馆》,紫禁城出版社 2008 年版。

成纪事碑》中几乎都已载入，说明这些成就在雍正年间已经取得。“年窑”的胭脂水釉器为最著名，其胎骨极薄，里釉极白，在外釉映照下，出现粉红色。此时，雍正朝由于宫中自炼珐琅料的成功，珐琅彩瓷的生产全面展开，需要精致的高质量的白胎薄瓷，《陶雅》中称其为“质地之白，白如雪也；薄如卵幕，口嘘之欲飞”。而这些优质白瓷均由御器厂负责烧造。由唐英将上好的瓷胎解运至京，呈皇帝亲选。雍正珐琅彩瓷瓷胎细腻如脂，纯白似雪，对着日光照射，可以清晰地映现出对面的纹饰。自炼珐琅料的成功，也为景德镇御器厂生产彩瓷提供了充足的“玻璃白”，于是粉彩（见图 1.21）在“年窑”时可批量生产，进入兴盛时期。清人在《年窑墨注彩》中对“年窑”这样描述：“国朝陶器美无匹，迩来年窑称第一，不让汝定窑哥均（钧），何况永乐之坯宣德质”，给予了高度评价。

图 1.21　清代雍正粉彩九秋盘

“唐窑”是指唐英于乾隆元年至十四年（1736—1749 年）和十七年至二十年（1752—1756 年）两段时间内督理的景德镇御窑厂生产的瓷器。

唐英在景德镇督陶 15 年，是景德镇御窑厂督陶时间最长、成绩最著的督陶官。15 年中，他不以“官”的身份凌驾于陶民头上，而以“民”的身份虚心向陶民学习，与工匠打成一片。到镇之初，唐英于制瓷一无所知，就杜门谢客，悉心钻研陶务，与工匠同食息三年，终于变外行为内行，掌握了制瓷方面的各种知识，并身体力行，与瓷工们一起从事工艺钻研。同时，唐英对瓷业生产技艺进行科学总结，从理论上加以提高，先后编写出《陶务叙略》《陶冶图说》《陶成纪事》《瓷务事宜谕稿》等著作。特别是《陶冶图说》这部图文并茂的著作，成了陶瓷工艺史和世界文化发展史上的重要文献。他督陶时的瓷器产品世称“唐窑”，其制造水平和质量都达到前所未有的高度。《景德镇陶录》对他做了很高的评价：“公深谙土脉火性，慎选诸料，所造俱精莹纯全……厂窑至此，集大成矣。”晚年，他把自己的诗文收集成册，名为《陶人心语》，完全以陶人自居。

“唐窑”继承雍正时“年窑”已取得的各种仿古成就，继续仿制历代名窑。特别是历来被视为造化、天工的恩赐的“窑变”，唐英使它成为了有规律可循的技巧，可以做到“人工故意制成”。然而，唐窑最突出的成就还在于创新，并体现在注意装饰效果和造型上。唐英和其助手老格共同研制出许多奇特的造型，如镂空转心瓶、镂空转心套瓶、镂空交泰瓶，以及通体镂空的灯罩、香薰、花篮、冠架等，还制成了玲珑瓶。这些器形充分发挥了镂雕技法（见图 1.22），既有实用价值，又可做陈设品，集艺术和工艺于一身，反映了精湛娴熟的制瓷工艺，有很强的科学性。唐窑在彩、釉的装饰效果上也多有创新，集中体现了繁缛、细腻的艺术风格。现存于故宫历代艺术馆里的“瓷母”充分体现了“唐窑”在施釉及彩的方法上的创新和进步。“唐窑”在彩和釉上的另一个创新是用胭脂水彩绘器物，构成前所未有的纹饰图案，有时和青花搭配，能得到青花釉里红的效果。粉彩发展到唐窑时，在图案花纹上显得渐趋繁缛，不但在瓷器上作画，而且作为装饰色对陶瓷的仿手工艺品和仿象声瓷进行装饰，且出现了青花粉彩、轧道粉彩、开光粉彩等多种工艺。此时的珐琅彩瓷的彩色地上也采用轧道工艺，俗称“锦上添花”，极为精细、费工，难以仿制，是前所未有的创新之举。珐琅彩瓷在图案上也益加精进，变板滞为生动，而“英卒后，遂成绝迹矣”。“唐窑”仿各种工艺品和象声瓷也达到高度水平。另外，受西方文化影响而产生的西洋人物画及由“洋花”组成的图案，是乾隆时期唐窑瓷器纹样的一项特殊成就[①]。唐窑瓷器精美，其制作水平和质量都达到前所未有的高度。《中国的瓷器》一书中就说：“中国瓷器，到了唐窑，确实集过去所有制作之大成。这表现在瓷器装饰方法、造型设计以及制瓷技术方面。”瓷器装饰仅高、低温颜色釉就有 57 种；彩绘方面“山水人物花鸟写意之笔，青绿渲染之制，四时远近之景”无所不有，而且“规抚名家，各有原本”；造型设计上，则从“古礼器尊鼎卣爵之款制，到瓜瓠花果象生之作”，应有尽有。

图 1.22　乾隆粉彩镂空瓷瓶

但从乾隆后期开始，政治昏暗，社会经济衰退。一方面景德镇重要的制瓷原料——高岭土濒临枯竭，且大量尾砂侵害农田，致使纠纷不断。乾隆末年景德镇禁采高岭土，开始采用星子高岭土替代之，提高了生产成本。另一方面，国外制瓷工艺的进步以及工业化生产的出现，致使景德镇瓷业外销急剧下降，内销萎靡，瓷业生产大不如前。而 18 世纪中叶的两次鸦片战争和太平天国起义，使景德镇陷入绵绵战火，御窑厂被摧毁，民窑生产也陷入低谷。清同治、光绪时期，社会经济有所恢复，史称“同光中兴”，景德镇瓷业也稍有复兴，李鸿章捐银十三万两，修复了御窑厂，烧造略有恢复。御窑厂为慈禧太后烧制的“大雅斋”款御窑瓷器（见图 1.23），画风细柔，图案精巧，是这一时期难得的精品。此

① 参见刘淼：《清代官窑瓷业的技术成就与陶官制度》，《中国社会经济史研究》2008 年第 1 期，第 56~62 页。

外也能较成功地仿烧康乾名器。宣统时期，成立江西瓷业公司，采用机械制瓷、煤窑烧瓷，并兴办陶业学堂，开创了中国机械化制瓷的先河，这一时期景德镇御窑厂亦由瓷业公司管理。但随着清朝的覆灭，官窑烧造的历史宣告结束[①]。

图 1.23 “大雅斋”款粉彩瓷杯

明清陶瓷官窑除了在器型纹饰、装饰方法等方面有所创新之外，在瓷器制作工艺方面也有所改进，特别是在胎釉配方方面。我们知道，景德镇历代瓷胎是由单一瓷石作为原料的一元配方演变为瓷石和高岭土作为原料的二元配方。自元代开始即在瓷胎中引入了高岭土，明初期基本沿袭了元代瓷胎的配方，都主要以含 CaO 低的瓷石为主，仅掺入了少量高岭土。随后逐渐增加高岭土的用量，瓷胎中 Al_2O_3 的含量已由元代及明初的 20% 左右上升至清代的 26% 左右。瓷石中掺以含高铝的高岭土，能使得瓷胎中的玻璃相相对减少，莫来石含量增加，瓷器的变形、强度以及热稳定性也随之得到改善。因而随着陶瓷烧制技术的进步以及器型的变化（胎体的大小、厚薄等），为了使制品的烧成范围增宽，减少变形，保证制品的成品率，高岭的用量逐渐增高。其烧成温度也已由初期的 1 150℃左右提高到 1 300℃以上。此外，因为瓷石是石质原料，采掘困难且需经长时间的粉碎才能使用，而高岭土为土质原料，只需要淘洗即可使用，随着土质原料的引进和增加，瓷器制作的成本也会相应降低[②]。

景德镇瓷釉历来是用釉果，即风化较浅的瓷石掺以釉灰配成，釉中的 CaO 含量主要来自釉灰，而 K_2O 和 Na_2O 的含量则主要来自釉果。如图 1.24 所示，根据瓷釉组成，可将景德镇历代青花瓷分为三个阶段：第一阶段为元代，第二阶段由明初的洪武至成化年间（明代前期），第三阶段即明正德（明代后期）到清初阶段。在第一阶段釉中的 $CaO/(K_2O+Na_2O)$ 比值较大，其均值为 1.32，釉中 CaO 含量较高，均值为 7.97%，可以推断元代瓷釉配方中釉灰用量较大，CaO 是釉的主要熔剂，属钙釉系列的钙 - 碱釉。同第一阶段相比，第二阶段 $CaO/(K_2O+Na_2O)$ 比值和 CaO 含量的均值较低，分别为 0.84 和 5.8，显然

① 参见王馨：《历史中的景德镇瓷业——连载之三》，《紫禁城》2008 年第 4 期，第 164~171 页。王馨：《历史中的景德镇瓷业——连载之四》，《紫禁城》2008 年第 5 期，第 174~179 页。

② 参见吴隽、李家治、邓泽群等：《中国景德镇历代官窑青花瓷的断代研究》，《中国科学 E 辑》2004 年第 5 期，第 516~524 页。

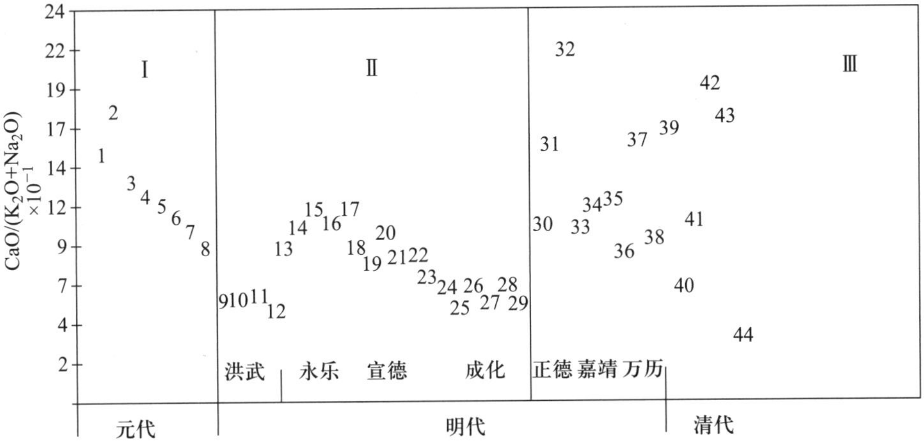

图 1.24　景德镇历代青花瓷釉 $CaO/(K_2O+Na_2O)$ 的比值分布图

釉灰用量减少。按钙系釉的判别标准,仍属于钙 – 碱釉,但多数已更接近于碱 – 钙釉,甚至已有个别样品已进入碱 – 钙釉系列。到了明代后期和清初的第三阶段,其数据离散性大,这可能是由于随着烧成工艺水平的提高和瓷胎配方的改进,釉配方也进行着相应的调整和探索[①]。

① 参见吴隽、李家治:《景德镇历代青花瓷胎釉化学组成的多元统计分析》,《陶瓷学报》1997 年第 3 期,第 130~135 页。

第二章 中国明清时期陶瓷官窑和民窑体系的关系

景德镇是明清两代御用瓷器生产之地，其官窑制度的确立承启于宋元，官窑的概念与民窑相对，我们固然不可以称景德镇宋代烧造瓷器的窑场为官窑，但从继承角度看，可以说明清官窑生产、管理等制度的确立以及官窑文化的产生，都得益于此前民间窑场的蓬勃发展。明代，官窑制度的确立对民窑产生了深远的影响，表现在两方面：前期主要体现在限制民窑的发展；嘉靖以后，随着官窑制度的衰败，间接促进了民窑的蓬勃发展，反过来又促进官窑的生产。万历以后，民间窑厂在官窑停烧之后，尽管饱受打击，却依然繁荣了几十年。清初康熙十九年（1680 年），在官窑烧造重新确立之前，民窑依然在陶瓷生产中扮演重要的地位，并对官窑的重新生产起到了强烈的助推作用。官窑与民窑之间的交替繁荣、相互依托的关系，以及反映到瓷器上的种种表现，与二者生产、管理的技术和方法等是密切相关的，鉴于此，本章在探讨明清时期陶瓷官窑和民窑体系的关系时，将重点从管理机构及管理制度、经费来源、工匠制度、生产制度、用瓷制度等方面加以分析和讨论。

第一节　官窑与民窑体系的差异性

一、管理机构及管理制度的差异

（一）官（御）窑的机构设置及管理制度

官（御）窑与民窑有着明显的不同，强调皇帝独享的唯一性是其最显著的特征。因此为了确保皇帝对官（御）窑产品的垄断，官（御）窑有一套特别的管理机构和管理制度，它与中国封建等级制度和君主权力密切相关。

御窑厂的机构设置主要分为管理部门和生产部门两大部分。管理部门设有官署、正堂和狱房等。其中，官署是接待上级官员、商讨事务的场所；正堂是案件审理、迎接圣旨、举行重大典礼的地方；而狱房的主要功能则是为了监督工匠劳作，另设有督工亭三处。御窑厂的生产部门以分工协作的方式组成，按照不同的生产流程，划分为一个个小的生产单位，称之“作”。它相当于现代的生产车间，明代设有二十三作，原料加工有西碓作和东碓作，成型有大碗作、盘作、碟作、酒盅作、印作、钟作、锥龙作，釉下彩绘中的画作、写字作和釉上彩绘中的色作，以及一些辅助行业，如匣作、大木作、小木作、泥水作、竹作、铁作、桶作、船木作、漆作、索作、染作。御窑厂内的烧造窑炉主要可分为六种，烧造百次的高温风火窑、专门烧造大龙缸的龙缸窑、专门烧制小件瓷器的青窑，烧制彩瓷的大小火监熿窑、烧制颜色釉瓷的色窑，以及烧制窑具的匣窑。

清代嘉庆二十年（1815 年），蓝浦《景德镇陶录》对御窑厂格局有详细记载：“厂跨珠山，周围约三里许。中为大堂、堂后为轩,为寝。寝北有小阜,即珠山所由名,旧建亭其上。堂两旁为东西序,又东迤南各有门。又东:为官署,为东西大库房,为仪门,为鼓亭,为督工亭,为狱房,今废。为陶务作二十有三:曰大器作、曰小器作、曰仿古作、曰雕镶作、曰印作、曰画作、曰创新作、曰锥龙作、曰写字作、曰色彩作、曰漆作、曰匣作、曰染作、曰泥水作、曰大木作、曰小木作、曰船作、曰铁作、曰竹作、曰索作、曰桶作、曰东碓作、曰西碓作。为窑式六:曰青窑、曰龙缸窑、曰风火窑、曰色窑(烧炼颜色者)、曰爁熿窑(窑制大小不一,厂坯上釉用爁熿有漏釉者,再上釉入窑烧)、曰匣窑。又前后甃井二,柴房二,窑役歇房二。厂内神祠三:曰佑陶灵祠、曰真武殿、曰关帝庙。厂外神祠一:曰师主庙。厂之西为公馆,东为饶九南巡道行署(今饶州府同知署)。头门外树屏墙一,有东西二甬通市街。桂案《邑志》:厂大堂旧题曰秉成,仪门外为广场,左右四门,东曰熙春,旋改为迎曦,南曰阜安,西曰澄川,北曰待诏。又阜安门外有秉节制度坊。珠山上有朝天阁,有冰立堂,有环翠亭。今并改替,惟厂署规制如旧,环翠亭犹存。"①

1. 对制瓷原料和工匠的垄断和掠夺

为了使御窑厂的资源供应得到保障,明代沿袭了元代的旧制,将麻仓土(即高岭土)列为"官土"。明嘉靖三十五年(1556年)版《江西省大志·陶书》记载:"陶土出新正都麻仓山,曰千户坑、曰龙坑坞、高路坡、低路坡,为官土",禁止其他民间瓷窑开采。新正都即今景德镇市浮梁县窑里镇东埠村以东地区,这里盛产高岭土。清同治四年(1865年),胡元龙在安徽祁门东乡太和坑独资开采瓷石矿,取牌号为"胡春培","胡春培"号瓷石为最优质的制瓷原料,因此后来官府钦定其为御用砖矿,只能供应御窑厂,并发给他们一面小黄旗,运输瓷石矿石时将旗插在船头则畅通无阻,强盗也不敢劫持。同时,为了使御窑厂的产品达到最高水平,朝廷还雇佣了全国最好的制瓷工匠,明洪武时规定"凡工匠二等:曰'轮班',三岁一役,役不过三月,皆复其家;曰'住坐',月役一旬"②。"住坐之匠月上工十日,不赴班者输罚班银月六钱,故谓之输班。"③有了上好的制瓷原料和一流的工匠,才能保证御窑厂精美瓷器的质量。

2. 督陶官监管

御窑厂在生产上精益求精,不计成本,对产品的管理极其严格,因此督陶官员的作用显得尤为突出。御窑厂的督陶官员在明代主要派内官担任,至清代则由内务府选派官员充任。明代洪武时期以工部员外郎督窑务。宣德中以营缮所丞专督工匠;正统初年,因社会政治混乱,连年饥荒,景德镇瓷业处于低落阶段,朝廷就没有派专人驻景督造瓷器。天

---

① [清]蓝浦:《景德镇陶录》卷一《图说》,京都书业堂光绪十七年本。

② [清]王鸿绪:《明史稿》第五十四卷,敬慎堂刊本,文海出版社1962年版。

③ [清]张廷玉:《明史》第七十八卷,《志第五十四·食货二》,中华书局1973年版。

顺元年(1457 年),委中官造,后来又有变化,但终以内监督陶为主,而佐以推官、通判等员。内监驻省,起运是则驻镇。

明代时期的御窑厂有一套较为完善的烧造管理制度,所生产的产品不对外出售,生产工艺也是保密的,因此对督陶官员的要求更加严格,此时多任用宦官督陶。到了清代,御窑的管理制度日渐松散,出现“官搭民烧”的状况,甚至将部分有瑕疵的瓷器在市场上变价出售,因此一定程度上减轻了督陶官员的职责负担,让督陶官有更多的时间投入新产品的研究创新上,如郎廷极主持创烧出“郎窑红”颜色釉瓷,以及著名督陶官唐英在彩绘、颜色釉方面的创新,他主持绘制编撰了《陶冶图说》。

然而,在明代督陶官员设置中也存在着很大漏洞。“监陶有官,先是中官一员专督。嘉靖九年裁革,以饶州府佐贰官一员管督。钱粮奸弊属首巡焉。是后,饶州储佐贰官常缺,分委杂而不专,官职懈怠。知县朱贤议请差工部主事一员专管,议不行。……为今之计,欲革弊,莫要择官,欲择官尤在于专任。乞敕吏部将吉安府推官裁去一员,于本府添设推官一员,即以原委官之衙舍人役,令其扎住本厂,专理窑政,厘革奸弊,务于进士出身者除补,以为诠规,不许抚按上司别项差委事下。抚按官勘议行。布政司查议未报。”①

清代康熙十九年(1680 年),命内务府、工部司官各一人,往江西烧造瓷器。关于督陶官吏的人选,清代鉴于明代以中官督陶,“借上供之名,分外苛索”,屡出事故,因而对督陶官员的选派就更加慎重。康熙时期任命的许多督陶官都作出了重要贡献,如江西巡抚郎廷极、内务府主事李延禧,郎中徐廷弼、工部虞司郎中臧应选等。他们都有着极高的文化素养和艺术造诣,并且对陶瓷事业都有着特殊的情怀和无法割舍的喜好。

除了督陶官之外,御窑厂内还有其他负责各项具体事务的管理人员近百名,有房吏、库子、听事务、门子、巡逻夫、听事吏、接应、书手、吹鼓手、里长、禁子、轿伞夫、铺兵、阴阳生、应用皂隶等,其级别带有明显的封建等级色彩。

3. 对产品的管理

御窑厂生产的瓷器均为皇帝所享用,因此对瓷器的质量、样式、纹饰、颜色等都有严格的要求,所需瓷器的式样一般由最好的宫廷画师来设计,然后将生产任务传达到景德镇御窑厂进行生产。对瓷器的质量要求近乎苛刻,凡进贡的御器大多要“百选一二”,龙缸等大件器“百不得五”。经过筛选之后的所谓有瑕疵的次品均要打碎就地掩埋,不得在民间市场出售,以维护皇帝天子独尊的威严。以下是相关文献对派烧任务的翔实记载:

《明宣宗实录》卷九,造奉先殿几案:洪熙元年九月己酉,命行在工部江西饶州造奉先殿太祖皇帝几案、仁宗皇帝几筵白瓷祭器,于磁州造赵王之国各坛祭器。

---

① [明]王宗沐:《江西省大志》卷七《陶书》,转引自熊寥、熊微:《中国陶瓷古籍集成》,江西科学技术出版社 2000 年版,第 176 页。

《明英宗实录》卷四十九，烧造青龙白地花插："正统九年五月丁卯，江西饶州府造青龙白地花插，瑕莹不堪。太监王振言于上，遣锦衣卫指挥往，杖其提督官，仍敕内官赍样，赴饶州更造之。"

《明孝宗实录》卷一百六十一御瓷烧造，动费不赀："弘治十三年四月癸丑，礼科都事给中宁举等以灾异言十事……近者，屡差内官往陕西、苏杭织造驼绒段匹、饶州烧造瓷器。凡诸工作，动费不赀，况所差者，假公营私……上命所司，详议以闻。"

《大明会典》卷二百九十四尚膳监用瓷："凡江西烧造全黄并青绿双龙、凤等瓷器，送尚膳监供应。其龙、凤、花、素、圆、扁瓶、罐、爵盏等器，送内承运库交收，光禄寺领用。"

"宣德八年(1433 年)，尚膳监题准，烧造龙、凤瓷器，差本部官一员，关出该监式样，往饶州烧造各样瓷器四十四万三千五百件。"

"弘治十五年(1502 年)奏准，光禄寺岁用瓶坛缸，自本年为止。已造完者解用，未完者，量减三分之一。本寺该管人员轻易毁失者，科道官查究送问赔偿。"

"万历十年(1582 年)，传行江西烧造各样瓷器九万六千六百二十四个、副、对、枝、口、把。"

"嘉庆十一年(1806 年)十一月奉旨，现在库存各款瓷器甚多，自明年为始，九江关呈进大运瓷器，著减半烧造，务须拣上好精细瓷器呈进。"

"康熙十七年(1678 年)，派遣内务府官员，驻厂督造，进贡御用，一面模仿古代名瓷，一面发明新意，工良器美，艳称一时。所造之器，如仿古礼器之尊……与砚屏墨床，画滴，画轴……无不精美。至于定、汝、官、哥、钧诸窑，及明代之精品，靡不仿造，惟妙惟肖。"(同治《饶州府志·陶厂》)

4. "官搭民烧"制度

明嘉靖、万历时期，瓷器需求数量剧增，但御窑厂一般只烧造工部颁发的额定生产瓷器任务(即所谓的"部限")，而由于宫廷需求又临时加派的任务即钦限，则分派给民窑完成，因为此时的景德镇民窑业空前发展，并在一些关键性工艺上超过了御窑，有承烧御器的技术和能力，而且御窑厂生产机体与直接生产者的匠役地位之间矛盾重重，御窑厂缺乏积极性，生产优势逐渐丧失，故往往把"钦限"任务转承给民窑个体。据《明英宗实录》记载，正统元年(1436 年)，浮梁县民陆子顺一次就向朝廷进贡瓷器 5 万件。这种官搭民烧制度由此产生，并在清代得以盛行。清代官窑器大多在"色青户"中搭烧，它占有最好的窑位，因此，民窑制品质量不及官窑。但是御窑厂根据当时的市场价格给搭窑户酬金，而且"官搭民烧"的制品均按上品付费，这就大大提高了民窑生产的积极性。

(二) 民窑行业制度

相对于官窑制度而言，没有明显的封建政治等级性质和规范化，更多的是约定俗成、带有民间地方特色的行业规矩，它同样具有很强约束力的制度规范。民窑制度是基于血缘关系和地缘关系上建立的，具有较强的宗族烙印，根据陶瓷生产中不同的流程划分不同的行业规范，有原料供应制度、生产行业区分制度、烧成制度、贸易制度等。

1. 原料供应制度

原料供应是陶瓷生产顺利进行的基础和保证，又可以细分为瓷土供应、釉料供应和燃料供应等。首先瓷土供应行业有自己的一套行为规范，如瓷土矿主对采矿区和加工运输道路定时修缮；堆放在野外的粗矿料不会有人去偷窃，如偷窃被发现则处以三倍以上的罚金；凡买卖交易的钱款、雇佣工人的工资、运输费用等业务账目必须在年底结清，否则以物抵债或转账认息的方式来解决；雇工的人身安全盖由本人负责，如果意外死亡，则须由雇主支付棺材钱[①]。釉料供应行业中加工釉料所使用的水碓通常禁止对外人买卖转让，如果转让也只限于本地方或本宗族的人。其次为了保证生产和运输利益上的需要，规定每年三月为开碓生产时间，七月十五日停碓："又查东乡釉果，其质甚佳，为全镇所倚赖，昔时业采掘者，例于正月十六开碓，三月初一开港，八月满日停碓。"[②] 燃料供应在长期运营中也形成了自己的一套严格的管理制度，景德镇陶瓷燃料主要以松柴为主，经营窑柴的组织称为窑柴行。窑柴行规定了松柴的质量标注、价格区间和运输的费用，为了保护窑柴资源，还规定严禁市民砍伐购买窑柴用作家庭炊煮燃料，禁止偷盗窑柴，有违者将受到严厉的处罚。

2. 生产行业区分制度

陶瓷制作从成型方式上可分为圆器和琢器。圆器是辘轳车一次拉坯而成的圆形陶瓷器具，如盘、碗、杯、碟、花瓶等；琢器是指那些不能一次拉坯成型，经过拼接而成的大型或不规则陶瓷器具。圆器行和琢器行在生产中互不干涉，各自形成行业制度规范。圆器行首先在雇请工人方面做出了明确的规定：一般经营者直接聘请工头，然后由工头选聘各个工种所需要的人员，并且雇员的聘请和解雇都有规定的程序，执行时必须按照相关程序执行。其次，规定师傅带徒弟不能跨行业，如遇特殊情况需跨行收徒，则要交纳"过帮"费。琢器行业管理制度与圆器行业大致相同，但是琢器行大多是小本经营，雇员都是由老板亲自聘请的，规模较小，大多事务都由老板亲自经手管理。琢器行业也有自己的行业组织，称为"同仁窑"。同仁窑平时要负责各个行业的管理，执行行业制定的各项制度，此外还负责组织举办行业内的各项重大活动。

3. 烧成制度

烧窑可谓是陶瓷生产中最关键的一道流程，它直接决定了瓷器制品质量的优劣。从装窑、控制窑温和窑内气氛、掌握烧结温度结点，到窑炉熄火降温、开窑等一系列烧造程序

---

① 参见陈海澄：《景德镇瓷录》，《中国陶瓷增刊》2004 年版，第 14 页。

② 向焯：《景德镇陶业纪事》，转引自熊寥、熊微：《中国陶瓷古籍集成》，上海文化出版社 2006 年版，第 716 页。

都需要严格的制度管理。拥有独立瓷窑的老板成为窑户，窑户通常会雇佣一批烧窑工人为其工作，其中，把桩师傅是整个窑厂的技术核心，他通过自己的经验和能力来完成整个烧窑的过程。景德镇流传的一句古话："十年也未必能出来一个把桩师傅"，足以说明把桩师傅的重要性。除了把桩师傅以外，还有托坯工、打杂工、收兜工、推窑弄、加表工、一夫半、二夫半、三夫半、小伙首等工种，这些雇佣人员通常由把桩师傅介绍。此外，还有管账和下巷等烧造前后的管理服务人员。

4. 贸易制度

陶瓷烧成之后就进入了销售的环节。在长期的贸易过程中，陶瓷销售行业形成了完善的销售制度，由瓷庄、瓷行、船帮、船行和茭草行等行业共同组成。瓷行是专门为外地经销商服务的机构，瓷庄则是财力雄厚的外地客商为了贸易方便在景德镇设的庄。茭草行是瓷器贸易中的一个辅助行业，利用茭草对瓷器进行包装，防止瓷器破碎。"镇中另有茭草行，专营是业，亦分业之一。其法悉依税局章程，有一定法度。其以大碗三十六只叠合成仝，束以稻草者，名曰'单只'。小件圆器，或一倍，或数倍，束成一只者，则有双支、四支、六支等名目。"[①] 船行和船帮是瓷器贸易中的最后一个环节，负责运输来往的瓷器。通常每个船行有自己固定服务的瓷商，在运输过程中的行船线路也是相对固定的，这样就保证了贸易有序地进行。

纵观瓷器发展史，先有民窑，后有官窑，民窑孕育了官窑，并为官窑提供了最熟练的制瓷工匠、最精湛的烧造技术支持。而官窑通过政府的高压手段对民窑原料、工匠以及产品品种、式样进行掠夺，控制和垄断，并以"官搭民烧"的方式将极难烧成的"钦限"瓷器强加给民窑包烧，迫使民窑努力提高其产品的质量和御器的入选率，这在一定程度上刺激了民窑制瓷技术的不断进步，而且最终打破了以往官窑与民窑之间对立、排斥的关系，形成了共同促进、"官民竞市"的新局面。相对官窑而言，民窑历史悠久，技术丰富，市场广阔。但是，官窑所做出的贡献极大地推动景德镇制瓷业发展，官窑不仅拥有最精湛的制瓷技术和最完善的陶瓷生产体系及其管理制度，还创造出当时最高品质的瓷器精品，为人类留下了最为优秀的陶瓷文化遗产。

二、资金来源及匠役制度的差异

（一）官窑与民窑的资金来源

御窑厂的生产任务是为皇家提供瓷器器具，所生产产品并不对外出售，因此是非营利性机构，因此其生产资金主要由国家财政投入，生产资金的多少取决于中央下派的生产任务的多少。此外，在生产过程中也有少量的特殊收入。

---

① 向焯：《景德镇陶业纪事》，转引自熊寥、熊微：《中国陶瓷古籍集成》，上海文化出版社 2006 年版，第 717 页。

御窑厂通常一年为一个生产周期，因此政府每年投入定额的资金。国家财政划拨的瓷务专用银两在每年春季开工之前运送至景德镇，至秋季烧造任务完成之后连同账本一起运送至京城，后经内务府造办处清点、核算之后方奏销经费。御窑厂为了追求所烧瓷器质量的完美，每年的耗费极高。万历二十八年(1600 年)，工科给事中王德完说："瓷器节传二十三万五千件，约费银两二十万两。"嘉靖朝连续数年的烧造费用每年都高达十万两左右，嘉靖二十五年(1546 年)"加派阖省，随粮带征银一十二万两，专备烧造"，而"三十三年，又加派银二万两，亦烧造支尽，自后……岁巨万，如鱼缸及砖又不止是"。这些仅是一次烧造瓷器本身所需的耗费，而"一岁数限"所需要的资金就更为巨大了。加上其他的人力、设备、运输费用，数额之巨大让人无法想象[①]。

除了国家每年的固定资金投入外，清代御窑厂还通过其他途径获得有限的收入，如将瓷器变价出售后的收入，临时加派烧造人后的额外奏请的生产资金等。雍正七年(1729 年)，御窑厂将次色瓷器运送至京城，交由内务府决定其是变价销售或是赏赐。后因次色瓷器过多，为节省运输费用，唐英于乾隆七年(1742 年)开始实施"就地变价"的制度。唐英在如何处理次色瓷器的奏折中写道："奉宸宛卿管理九江关务奴才唐英谨奏：为次色瓷器不能按年销售变价，银两不能年清年款，奏明恭请圣训事。窃照江西窑厂烧造瓷器，每年选落次色器皿，于乾隆七年按照烧造成本估计，即在本处变价。所得变价银两，例应按年解送内务府，年清年款。惟是选落变价器皿，名虽次色，究系官窑瓷件，釉料既高，工价亦倍，非比民间常用器皿易于销售。奴才前一任管理窑务，承办变价次色，自乾隆七年起至十四年调任粤海关止，此八年内变价次色器皿，不能按年销售，以致变价银两不能年清年款。迟至乾隆二十一年，始将奴才前一任内次色变价银两完缴清款讫。所有奴才由粤海关复调九江关，自乾隆十七年至今应行变价次色器皿，又已积下四五年。伏查次色器皿，悉系动支钱粮烧造，则变价银两，即与正项钱粮无异。今因各器不能按年销售，以致变价银两不能年清年款。奴才目击实在情形，夙夜实深惴惧，又不敢因循坐视，迟误钱粮。为此缮折奏明，恭请皇上教导。谨奏。"

与御窑厂不同，民窑的烧造经费主要来源于在瓷器贸易中所得的利益。民窑的生存都得靠自身的努力，瓷器产品销售得好，生产规模随之扩大，窑厂的规模也越来越大。如果行情不好，生产规模也缩小，甚至面临倒闭的困境。另外，明清时期的"官搭民烧"政策一定程度上影响了民窑的生产，从官窑承接的烧造订单，相对数量比较大，烧造经费高，利润也相对可观。民窑没有政府的财政支持，生产资金得不到保障，但这也增强了各窑厂之间的竞争意识，对提高瓷器的质量起到了积极作用。

除生产资金外，明清时期陶瓷官窑与民窑体系在工匠制度方面也存在一定的差异。

① 参见中国硅酸盐协会编：《中国陶瓷史》，文物出版社 1982 年版，第 364 页。

(二) 明清官窑匠役制度

明代从事御窑厂生产性工作的工匠夫役主要有轮班匠、编役匠和雇役匠等。轮班匠是御器厂劳役的基本形式，来自“匠籍户例派”[①]，承袭了元代旧有的匠籍制度，“以金木水火土五行别役”，匠人有单独属籍，如：“风火仙姓童，讳宾，字定新。……祖匠籍。”《饶州府志》中提到的“各乡之匠户”。

班匠以“报开民族轮供”的方式无偿地服务于国家，御器厂“遇蒙烧造，拘集各厂上工，自备工食”。不过，这种服役形式还属于一种临时派遣，按照“有命则供，无命则止”的原则从事瓷业生产。真正的上班指的是每四年一次到南京服役，如果不去要缴上班银一两八钱。然而，随着景德镇御器厂烧造瓷器数量逐年的增加，需要更多的工匠投入其中，于是，御器厂对于班匠临时派遣的时间逐渐超过了至南京服役的班期，实际上已经演化为正班服役了，分身乏术的班匠因为长时间服役于御器厂而不能赴南京上班，其责任还需自身承担，以致“身服庸役，又纳班银”，这种轮班制实际上是对匠人的残酷剥削，尽管大臣向皇帝提出减岁贡的请求时有批准，然而只是暂得缓解，治标不治本，轮班匠的生活仍然很凄惨。

关于班匠的人数，《江西省大志》载：“官匠凡三百余名”，对于明代中后期大量的烧造任务而言，这些人员显然不够。所以在正德以后，班匠制之外，御器厂还有编役匠。关于编役匠，《饶州府志》记载得很清楚：“官匠凡三百余名。自梁太监召募，编为一籍，庸作与官匠同而无分毫雇值。乡民不能应厂役，则转佣官匠名作头以代，月月索费不资，拘呼为苦。有司占数循旧，不为开豁，既非租用本差，又不得受工匠浮食。”[②] 从中可以看出梁太监召募的是编役匠而不是班匠，“庸作与官匠同而无分毫雇值”，显然将其与官匠区分开来，而且说到有雇值，那么就不可能是班匠。另外这种编役匠是被迫服役的，到最后因为不能“应厂役”而“转佣官匠以代”，沦为劳役，其下场较之班匠更为凄凉，竟“不得受工匠浮食”。

最后一种属于雇役性质，是雇役匠，文献中多有所提：“本厂选召白徒高手烧造及色匠未备，如敲青、弹花、裱褙匠等役。”[③] “大碗、酒锤工匠类多颓罢不堪，以故烧造候期，合无于起工之日，多雇堪用民匠分补，而画匠、锥龙二作，工制尤少，亦须召募高手，庶器不苦窥矣。”[④] 这种雇募的工匠是按日计件给值的，这比班匠按月支发的工值、月粮更能激发工匠

---

① [明]王宗沐：《江西省大志》卷七《陶书》，“匠役”条：“上班匠，籍匠户例派四年一班，赴南京工部，上纳班银一两八钱。遇蒙烧造，拘集各厂上工，自备工食。”转引自熊寥、熊微：《中国陶瓷古籍集成》，江西科学技术出版社2000年版，第179页。

② [明]王宗沐：《江西省大志》卷七《陶书》，转引自熊寥、熊微：《中国陶瓷古籍集成》，江西科学技术出版社2000年版，第179页。

③ [明]王宗沐：《江西省大志》卷七《陶书》，转引自熊寥、熊微：《中国陶瓷古籍集成》，江西科学技术出版社2000年版，第179页。

④ [明]王宗沐纂，陆万垓增修：《江西省大志》卷七《陶书续补》，明万历二十五年本。

生产的积极性，这种带有资本主义因素的雇佣关系是以明代后期商品经济发展为前提的。尽管雇佣而来的工匠较之班匠和编役匠有很大程度上的自由，但在封建政治、经济的束缚下，它的发展呈现出缓慢和曲折的特点，只能处于次要地位。

清初康熙以前，匠役制度实际上是对明末的延续，康熙中期以后，督陶官在御窑厂不断的瓷器烧造实践中，顺应时势，适应生产关系的要求，废除了奴役匠户几百年的“匠籍制”，采用以金求劳的“雇役制”，大大地提高了工匠的生产积极性，为康、雍、乾三朝能够创造出精美绝伦的粉彩、珐琅彩、各种颜色釉彩瓷奠定了基础。

此外，清代皇帝派遣有文化、有能力的官员到景德镇督陶，直接促进了官窑工匠成员组成的优化。以唐英为例，他在御窑厂督陶期间，对人事制度进行大刀阔斧的改革，推行“慎简朝官”的政策，淘汰御窑厂内冗杂、多余的人员，相比明代的厂役制度发生了很大变化，明代御厂最多时有工匠一千多人，而清代按照《陶成纪事碑记》载：“在厂工匠、办事人役支领工值食用者，岁有三百余名。”[①]《景德镇陶录》中记载御窑厂专职厂工只有二十八名，各司其职：“厂给工食人役：九江关总管事一名，九江关幕；内档房书办二名；选瓷房总头目一名；副总头一名，在关办事；头目七名，一名常住，其余十日一轮上宿；玉作二名；帖写一名；画样一名；圆器头一名；雕削头一名；青花头一名；满窑一名；守坯房一名；挑夫一名；听差一名；买办一名；把门一名。以上二十八名，计工给食。其余工作头目雇请，俱给工价，于九江关道款内开报。”[②]这样，在御窑厂建立起了求精务实、循环有序的生产系统，极大地促进了高质量瓷器的产生。

相比官窑而言，民窑的匠役制度要简单许多，既没有严格的生产制度，也没有固定的人员组成。明代中早期，官窑的垄断极大地限制了民窑的发展，从传世瓷器可以看得出，官窑与民窑瓷器质量有天壤之别。明代后期，随着政治的腐败，官窑生产逐渐走向下坡，而此时民窑生产却迎来了发展良机，出现了“官搭民烧”的形式，而且许多民窑中有技术的工匠被雇佣到御器厂，闲时这些工匠又会回到民窑中从事生产。他们将从御窑厂学到的新技术应用于民窑生产中，促进了民窑的繁荣，各民窑作坊出现相互竞争的局面，这就必然导致它们要雇佣技术高的工匠以提高产品质量，增强竞争力。于是，被雇佣的工匠成了“香饽饽”，工酬自然得到提高，民窑中出现了一些有技术、高薪、高地位的匠人，如吴昊十九、周丹泉等。“所制精瓷，妙绝人巧。尝作卵幕杯，薄如鸡卵之幕，莹白可爱，一枚重半铢。又杂作宣、永二窑，俱逼真者。”[③]特别是到了清代，“匠籍制”废除之后，除了少数御窑厂内固有工匠之外，大部分是从各民窑中挑选优秀的工匠给值受雇，且“工食视寻常

① 清乾隆《陶成纪事碑记》，转引自熊寥、熊微：《中国陶瓷古籍集成》，江西科学技术出版社2000年版，第131页。

② [清]蓝浦：《景德镇陶录》卷二《国朝御窑厂恭记》，京都书业堂光绪十七年本。

③ [明]李日华：《紫桃轩杂缀》，转引自熊寥、熊微：《中国陶瓷古籍集成》，江西科学技术出版社2000年版，第75页。

加倍”[①]。

三、生产及用瓷制度的差异

本部分着重探讨明清时期官窑和民窑体系间的关系，因而选取的主要是二者之间共通的部分，而那些官窑有而民窑没有的制度，如生产制度中对次品的拣选制度、优质品押解进京制度，在此不做详细论述。这里主要侧重从以下几方面进行考量：原材料的使用制度、制瓷式样的选用制度、瓷器的烧造制度和用瓷制度。

（一）原材料的使用制度

明代早中期，对于优质的制瓷原材料，官窑生产主要表现为垄断。如《浮梁县志》载："陶土出新正都麻仓山，曰千户坑、龙坑坞、高路坡、低路坡、四处为上土，亦曰官土。"对于"官料"也是严格控制，禁止民窑散户随意开采、使用。民窑此时只能使用质量较差的生产材料，故而所生产的瓷器品质不高，多显粗糙。到了明代晚期，随着官窑生产的衰落，民窑迎来了新的发展良机。窑户们为了提高自身产品的质量，通过各种手段试图获取高质量的生产资料。嘉靖时，给事中徐浦尝官江西，疏言："景德镇群奸并集，有如回青，打之无法，散之无方，真青每插于杂石，奸徒盗于衣囊，料价则各府解散，每盈而支数不及。"[②]为此，官员也适时采取应对之法，"浮梁令朱贤议论除匠匿回青之弊。打青用三人，各付青一斤，当官锤炼，再加研淘，令各计得青若干，有能多满一钱者，赏银。较三人所得酌多寡之中，为之剂量，定得青之数。"[③]有时官民之间竟出现争抢原材料的情况，如："明万历三十三年，镇土牙戴良等赴内监，称高岭土为官业，欲渐以括他土也，檄采取。"后因"地方民衣食于土者甚恐，守道叶云仍、知县周起元争之，还其檄"[④]。

清代官民之间关系相对缓和，官窑烧造并未将原材料垄断起来。在瓷土的使用上不分官民都取自高岭，此时的官民瓷器在胎质上仅有淘洗精粗之分而无土质之别，绘瓷所用的青料均出于浙江绍兴、金华二府及两广料。

（二）制瓷式样的选用制度

由于御用瓷器的特殊性所致，其生产是按照一定的原则进行的，有相对固定的式样，不准许窑工随意发挥和创造。开始记载御窑瓷样源于何处是清康熙十九年（1680年）以后，此时窑工遵循的式样已经有内府颁发，且有专门从事设计图样的人员，如《在园杂志》载："刑部主事伴阮兄源，河南祥符人。……在内廷供奉时，呈瓷样数百种，烧成绝佳，即民

---

① 清乾隆《浮梁县志》，转引自熊寥、熊微：《中国陶瓷古籍集成》，上海文化出版社2006年版，第86页。

② 清康熙《浮梁县志》卷四《陶政》，转引自熊寥、熊微：《中国陶瓷古籍集成》，上海文化出版社2006年版，第378页。

③ ［清］朱琰：《陶说》，转引自熊寥、熊微：《中国陶瓷古籍集成》，江西科学技术出版社2000年版，第290页。

④ 清康熙《浮县梁志》卷四《陶政·陶土》，转引自熊寥、熊微：《中国陶瓷古籍集成》，上海文化出版社2006年版，第378页。

间所谓御窑者是也。……今日所用之墨及磁器、木器、漆器，仍遵其旧式，而总不出刘伴阮者。”刘伴阮即刘源，属汉军旗籍，康熙时任刑部主事，供奉内廷，监督芜湖、九江两关，工画善刻，御用式样多出其手，连圣祖皇帝对他也是“甚眷遇之”。

一般说来，御用瓷器在大量生产以前，首先是由内府颁发式样，御窑厂照样制作样品，然后呈上御览批复，或由委派大臣负责审核。

如：“雍正七年四月太监刘希文交来大官窑瓶一件。传旨：做木样交年希尧，照样烧造几件。钦此。”[①] 又如：“乾隆十一年七月二十八日，太监胡世杰交嘉窑青花白地人物撇口盅（随旧锦匣），传旨：照此盅样，将里面底上改画带枝松梅佛花纹，线上照里口一样添如意云，中间要白地；盅外口并足上亦添如意云，中间亦要白地写御笔字。先做样呈览，准时交江西唐英烧造。十一月初七日，呈样览，奉旨：照样准烧造。将盅上字着唐英分匀、挪直。再按此盅的花样、诗字，照甘露瓶抹红颜色亦烧造些，其蓝花盅上花样、字、图、书俱要一色蓝；红花盅上花样、字、图、书俱要一色红。盅底俱烧‘大清乾隆年制’篆书方款，其款亦随盅的颜色。”[②]

发往江西供御窑厂照样生产的样品有以下诸种：第一，是内府旧藏前朝瓷器；第二，是清朝各代遵循不替的官样；第三，是新设计的瓷样；第四，新产品中皇帝比较满意的瓷器。这里面第一、第三两种官样的实现方式又包括旋做木样和画纸两种途径。

以木样做样品如前例所述，以纸样为依据进行生产，也是常见的方式，如乾隆二年（1737 年）《记事档》载：“十月十六日，太监高玉交篆书款纸样一张，传旨：以后烧造尊、瓶、罐、盘、钟、碗、碟瓷器等，俱照此篆书款式轻重成造。”此外，最为大家熟知的莫过于“大雅斋”瓷器小样了。故宫旧藏与“大雅斋”瓷器相关的制瓷小样有 20 幅，均是设色绘成，内容详细，图案直观，可谓是宫廷用瓷小样的集大成者。

相对于官窑瓷器生产，民窑没有绝对固定的式样，一般受市场导向所影响，哪种瓷器样式卖得好，自然生产的就多。而且对于民窑窑工而言，缺少了官窑的程式化束缚，其创作起来更加自由、得心应手。民窑瓷器绘画题材涉及广泛，来源丰富：可以是独自发挥想象的创作，可以是对官窑式样的模仿，可以是借鉴其他门类的样式，如明末时期的版画，可以从传统小说、戏曲、神话故事和诗词中得到启发，也可以是模仿前朝或当代的名人名作。这些题材构成了景德镇民窑瓷器鲜活的画面和生动的故事趣味性，进而使其拥有了广阔的市场，不仅流行于国内，更远销海外，成为欧洲贵族们津津乐道的对象。

所谓“上有所好，下必甚焉”，帝王的个人喜好往往直接影响某一阶段人们的审美倾向。如嘉靖皇帝崇尚道教，所以在其统治时期，道教纹饰特别盛行，官窑瓷器上多是表现

① 朱家溍选编：《养心殿造办处史料辑览》（第一辑·雍正朝），紫禁城出版社 2003 年版，第 152 页。

② 清乾隆十一年《记事档》，转引自铁源：《清代瓷器档案全集》，中国画报出版社 2008 年版，第 463 页。

道教精神文化的图案。这种潮流也影响到民窑瓷器的创作，如在明末的外销瓷器上多有表现道教宗义的暗八仙纹饰，这表明这种纹饰在普通百姓心中的宗教含义逐渐淡化，更多的是作为彰显文化的装饰性内容输出海外。

明末版画在通俗文学中勃兴、传奇戏曲发达下进入了繁荣时期。在商品经济的驱动下，书商为了吸引读者，在书中插入大量版画以增强趣味性，如《西厢记》《水浒传》《三国演义》等传统文学中鲜活的故事桥段。这些趣味性强、感染力十足的图案很快也影响到了景德镇的制瓷行业。此时，恰值官窑衰落，窑工们失去了长期依靠的官方画样，正好从通俗易懂的版画图案中吸收养分并拿来进行瓷器创作。今天，我们依然能够将一些传世瓷器上的图案与当时的版画相互对应，如：如河北省文物商店收藏的“青花空城计图”象腿瓶，其所绘《三国演义》“武侯弹琴退仲达”一回的场面与崇祯刻本《英雄谱》中的“孔明智退司马懿”极其相似。

再有，景德镇的画工们也适当地模仿前朝或当代的名家画风、书风，成功地将中国传统纸墨艺术复制到瓷器之上，在瓷器洁白的素肌上自由地表达其他材质无法达到的独有“水墨”情趣，这是景德镇窑工们的智慧，也是一个时代赋予的精神。不仅如此，有些画工还借助过瓷器这一载体从事艺术创作，有些画工甚至也从景德镇的瓷器上得到过灵感。当前，有人将八大山人的花鸟画与景德镇的一些瓷器绘画做比较，认为八大山人绘画中的禽鸟、花卉、鱼虫，不管是在章法上，还是在造型、图纹样式上，都有着与元明瓷器上花鸟画惊人的相似之处，甚至包括创作方法，这无疑给研究八大山人师承渊源的学者以启迪，从侧面也说明此时景德镇的民间瓷器艺术达到了一定的高度，甚至在某一方面达到了官窑所不具有的艺术品质。

综上所述，官窑与民窑虽然在制瓷式样中有明显分歧甚至是对立，但各有特色，而且二者之间也存在相互影响。分歧在于二者的服务对象不同，因而选取式样的原则也不同，显现的特点也不同。御用瓷器的使用者是以皇帝为代表的皇族，因而瓷器表现出来的特点是威严、严肃、严谨；民窑生产的瓷器主要为普通大众所使用，因而瓷器反映的特点相对简单、灵活、大方、自由。二者之间的影响表现为相互吸取对方有益自身发展的部分并加以改造，最终为己所用，这种相互之间的影响不是顷刻之间，而是在潜移默化中完成的。二者总体表现为既斗争又融合，可以用马克思主义哲学对此加以分析、阐述，并用来解释明清时期官窑与民窑体系中其他方面的关系。

（三）瓷器的烧造制度

探讨明清时期官窑与民窑烧造制度间的关系，主要从二者之间的交集入手，即阐述“官搭民烧”制度。

明代“官搭民烧”制度的兴起，源于官窑生产能力的衰弱以及烧造任务的加大，并建立在宋元民窑“有命则供，无命则止”的办法基础之上。最早关于这方面的记载是“正统元年，浮梁民进瓷器五万余，偿以钞”[①]。该制度真正确立在嘉靖九年（1530年），《陶书》载：“陶监有官，先是中官一员专督，嘉靖九年裁革……散之民窑。”[②] 但设立之初并非出于主动因素，而是因为少监官“委杂而不专”，“官职懈慢”。明代的官搭民烧主要有以下三种方式：

第一种“官搭民烧”的形式是“分派散户”。当钦限的瓷器数量过大，官窑工匠难以独立完成时，便要借助于民窑，“择其堪用者凑解”，通过这种方式来应付皇家的委派任务，从时间上看，这仅属于一种过渡形式，并非长期，而且属于有偿分派，但仍然带有一定的强迫性。民窑户对此往往采取消极对抗的方法，“乘限期紧，并多以歪斜浅淡瓷器塞责，厂官事逼，姑收凑解”，以至“钦限器皿屡至愆期”。

第二种方式是“散之民窑”。明代宫廷用瓷分“部定”“钦定”两种，又称“部限”“钦限”。“部限”是指由工部向御厂颁布烧造宫廷用瓷的额定任务，用于朝廷和外交礼宾用的，以赏赐为目的。“钦限”是指宫廷临时加派烧造任务，由皇帝直接委派，其对象也只能是皇帝御用。按《浮梁县志·陶政》载：“部限瓷器，不预散窑。钦限瓷器，宦官每分派散窑，其能成器者，受嘱而择之。不能成器者，责以必办之。”有些瓷器难以烧造，于是为了推卸责任，官匠采取这种带有胁迫性的形式。如《浮梁县志》载：“鱼缸御器脆薄最难成，官匠因循，乃以散之民窑。”官窑瓷器占有民窑中最好的窑位，而且烧损烧坏皆有民窑户赔补，致使他们的生活依旧很凄苦，“历年赔疲，习以为常”。

第三种是“定给民窑”。如大样、二样瓷缸，除御窑厂自己烧造外，还定给民窑进行烧造，按件给值。本来这种方法不失为一种和谐的劳资关系，但是官家给出的偿银过低，使得民窑户难以收回成本，致使“民窑户告称贫苦，难以赔造”。

综上所述，明代的“官搭民烧”制度主要体现了官府对民窑户的残酷剥削，再加上监造官的苛刻、怒骂，最终在万历三十年（1602年）二月引发了一场声势浩大的民变，“江西税监潘相，舍人王四等于饶州横恣激变，致毁器厂”。

清代的“官搭民烧”制度较之明代趋于缓和，体现在与民窑户的关系有所改善，这和当时的政策密不可分。清朝康熙十七年（1678年）即开始陆续派遣官员至景德镇督陶，而且挑选人员十分慎重，非精明强干者不可，并在生产经营、开支结算上给予他们一定的自主权，使其不再成为官府搜刮民财的工具，能够有效地管理窑务，“痛革弊端，经画多方，官民称便”[③]，促进生产，保持与民窑户间和谐的劳资关系，“仰给于窑者日数千人，窑户率

① 《明史·食货六·烧造》，转引自熊寥、熊微：《中国陶瓷古籍集成》，江西科学技术出版社2000年版，第151页。

② ［明］王宗沐：《江西省大志》卷七《陶书》，转引自熊寥、熊微：《中国陶瓷古籍集成》，江西科学技术出版社2000年版，第176页。

③ 清康熙《饶州府志》卷十一《陶政考》，转引自熊寥、熊微：《中国陶瓷古籍集成》，上海文化出版社2006年版，第313页。

以此致富”[①]；“今则厂器悉搭烧民窑，照数给值，无役派赔累也”[②]。在清代繁盛的康雍乾三朝陆续出现了一批有成就的督陶官，如内务府广储司郎中徐廷弼、主事李延禧、工部虞衡司郎中臧应选、笔帖式车尔德、督陶官内务府员外唐英等。尤其是唐英，在其督陶的几十年时间里革除弊病，锐意创新，政善工精，因而此一时的瓷器从质量上、创新度上讲可谓“前无古人，后无来者”。

此外，清代与明代在搭烧制度上还有一个显著的区别，清代的规模比明代缩小许多，这不是退步，而是改革后的成效，摒除了明代不利于瓷器生产发展的机构，而且对民窑的瓷器生产不加垄断，保持官民互利的基本方针。尽管在清代督陶官给予民窑种种优待，但累民之事时有发生，如占用民窑最好的窑位，令民窑付赔损费等，这说明在封建制度统治下，清代“官搭民烧”制度仍然体现的是占有主要生产资料者对于缺乏生产资料群体的剥削。

（四）用瓷制度

中国古代大凡皇帝的御用之物都是严禁他人使用的，否则将犯“僭越”之罪。所谓“无规矩不成方圆”，皇帝的法统正是在这些“特殊”中得以体现的，表露的是“普天之下莫非王土”的王道。反映到瓷器上亦是如此，哪些纹饰、颜色、造型民间可以使用，哪些是禁用的，早已在国家法典中张列出来，如《元典章·工部·杂造》记载：“瓷器上不得用描金生活，不许制造龙凤文及僭用金酒爵，禁止烧造官样青花白地瓷器。”明代早在建国之初就张榜贴文规定民间禁止使用五爪龙纹，文武百官禁止穿戴有龙纹的服饰。此后随着瓷业的蓬勃发展，瓷器质量的提升，官窑瓷器的使用制度也被规定得更为详细、严格，如《明英宗实录》记载：正统三年（1438 年），“命都察院出榜，禁江西瓷器窑场烧造官样青花白地瓷器于各处货卖及馈送官员之家。违者正犯处死，全家谪戍口外”。正统十二年（1447 年），“禁江西饶州府私造黄、紫、红、绿、青、蓝、白地青花等瓷器。命都察院榜谕其处，有敢仍冒前禁者，首犯凌迟处死，籍其家赀，丁男充军边卫，知而不以告者，连坐”。

清代规定，里外黄釉龙纹为皇帝所用。皇帝、皇太后、皇后用里外黄釉器，皇贵妃用外黄内白器，贵妃用黄地绿龙器，嫔妃用蓝地黄龙器，贵人用绿地紫龙器，常在用绿地红龙器，答应用各杂色瓷器，皇子、福晋用各色瓷器。皇子、侧福晋用各色瓷器不分等级，后宫人都可以用。在数量上，等级越高数量配额越多。皇太后、皇后各拥有 1000 多件。皇贵妃占有百余件，妃、嫔、贵人不足百件，常在就更少了，30 余件。

《国朝宫史》（《经费·日用》）中有详细记载如下：

皇太后“黄瓷盘二百五十，各色瓷盘百；黄瓷碟四十五，各色瓷五十；黄瓷碗百，各色瓷碗五十”。

---

① ［清］朱琰：《陶说》，转引自熊寥、熊微：《中国陶瓷古籍集成》，江西科学技术出版社 2000 年版，第 245 页。

② ［清］蓝浦：《景德镇陶录》卷十《陶录余论》，京都书业堂光绪十七年本。

皇后“黄瓷盘二百二十，各色瓷盘八十；黄瓷碟四十，各色瓷碟五十；黄瓷碗百，各色瓷碗五十”。

皇贵妃“白里黄瓷盘四，各色瓷盘四十；白里黄瓷碟四十，各色瓷碟十五；白里黄瓷碗四，各色瓷碗五十”。

贵妃“黄地绿龙瓷盘四，各色瓷盘三十；黄地绿龙瓷碟四，各色瓷碟十；黄地绿龙瓷碗四，各色瓷碗五十”。

嫔“蓝地黄龙瓷盘二，各色瓷盘十八；蓝地黄龙瓷碟四，各色瓷碟六；蓝地黄龙瓷碗四，各色瓷碗四十”。

贵人“绿地紫龙瓷盘二，各色瓷盘十；绿地紫龙瓷碟二，各色瓷碟四；绿地紫龙瓷碗四，各色瓷碗十八”。

常在“绿地红龙瓷盘二，各色瓷盘八；五彩红龙瓷碟二，各色瓷碟四，五彩红龙瓷碗四，各色瓷碗十”。

然而有些官员胆大妄为，不顾皇权，妄命违法，最终自食其果。如第一任督造少监张善于洪熙元年（1425 年）九月被派往江西饶州府烧造奉先殿太宗皇帝几筵、仁宗皇帝几筵白磁祭器，因将“所造御用器多以分馈同列”，皇帝知道后，便“命斩于市，枭首以殉”。可见一旦触及封建皇权统治，其下场便是如此。

但是，封建皇权也有衰落的时候，此时皇家用瓷制度也趋于松懈。如嘉靖、万历以后，随着明朝政治的日益腐败，只爱崇道、淫乐的皇帝们连上朝、祭祖、郊庙都时常懈怠，更无暇顾及一些触犯皇权的小事情了，久而久之，这些抄家问斩的“大事儿”就被当作无伤大雅、无足轻重的“小事儿”处理了，于是民间犯规僭越之事也变得屡见不鲜，习以为常了。从清代督陶官唐英写给乾隆皇帝的奏折中我们可以看出些端倪。在《请定次色瓷器变价之例以杜民窑冒滥折》中，唐英对于前朝落选御用瓷器中的“黄器、五爪龙等件”，为“预杜影造僭越”在奏折中建议“照旧酌估价值，以备查核，仍附运进京，或备内廷添补副余，或供赏赐之用”，而皇帝给予的批复是“黄器如所请行。五爪龙者，外边常有，仍照原议行”[①]。事实上，从目前传世的一些明末清初时期瓷器中可以看出，像龙纹这样带有皇权象征的纹饰已经不是区分官窑器和民窑器的绝对手段了。许多民窑作坊承担了为官家烧造瓷器的任务，二者一旦有了交集，必然相互影响，相互借鉴，从中吸取有利于自身发展的养分，所以，这一时间段官窑器与民窑器的界限较之前变得模糊，用瓷的制度也变得不十分清楚、严格，像是乾隆皇帝批复的奏折所说那样，“五爪龙者，外边常有”。

众所周知，官窑的生产是为宫廷服务，那么，民窑生产的瓷器是只为寻常百姓所用

① ［清］唐英：《请定次色瓷器变价之例以杜民窑冒滥折》，乾隆八年二月，转引自熊寥、熊微：《中国陶瓷古籍集成》，江西科学技术出版社 2000 年版，第 212 页。

吗？答案是否定的。至少我们知道“官搭民烧”，显然说明民窑中有相当一部分生产也是为官家服务的。清代，满汉贵族所用的优质瓷器，都来自民窑中的“官古器”。所谓“官古器”，《景德镇陶录》中有载：“此镇窑之最精者，统曰官古……选诸质料、精美细润，一如厂官器，可充官用。”此外，质量稍次于“官古器”的还有“假官古器”“上古器”等。这些民窑烧制的瓷器，尽管在质量上不能完全与官窑瓷器相提并论，但它们供应的对象显然都是官宦和巨贾，可谓是介于官窑和普通民窑瓷之间。

综上所述，官窑生产是为宫廷服务的。为体现皇权至上，御窑厂的管理是极为严格的，一方面防止民窑仿造，另一方面要严格禁止他人对御用瓷器的滥用，像张善那样将御器私下馈送他人，必然换来惨淡下场。此外，不同官窑瓷器的纹饰、颜色、造型都有不同的功用，在整个等级森严的皇室家族中，根据每个人的身份地位，用何种瓷器，用多少，都有严格的规定。而民窑瓷器的使用相对简单、自由，并没有严格的制度。

第二节 明清时期景德镇官民窑的共性特征

景德镇陶瓷手工业是中国封建社会手工业的代表，景德镇陶瓷文化是中国传统文化的一个重要组成部分。千年景德镇所蕴含的陶瓷文化制度，所沉淀的行业自律文化，很有陶瓷行业特色，成为中国陶瓷文化的重要内容，与景德镇的辉煌共存，与景德镇的兴衰相伴[①]。

一、官民窑共存的发展模式

景德镇成为全国瓷业的中心，正是在明代御器厂建立的基础上，伴随着制瓷业的高度集中才实现的。从明代开始，景德镇便有了官、民窑同时并存生产瓷器的情形。当然，这种存在并没有产生形成完全公平的竞争发展机制，且不同的时期两者的关系存有明显差异，虽然在明代初期所展现出来的往往是以官压民、以官限民、以官剥民的陶瓷生产现象。但是，到了嘉靖以后，随着“官搭民烧”以及生产管理体制的放宽，官民窑之间的联系和相互促进愈来愈占据着主导地位。

“官搭民烧”到“尽搭民烧”的这种趋势是官窑由明至清的一种变化。实际上，官窑和民窑一直有一种共生共依的关系，民窑是官窑发展的基础，官窑在民窑的基础上建立。一方面，官窑、御窑或将画样设计、拉坯成型到烧制的全过程交付民窑，或将烧制的部分委托

① 参见江西轻工业厅陶瓷研究所编：《景德镇陶瓷史稿》，生活·读书·新知三联书店 1959 年版，第 93 页。

民窑，这实际反映了一种委托雇佣的关系。官窑和御窑这种逐渐脱离生产烧制而走向委托承担的方式预示着“官窑”和“御窑”正成为一种创意和设计的部门，而相应的生产烧制则由民窑来完成。另一方面，也说明了民窑的大发展及其逐步向官窑的全方位渗透。这种渗透也说明了景德镇窑业在不同领域资源整合的趋势。这有利于景德镇窑业的整体技术资源的相互利用和相互促进，因而，在整体上，“尽搭民烧”是经济契约关系在近代的一种表现。即使是官御窑，也无法脱离当时的条件向内部小而全、少而精发展，而是转向景德镇窑业整体发展的资源大配备趋势之中。这样，一则使御窑厂减少了不合理的投资，节省了更多的资源；二则在制品的成品率、质量和“包青”程度上都有了保障；三则也给民窑烧造业带来一种压力，这种压力又转化为动力，促使了窑炉烧造技术的大进步，而这自然又进一步促进了景德镇陶瓷业整体水平的提高。同时，“尽搭民烧”也使御窑制品的设计画样、瓷器款式得以流入民窑，为民窑发展带来更大的空间[①]。

除此之外，景德镇明清时期所呈现的官民共存发展模式中，还有以下几点共性特征。

二、官民窑均具有严格的生产管理制度

明清时期景德镇一直是以陶瓷业作为支柱产业的手工业城市，管理瓷业自然就是地方官员的一项政务。从历史资料来看，地方官员颁布了不少有关瓷业生产和销售全过程的地方规章和禁令，进行宏观管理，营造一种制度氛围和环境，在历史上不少规章起过重要作用。有些演变为行业自律和地方的一种文化传统。这些地方文告和石碑，从炉窑带徒、装小器工带徒、开采瓷土、菱草工价、草篾章程、次色瓷器专卖等都做了明确规定，有的是将行业习惯加以认定，有的以地方行政命令形式予以公布，成为陶瓷从业人员和窑户共同遵守的章程。其目的是营造一个公开、公正、稳定和有序的市场环境，对景德镇陶瓷从业人员来说有很大的约束力。如“勒石严禁开挖磁土”中述：“调浮梁县正堂加五级纪录十次田。为勒石严禁开挖磁土，以护土墓，以杜事端。照得浮邑境内山场多产磁土，每有棍徒钻谋开挖，无知业主贪利租售，以致侵碍良田，损伤坟脉，讼端繁兴，贻累无休。近有婺源民人洪光祖等，谋挖高岭、天宝堂等土，酿成人命，业经本县勘明，封禁在案……”[②]而官窑的生产管理则更为严格，无论是原料的使用、工匠的选择、督陶官的任用，还是产品的纹饰、造型的设计与使用，以及产品使用对象和具体用途等均有明确的规定和严格的要求。如官窑独占了优质的制瓷原材料，把优质麻仓土称为官土。通过“匠籍”长期占用最为熟练的制瓷工匠为他们服务，《浮梁县志》中就有“拘获高匠”的记载。此外，官窑所生产产

① 参见周思中：《“影子窑场”与“财出内府，不扰地方”——清代御窑的六大特点之五、之六》，《紫禁城》2007年第10期，第130~135页。

② 转引自李兴华、饶俊南：《景德镇民窑制度文化的价值思考》，《南昌大学学报（人文社会科学版）》2003年第3期，第99~104页。

品样式等也有明确的规定:"洪武二十六年定,凡烧造供用器等物,须要定夺样制,计算人工物料,如数多,起取人匠赴京,置窑兴工。或数少,行移饶、处等府烧造"①,"大抵诸器,惟官窑有其制"②,"凡器之成,必有依准"③。

可见,如果说民窑生产中严格的管理制度,促进了景德镇陶瓷行业的可持续发展,保证了市场秩序的井然有序,那么官窑生产中严格的管理制度和对产品质量要求的高标准化,则促进了景德镇陶瓷行业技术标准的提高和产品的创新。正因为二者兼而存之,才铸就了景德镇500多年的辉煌瓷业成就。

三、官民窑均具有精细的分工和规范的程序

这是景德镇在满足陶瓷产量需求的同时,还能保证质量的主要原因。民窑陶瓷生产是一个很复杂的过程,从成型到烧炼、彩绘、销售有很多工序,涉及很多环节,都有严格规定。具体分为:成型、烧炼、彩绘、销售、瓷商。成型工序主要由坯户完成,需要白土行、釉果行、灰行、坯刀行、模型行、车盘行等几个行当担任。烧炼工序由烧窑户完成,这需要满窑店、窑砖业、挛窑店、匣钵业、窑柴行共同担当。彩绘工序是红店的任务,需要毛笔店、颜色店、细金店、红炉等给予支持。瓷行主要是执行销售工序,有茭草、把庄、汇色、打络子、挑驳、船帮等内容。促成良好销售的还有各色瓷商,主要是湖北同庆帮、马口帮,浙江宁绍帮,江苏苏锡帮、扬州帮,广东帮,昆明帮。总的来说,民窑分工细致,专业化程度高,合理有序④。而官窑陶瓷生产的最大特点同样是分工精细,它以"作"为生产单位,"作"与现代车间有些类似。御器厂共分二十三作,如做瓷碗的称大碗作,做瓷盘的称盘作。御器厂内的窑分为六种,即烧制高温白瓷的风火窑、烧颜色釉瓷的色窑、烧仿青瓷的青窑、烧龙缸的龙缸窑、烧彩瓷的大小窑、烧窑具的匣窑⑤。在工艺分工上更加细致,有乳颜料工、画样工、绘事工、配色工、填彩工、烧炉工等⑥。而且"画者止学画而不学染,染者止学染而不学画"⑦。生产流程趋于集中化、标准化。可见,官民窑生产过程中精细的分工和规范的程序,是促成明清时期景德镇陶瓷行业一枝独秀的重要原因之一。

明清时期,官御窑更多的是作为一个新品研发机构,而民窑则充当产品生产的实体机

---

① 《大明会典》卷一九四,"陶器",转引自熊寥、熊微:《中国陶瓷古籍集成》,上海文化出版社2006年版,第10页。

② 清乾隆《浮梁县志》卷五,"陶政","器数",转引自熊寥、熊微:《中国陶瓷古籍集成》,上海文化出版社2006年版,第80页。

③ [清]唐英:《陶冶图说》卷二,转引自熊寥、熊微:《中国陶瓷古籍集成》,上海文化出版社2006年版,第299页。

④ 《大明会典》卷一九四,"陶器",转引自熊寥、熊微:《中国陶瓷古籍集成》,上海文化出版社2006年版,第10页。

⑤ 参见余勐、邬德慧:《论官窑对景德镇瓷业发展的贡献》,《中国陶瓷》2004年第6期,第55~56、59页。

⑥ 参见[清]蓝浦:《景德镇陶录》卷三《陶务》京都书业堂光绪十七年本。

⑦ [清]程廷济:《浮梁县志·陶政》,转引自《古瓷鉴定指南》第二编,李科友、吴水存整理,北京燕山出版社1993年版。

构，这样既有利于产品的创新，又调动了生产者的积极性。可见，官窑与民窑无论是在生产分工上，还是在技术开发方面，均起到了良好的互补作用，它们相辅相成，共同发展，推动了景德镇整体制瓷业的迅速发展，奠定了景德镇在陶瓷制作上的霸主地位。

第三节 明清时期景德镇民窑对官窑发展的贡献

景德镇因其得天独厚的地理优势为瓷业的发展提供了优越的条件，据记载，景德镇在唐代的制瓷技术就已达到相当高的水平了，如柳宗元为饶州刺史时所作的《进瓷器状》所述，饶器“艺精埏埴，制合规模”，“制无苦窳”，“克保坚贞”。到了宋代更是因其生产的青白瓷，“土埴薄腻、色滋润、尤光致茂美”，“有饶玉之称”[①]，景德镇也因此而成为我国主要产瓷区之一。宋元之际，大量外地陶工来到景德镇，如吉州陶工逃到饶州，大大促进了景德镇制瓷技术的融合和提高，也为景德镇瓷业的大发展和繁荣打下了良好的基础。

官窑烧造制度是中国古代制瓷业发展中的一个特殊现象，对它的研究应引起足够的重视。官窑烧造制度的起源，可以上溯到晚唐的“贡窑”。但是，无论是晚唐的越窑，还是宋代的汝官窑、钧官窑、汴京官窑、修内司官窑、郊坛官窑以及所谓的“哥窑”，都是在生产基础较好、产品质优的民窑基础上建立的[②]。可见，民窑是官窑建立和发展的基础。那么民窑对官窑的贡献主要包括哪些方面呢？

一、景德镇民窑悠久的制瓷历史和优秀的制瓷技艺使官窑最终落户于此成为可能

景德镇地区有悠久的制陶传统，历史记载，“新平冶陶，始于汉室”[③]。新平镇是景德镇最早的名称，它从汉代开始制造陶器，到三国、两晋、南北朝时期，北方长期战乱，南方相对稳定，北人大规模南迁，南方经济有明显的进步。景德镇的陶瓷业也有了进一步发展，陶器生产已进入瓷器阶段。蓝浦说，这里“水土宜陶，陈以来土人多业此”[④]。据江西省文物考古研究所和景德镇市陶瓷考古研究所最新对周边的南窑和兰田窑考古发掘，景德镇地区

① ［宋］蒋祁：《陶记》，转引自熊寥、熊微：《中国陶瓷古籍集成》，上海文化出版社 2006 年版，第 317 页。

② 参见刘毅：《官窑制度的形成及其实质》，《中原文物》1994 年第 3 期，第 90~94 页。

③ 《浮梁县志》卷十二，“杂记下”，转引自熊寥、熊微：《中国陶瓷古籍集成》，上海文化出版社 2006 年版，第 79 页。

④ ［清］蓝浦：《景德镇陶录》卷一《图说》，京都书业堂光绪十七年本。

在唐代已经生产出了大量的青瓷。

宋元两代，北方窑工大量南迁到景德镇，陶瓷工人队伍扩大，各地窑工各怀技艺，在景德镇会聚交流。如北宋末年、南宋初年，定州陶工为避战乱和金人的统治，纷纷南逃，大多迁居景德镇谋生，这就给景德镇瓷业充实了大批技术力量，北方的陶瓷工艺较为全面地传播到了南方，使景德镇瓷业的工艺水平获得新的提高。北方诸名窑因战乱而逐渐衰落，景德镇地处长江以南的丛山僻壤之中，战火不易蔓延到这个偏远的市镇，这使景德镇有条件、有可能接纳和聚集从各大名窑逃来的工匠。

景德镇还吸取福建乌泥窑的长处。福建建安的乌泥窑，以生产茶具兔毫盏著称。北宋学者蔡襄曾说："茶色白，宜黑盏。建安所造者，绀黑，纹如兔毫，其坯微厚。熁之，久热难冷，最为要用。出他处者，皆不及也。"但此后，乌泥窑制品质粗不润，釉水燥暴，凝聚不匀，声价大跌。景德镇茶具制品逐渐赶上和超过乌泥窑制品，在南宋时已有杨万里的诗为证："点茶三昧须饶汝"，可见景德镇茶具制品已可与北方著名的汝窑产品、建安的乌泥窑产品相媲美。福建德化窑以佛像雕塑闻名，此种工艺也传入景德镇，丰富了景德镇的佛像雕塑艺术。江西省境内的永和窑，对景德镇窑也有很大的影响。据史料记载，南宋末年大量永和窑工迁到景德镇从事陶瓷业生产①。可见，宋元时期是景德镇瓷业逐渐吸收、聚集省内外各个著名瓷窑的优点和长处的时期，这种积蓄是景德镇成为瓷都的必不可少的条件，也是明代初年在景德镇设置御窑厂的主要原因。

二、民窑为官窑提供了丰富的生产经验和技术资源

宋元时期，景德镇制瓷工艺取得了突飞猛进，入明以后，景德镇瓷业已由与各地名窑相竞的地位，逐渐形成了压倒一切的态势。此时，在景德镇已拥有全国其他地区所不具备的规范的行业制度、大量的优秀制瓷工匠，以及包括影响广泛且深远的青花瓷等在内的大量优秀新品瓷器的成熟制作技术。

规范的行业生产模式，为明代官窑产品的高质量、高效率生产提供了保障。景德镇宋元时期制瓷工艺的进步和发展，是与制瓷业生产和劳动组织形式的发展变化相互联系在一起的。随着制瓷业逐步从农业中分离出来，瓷业分工也在不断地发展变化，分工日益细化，其中烧瓷业和制坯业的分立是瓷业生产分工细化的阶段性标志。这是外部社会分工进入制瓷业的结果，出现了烧瓷行帮和制坯行帮，甚至制坯行帮又细分出了圆器行帮和琢器行帮等。这样的分工，无疑对瓷业工人工艺水平的提高和技巧的熟练提供了有力的保证，也为新工艺的创造提供了更多的机会。此时的景德镇，一方面精益求精、名品迭出，一方面大量生产、占领市场。青花、釉里红、卵白釉等，正是在这样的生产方式中创

① 参见周銮书:《景德镇史话》，江西人民出版社 2004 年版，第 54~56 页。

造出来的新工艺。正因为景德镇制瓷业生产形式和组织形式的发展变化和因此而出现的这三大创造，才使景德镇窑在与全国各大民窑的竞争中，逐渐取得我国制瓷业的首席地位。

宋元时期，大量窑工南迁至景德镇，不仅为景德镇陶瓷生产带来了一批优秀的制瓷工匠，还为景德镇制瓷行业带来了各大窑口的优秀制瓷技术，极大地促进了景德镇制瓷技术的进步。也正因如此，宋元以后景德镇制瓷业得以迅速、全面地发展，产品常常兼容百家之长。在工艺和装饰上，已能取各地之长，主动吸收其他地区的优秀制瓷技术，融合于制瓷过程中，创造出了包括青白瓷、青花瓷、釉里红瓷和卵白釉瓷，以及霁蓝等在内的高温颜色釉瓷。据蒋祈《陶记》一书记载称"景德镇陶，昔三百余座"，这个数字似应为南宋末年及元代时民窑的窑数。到明世宗嘉靖十九年(1540 年)有记载谈到，镇民以陶为业的，"聚佣至万余人"①。而到了明神宗万历(1573—1620 年)年间，镇市中从事陶瓷业的人数，更是已达数万②。明代御窑厂的工匠，有些是依规定轮番而来的匠籍户，有些系由全国召募而来。清代初年御窑厂的匠役情况，文籍则缺载，考虑到清代窑制系遵循明代晚期之旧规，应该说当时的匠役来源也当和明末相同或相近，即在窑厂服务的各色人匠也分为官匠和雇募来的人员。据《清史稿》卷一百十八《职官五》载："(内务府)造办处，侍监首领一人。专司带领外匠制造物件"，在江西管窑务的内务府官员也应是"带领外匠制造"瓷器了，这表明在雍正三年设立内务府造办处后，御窑厂已实行工役全员雇佣制③。而这些制瓷工匠大部分来自于民窑。可见，民窑所拥有的大批从业技术工人，尤其是这些身怀各窑制瓷绝技的优秀工匠，以及长期烧制陶瓷所积累的丰富生产经验，为官窑提供了有力的技术支撑，是明清时期景德镇官窑得以蓬勃发展的基础。

此外，景德镇在长期的制瓷过程中，通过不断改进制瓷工艺，在提高瓷质理化性能等方面积累了丰富的生产经验。宋元以前，景德镇用一种瓷石制瓷，即采用一元配方制瓷，已烧制出了"白如玉、明如镜、薄如纸、声如磬"的瓷器。但是宋代以后，随着窑炉技术的改进，烧制温度不断提高，单一配方所制陶瓷变形大的缺点日益凸显，景德镇的陶工在此基础上，创造性地在胎体中引入了高岭土原料，开辟了二元坯料配方的新时代。通过配方的调整，提高了胎体的铝含量(如表 2.1 所示)，在烧成温度相应提高的情况下，胎体中莫来石含量有了明显提高，改善了瓷胎的显微结构，从而使瓷胎的机械强度和热稳定性大大提高，同时还减少了烧后变形，提高了成品率，降低了成本。

---

① 《明世宗实录》卷二四〇，转引自熊寥、熊微:《中国陶瓷古籍集成》，上海文化出版社 2006 年版，第 20 页。

② 参见周銮书:《景德镇史话》，江西人民出版社 2004 年版，第 78 页。

③ 参见王光尧:《皇权专制下的清代御窑厂》，《紫禁城》2006 年第 1 期，第 76~78 页。

表 2.1 景德镇不同时期瓷胎的化学组成(wt%)

编号	Na_2O	MgO	Al_2O_3	SiO_2	K_2O	CaO	TiO_2	Fe_2O_3	MnO	P_2O_5
宋代青白瓷	1.14	0.16	16.16	77.79	3.25	0.40	0.06	0.59	0.00	0.00
	1.05	0.33	16.97	76.44	2.99	0.70	0.00	0.81	0.13	0.00
	1.00	0.63	16.41	77.77	2.71	0.66	0.00	0.89	0.00	0.00
	0.47	0.62	16.93	77.64	2.64	1.07	0.00	0.73	0.00	0.00
元代青白瓷	2.69	0.12	19.34	74.02	2.84	0.12	0.06	1.17	0.06	0.04
	2.56	0.23	21.01	72.08	2.50	0.40	0.09	0.84	0.05	0.04
	2.78	0.30	19.86	72.94	2.11	0.56	0.00	0.88	0.00	0.00
元代枢府白釉瓷	2.28	0.16	20.50	72.14	2.44	0.54	0.00	1.72	0.00	0.00
	2.03	0.21	19.52	73.75	3.18	0.18	0.23	1.40	0.08	0.00
	2.39	0.17	20.70	72.73	2.74	0.14	0.21	1.16	0.07	0.00
明永乐白釉瓷	0.80	0.20	22.00	72.90	2.60	0.20	0.09	0.70	0.01	0.05
	0.83	0.28	21.40	72.51	2.86	0.60	0.05	0.80	0.00	0.00
明万历五彩瓷	1.00	0.24	25.61	68.30	2.99	0.80	0.02	0.90	0.02	0.00
清康熙五彩瓷	2.44	0.09	26.33	66.33	2.91	0.65	0.08	1.37	0.07	0.00
	2.15	0.33	26.25	66.67	2.56	1.25	0.00	0.91	0.00	0.00
清康熙斗彩	2.57	0.13	26.72	65.09	3.11	1.62	0.13	1.06	0.07	0.00
清雍正粉彩	1.12	0.16	26.25	67.78	3.28	0.71	0.07	0.84	0.07	0.00
	1.29	0.13	27.42	66.27	3.07	1.36	0.00	0.77	0.00	0.00

图 2.1 给出了具有代表性的宋青白釉瓷胎(a)和元枢府白釉瓷胎(b)的显微结构。从图中可看出,元代枢府白釉瓷胎的显微结构与宋代青白釉瓷胎有较大的不同。一是石英的含量较少,粒度也较小;二是长石残骸的含量较多,亦较易发现;三是枢府瓷胎中莫来石含量较多,发育也较好,这可能和长石较多以及已掺入少量高岭土有关。在此后的明清时期,无论是官窑还是民窑均沿用了此配料方法,这也是民窑制瓷技术经验在官窑上的体现之一。另蒋祈《陶记》中有景德镇应用釉果、釉灰配制釉料的记载。由于这种釉果、釉灰配制的釉透光度好,使得青花等釉下彩格外晶莹剔透,明亮透底,是形成景德镇瓷器传统风格的重要工艺因素之一。这种独特的配釉原料的制备过程及其工艺原理,历来被视为景德镇传统制瓷经验的"秘诀"。而清代唐英《陶冶图说》中也有"釉无灰不成,以青白石与

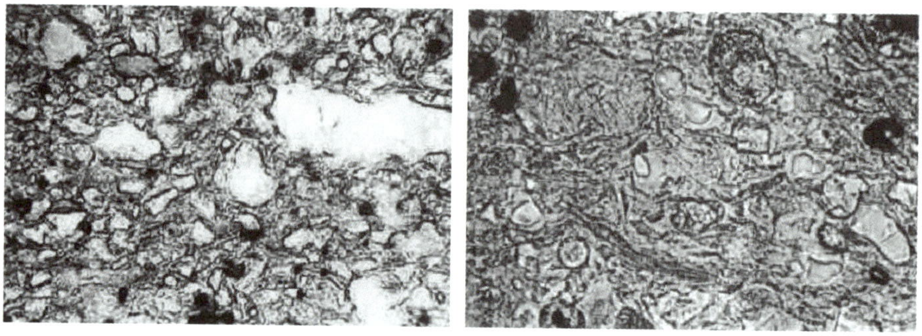

(a) 宋湖田窑JHYQ-7青白釉瓷胎　　(b) 元枢府窑Shufu-5白釉瓷胎

图 2.1　景德镇宋元白瓷显微结构

风尾草制炼釉灰”的记载。这表明宋代民窑已采用的釉果、釉灰合而为釉的工艺技术，同样也在明清官窑陶瓷生产中得以继承和沿袭。

三、民窑为官窑提供了大量的基础条件

首先，民窑已具备了完整高效的原料加工方法和场所，可为官窑陶瓷生产提供便利条件。由于明清时期景德镇制瓷主要采用的是瓷石和高岭土二元配方，而其中的瓷石为大块的岩石状原料，在使用前必须将其先粉碎成粉末，历代陶工则巧妙地利用天然水力，设计水碓舂碎瓷石。水碓通常由水轮、碓杵和碓臼三部分组成，如图 2.2 和图 2.3 所示。水碓舂碎是利用碓杵、碓嘴对瓷石的冲击力克服瓷石的结构内聚力而将瓷石粉碎的。而该冲击力又主要决定于水轮轮径的大小，转矩越大，则能搬动的碓杵重量越大，但水轮直径还受水流落差的限制，轮径随落差的增高而增大。因此当时景德镇是根据水流落差和流量而设定水轮直径的，在不同地区设有大量不同大小的水碓，以最大化地利用自然资源优势，提高瓷石加工粉碎效率。如湖田水碓，因水流落差小而流量较大，故水轮直径为 1.26~1.40 米，而胜梅亭水碓和进坑水碓因水流落差较大而流量较小，故水轮直径为 2~2.33 米[①]。《陶冶图说》述及“土人藉溪流设轮作碓，舂细淘净，制如土砖，名曰白不”。明人王世懋的《窥天外乘》同样述及“景德镇官窑设焉……其地万杵之声殷地，火光烛天，夜令人不能寝，戏目之曰四时雷电镇”。可见，当时景德镇已拥有数量庞大的水碓加工设备，这保证了官窑陶瓷生产所需原料的质量和数量。

其次，在景德镇民窑长期制瓷过程中，已形成了一个完善的产业链，制瓷辅助行业齐备，为官窑陶瓷生产提供了便利。制坯和烧窑是陶瓷生产过程中的两大主体，围绕这两大

① 参见祝桂洪:《景德镇陶瓷传统工艺》，江西高校出版社 2004 年版，第 59~66 页。

图 2.2　水碓外景

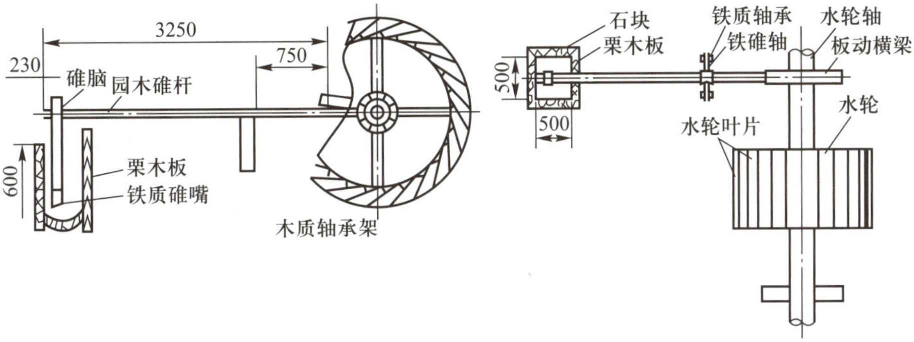

图 2.3　由水轮、碓杵和碓臼组成的碓舂机构示意图

主体，在景德镇已形成了许多为此服务的行业，其中包括白土行、匣钵业、料行、模利店、坯刀店、车盘店、毛笔店、筛箩店、棕印店、篾匠店、挛窑店、满窑店、窑砖山、槎柴行等。其中有些辅助行业甚至还有进一步细分，如匣钵业就又可分为老土户、子土户、白土户、红土户等。行业分工的细化和产业链的完善，对于行业整体的发展具有推动作用，是景德镇官民窑陶瓷品质的基础保障，不仅有利于行业的良性发展，还有利于促进行业技术的提高和极致化。

四、民窑是官窑的有力后盾和补充体

官窑制品并非全烧自官窑，其中有一部分系在民窑中定烧。如在明代，朝廷所用的御瓷，凡属工部营缮所分配给御窑烧造的额定瓷称为“部限”，“部限”之外，在民窑中定烧的额外瓷称为“钦限”。史籍中明确记载：“部限瓷器，不予散窑（指民窑），钦限瓷器，官窑每分派散窑。”[①] 从这里可以看出，官窑瓷器有一部分属于民窑所烧。这种分派民窑烧造的方式，史书上称之为“官搭民烧”。“官搭民烧”实际上渊源于宋元以来民窑“有命则贡，无命则止”的办法，最早实行是英宗时“正统元年浮梁县民进瓷器五万余，官偿以钞”[②]，武宗正德时也采取过此法。嘉靖九年（1530 年）裁革监陶中官，改由饶州府佐贰人员督管，“官搭民烧”成为一种确定的生产方式。这种制度，到了清代，得到进一步发展，而且在民窑中定烧的官瓷，往往在御窑厂内完成制坯、成型工序之后，交由民窑烧制，史籍上被称为“官古户件”“假官古户”者，实际上就是被朝廷指定为宫廷烧制御用瓷的民窑匠户。当然，被指定为官府烧造御用瓷的窑户，都是设备和技术条件堪称上乘的。这正如史籍所说：“此镇窑之最精者，统曰‘官古’。式样不一，始于明，选诸质料，精美细润，一如厂官器，可充官用，故亦称官。”[③] 因为官窑制品为皇家垄断，不准市卖和随意馈赠，连仿制都明令禁止，因此官窑制品被视为内府秘藏，社会上难得一见。这正如《陶雅》卷上所说：“一切官窑等，诸秘色，上方珍品，宝贵甚至，自非近御侍从贵戚巨邸，不能袭受恩泽，赏赉频仍。若被穷县酸儒，风尘骚客，虽或生逢并世，躬际圣明，罔观灵威，莫窥禁脔。”[④] 从文献来看，“官搭民烧”的实行最初并非是一种积极主动之举，而是因御厂监官“委杂而不专”，“官职懈慢”，造成厂内管理混乱，生产运行不畅，故无法完成宫廷委派的制瓷任务，而将其中的一部分负担加派给民窑的无奈被动之举[⑤]。但当时部分优秀的民窑此时确已成为御窑厂（即官窑）的有效补充体。

第四节　明清时期官窑模式对民窑发展的影响

中国古代瓷器官窑烧造制度是古代自然经济、皇权专制条件下出现的特殊产物，它是一种超经济的文化现象。随着统治阶级的不断重视，景德镇官窑迅速发展，在短时间内积累了大量身怀绝技的制瓷工匠及制瓷工艺秘方，加之统治阶级给予的优质制瓷原料，官窑的特殊地位日益高涨[⑥]。

---

① ［明］王宗沐：《江西省大志》卷七《陶书》，“窑制”条，明万历二十五年本。

② ［清］朱琰：《陶说》，转引自熊寥、熊微：《中国陶瓷古籍集成》，上海文化出版社 2006 年版，第 317~460 页。

③ ［清］蓝浦：《景德镇陶录》卷二《国朝御窑厂恭记》，转引自熊寥、熊微：《中国陶瓷古籍集成》，上海文化出版社 2006 年版，第 461~570 页。

④ 转引自张宁、赵光林：《略论景德镇官窑青花瓷器》，《景德镇陶瓷》1993 年第 Z1 期，第 49~51 页。

⑤ 参见赵宏：《“官搭民窑”考》，《故宫博物院院刊》1996 年第 1 期，第 81~85 页。

⑥ 参见余勐、孔铮桢：《景德镇官窑瓷器的艺术特色及其成就》，《艺术百家》2007 年第 7 期，第 24~27 页。

从明代开始，景德镇便有了官民窑同时并存生产瓷器的情形。当然，这种存在并没有产生形成完全公平的竞争发展机制，且不同的时期两者的关系存有明显差异，虽然在明代初期所展现出来的往往是以官压民、以官限民、以官剥民的陶瓷生产现象，但是到了嘉靖以后，随着"官搭民烧"以及生产管理体制的放宽，官民窑之间的联系和相互促进愈来愈占据着主导地位。

官窑由民窑衍变而来，但它反过来对民窑的发展不无影响。官窑对民窑生产的影响可以从两方面来考察：一方面，官窑垄断了优秀工匠和优质原料，且压制了民窑的创造性，对民窑产品种类有所限制，不得生产与官窑瓷器品式一致的产品，使民窑生产受到了严重的压抑；另一方面，官窑在技术上的不断创新、在品质上的精益求精，使其对民窑的发展又起着不可忽视的促进作用。

一、官窑对民窑发展的不利影响

官窑是封建特权的派生物，它有自身严格的内涵，并有与民窑存在根本不同的特殊属性。官窑的生产目的是非商品性生产。它的产品，特别是所谓"正色"产品，一般不能用于市场交换。官窑瓷器的使用范围局限于宫廷，非奉旨或赏赐，虽皇亲国戚、高官贵族也不能擅自使用或仿烧，否则将治以重罪。正由于官窑生产不以商品交换为目的，这就决定了它的生产不惜工本，产品质量优异；为了保证官窑瓷器的质量，优质原料和优秀工匠往往被垄断起来；为了防止"僭越"仿烧，官窑生产有一定的保密性①。此外，明代官窑(御器厂)的官僚特权和落后的生产管理，不仅使生产的成本极高，运输徭役繁重，同时也给民窑生产带来了负面影响，压制了民窑产品的创造性。官窑主要通过以下几方面对民窑进行限制：(1)官窑独占了优质的制瓷原材料，如把优质麻仓土称为官土，民窑则用较次的假土；(2)通过"匠籍"长期占用最为熟练的制瓷工匠为他们服务；(3)利用"官搭民烧"对民窑进行残酷盘剥②。

官窑对优质制瓷原料的垄断，制约了民窑产品品质的提高。在明代早中期，凡上乘陶土，多被列为"官土"，如景德镇东乡出产的"麻仓土"就因质地细腻而成为宣德官窑的专用瓷土，禁止民窑采用。此外，永乐(1403—1424年)、宣德(1426—1435年)等朝所使用的青花进口钴料——苏泥勃青，嘉靖(1522—1566年)时所用的进口回青，均被朝廷垄断，所谓"陶用回青，本外国贡也；嘉靖中遇烧御器，奏发工部，行江西布政使司贮库时给之"③。再如《明神宗实录》明确记载，"御用回青……买之甚难。因命甘肃巡抚田乐设法召买解进，

① 参见刘毅：《官窑制度的形成及其实质》，《中原文物》1994年第3期，第90~94页。

② 参见邓和清、杨冰：《明代景德镇官、民窑青花瓷审美趣味差异》，《装饰》2003年第12期，第33页。

③ [明]王宗沐：《江西省大志》卷七《陶书》，转引自熊寥、熊微：《中国陶瓷古籍集成》，江西科学技术出版社2000年版，第177页。

以应烧造急用，不许迟误。”瓷土原料是古代陶瓷坯料配方中的主要组成之一，是陶瓷胎体中氧化铝的主要来源，其品质的好坏，不仅会直接影响最终产品的烧成温度和外观特征（如白度、透光性、色泽等），还决定了坯体成型性能、干坯强度，以及产品强度等工艺和理化性能。而青花料则是当时官民窑中产量最大、最具代表性的青花瓷，以及部分颜色釉瓷如霁蓝釉、天青釉等生产制作所不可缺少的原料之一，不同产地、不同品质的青花料在组成和性能上存在着较大差异。这种差异又直接影响最终产品的发色（如进口苏泥勃青料发色多浓艳，回青则蓝中泛紫，而国产料通常呈色相对淡雅清新等）和外观特征（包括晕散程度、铁锈斑等）。明代民窑青花使用色料的情况可从表 2.2 中所列的 MnO/CoO 比和 Fe_2O_3/CoO 比的数值可看出，自洪武至崇祯各朝色料的分析结果表明，民窑青花瓷都使用高锰低铁的国产钴土矿作为色料，而不同于官窑青花中部分或全部使用进口钴料[①]。这也是民窑青花与官窑青花瓷呈色各有特点的原因所在，分析发现民窑青花的色彩多显暗蓝色，大部分浓处都有黑褐点形成，而不同于官窑青花或浓艳清新，呈现如宝石蓝般的鲜艳色泽，如宣德官窑青花；或显色淡雅、色彩不晕散，如成化官窑青花等。由此可见，优质的制瓷原料资源，直接决定了产品的最终品质。

表 2.2 明代官、民窑代表性样品青花 + 釉的化学组成（wt%）

编号	Na_2O	MgO	Al_2O_3	K_2O	CaO	TiO_2	Fe_2O_3	CoO	MnO
永乐官窑	2.05	0.28	17.23	5.07	5.55	0.041	2.87	0.54	0.09
	2.63	0.31	15.24	3.71	6.71	0.049	1.95	0.11	0.35
宣德官窑	1.91	0.74	17.59	5.12	4.73	0.063	1.09	0.47	2.66
	2.50	1.31	15.77	4.22	5.00	0.062	1.61	0.59	2.88
成化官窑	2.09	0.39	15.20	4.31	4.27	0.06	1.57	0.27	0.58
	1.85	0.34	15.24	4.21	3.33	0.06	1.16	0.30	1.55
嘉靖官窑	1.33	0.29	14.82	3.37	10.36	/	0.86	0.75	2.25
	2.34	0.27	/	2.34	7.92	/	1.06	0.42	0.46
永宣民窑	0.11	0.31	/	2.76	10.76	/	1.33	0.28	2.08
成化民窑	1.53	0.26	/	4.77	7.31	/	1.33	0.14	1.18
	1.77	0.24	/	2.93	8.16	/	1.53	0.45	3.12
嘉靖民窑	2.38	0.21	/	3.74	5.78	/	0.73	0.36	2.11
	2.02	0.29	/	3.78	7.72	/	0.84	0.13	1.23

① 参见李家治：《中国科学技术史·陶瓷卷》，科学出版社 1998 年版，第 370~381 页。

官窑对产品纹饰、式样的限制，阻碍了民窑的发展和创造。官窑不同于民窑，它的生产是单一性的，只服务于皇室。官窑的生产具有垄断性，与民窑存在着一定程度的对立。其目的就是为了维护皇家尊严，申明等级制度，防止"僭越"。明朝官窑制度全盛时期，官窑对民窑产品的限制更加严厉，而且三令五申，以严刑酷法相威胁，很多如龙、凤、孔雀、狮子、麒麟、仙鹤等都不能在民窑瓷器上运用。例如明英宗正统十二年（1447年）下令："禁江西饶州府私造黄、紫、红、绿、青、蓝、白地青花等瓷器。命都察院榜谕其处，有仍敢冒前禁者，首犯凌迟处死，籍其家赀，丁男充军边卫。知而不以告者，连坐。"[①] 再如以龙凤纹为例，《大明律·服舍违式》条规定："凡官民房舍、车服、器物之类，各有等第。若违式僭用，有官者，杖一百，罢职不叙。无官者，笞五十，罪坐家长。工匠并笞五十。若僭用违禁龙凤纹者，官民各杖一百，徒三年，工匠杖一百，连当房家小，起发赴京，籍充局匠。违禁之物并入官。首告者，官给赏银五十两，若工匠能自首者，免罪，一体给赏。"[②] 由此可见，明初的法律规定是非常严厉的，官窑样式器物的生产和使用都有严格而明细的规定，民间不得擅自违禁生产和使用。

官窑对优秀技工的征用、先进技术的严格控制，以及高端市场的垄断，遏制了民窑的发展。御器厂因自身发展需要强制性地占有了有限人力资源中的大量优秀制瓷匠人。据记载明代御器厂集中了1 400余名各类工匠，包括瓷器式样设计者、图样绘制者、生产制作者等。相反，民窑不仅缺乏优质原料，在制瓷工匠和制瓷技术方面也受到了限制和封锁，加之经费短缺，所以产品无论是在质量还是数量方面均无法与官窑相抗衡，逐渐与官窑产品拉开了距离。于是官（御）窑产品开始包揽皇室官府所有御用和赏赉用瓷，改变了宋元时期优质民窑佳品进奉、次品拣退的传统，民窑产品被完全挤出了上层社会的消费圈，从而丧失了很大部分的销售市场，进而严重阻碍了民营瓷业的发展[③]。

"官搭民烧"是官窑盘剥和压榨民窑的另一种形式。明清时期，尤其是在嘉靖九年（1530年）以后，官窑制品并非全烧自官窑，其中有一部分系在民窑中定烧。史籍中明确记载："部限瓷器，不予散窑（指民窑），钦限瓷器，官窑每分派散窑。其能成器者，受嘱而择之，不得成器者，责以必办。不能办，则官窑悬高价以市之，民窑之所以困也。"[④] 从这里可以看出，官窑瓷器不但有一部分属于民窑所烧，而且，官窑还不择手段，刁难民窑，造成民窑凋困。但即使是这样，民窑也常因为散搭之器，往往为"细腻脆薄，最为难成"的御用钦限瓷器[⑤]，且承差民窑"必陶成皆青品，有苦窳不青器"则由民窑赔偿，即如果质量达不到要求，就要"定

① 《明英宗实录》正统十二年十二月甲戌，转引自熊寥、熊微：《中国陶瓷古籍集成》，上海文化出版社2006年版，第17页。

② 《大明律》卷一二《礼律》二《仪制》，怀效锋点校本，法律出版社1998年版，第178页。

③ 参见李绍强：《论明代官私工商业经济的演变》，《齐鲁学刊》2004年第4期，第156~160页。

④ ［明］王宗沐：《江西大志》卷七《陶书》，"窑制"条，明万历二十五年本。

⑤ 参见李绍强：《论明清时期官窑与民窑的关系》，《齐鲁学刊》1999年第4期，第82~88页。

烧赔造”，购买官窑烧制的部限瓷器来顶替，这实际上是对民窑匠户的一种严酷的剥削[①]。所以，即使是技术条件上乘的少数包青窑也难以完成任务，或是无利可获。对此民窑则或多方设法应付，消极对抗，“乘限期紧，并多以歪斜浅淡瓷器塞责，厂官事逼，姑收凑解”，以致“钦限器皿屡至愆期”[②]；或因偿银偏低，不够烧造成本，致使“民窑户告称贫苦，难以赔造”[③]，而致衰弱或破产。而这些被选中的民窑往往又是景德镇民窑中的佼佼者，也是民窑技术的引领者。可见，官窑通过“官搭民烧”的形式对民窑进行直接或间接的打击，限制了民窑的自主发展和技术创新，直接影响着民营陶瓷行业，乃至整个景德镇陶瓷行业的健康发展[④]。

二、官窑对民窑发展的促进作用

明代景德镇的制瓷业生产，由于较长时期的相对安定，社会经济迅速恢复和发展，一方面，在国内外市场需求进一步扩大的前提下，景德镇凭借其丰富的自然资源和熟练的生产工艺，瓷业生产更有辉煌成就，以其独到优势，压倒了历史上各大著名窑场，成为“工匠来八方，器成天下走”的全国制瓷中心。另一方面，明洪武年间，为满足宫廷用瓷和对内、对外、赏赐以及交换的需要，朝廷于景德镇珠山设置了“御器厂”，它不仅集中了大批的优秀工匠，而且在烧造中不惜工本，对提高景德镇的制瓷技术、瓷器质量，促进陶瓷文化的发展起到了非常重要的作用，进一步促进了景德镇瓷业的全面发展。此时景德镇不仅“天下窑器所聚”，青花瓷和白瓷的生产势头强劲，釉上彩和高温釉瓷的成绩斐然，而且能够烧造气势宏伟的大龙缸和精巧无比的薄胎瓷，所烧瓷器种类繁多，釉色俱全，富丽高贵，精美绝伦，独领风骚，蜚声中外。所产的贡瓷无不“陶成雅器，有素肌玉骨之象焉，掩映几筵，文明可掬”，故史称“有明一代，至精至美之瓷，莫不出于景德镇”[⑤]。

清初御窑厂在康、雍、乾三朝，更达到了我国制瓷工艺的历史高峰。举凡明代已有的工艺和品种，大多都有提高或创新。御器（窑）厂产品之所以能有辉煌成就，与其严密的分工、规范的管理制度、严格的技术标准、精心试验和高超独到的烧造工艺等是紧密相连的[⑥]。而御器(窑)厂的成立，不仅深刻影响着民窑制瓷业的发展和技术革新，提高了陶瓷的质量与数量，还促进了景德镇传统手工作坊向工场手工业发展。

---

① 程贤达、张德山:《唐英与御窑厂的管理》,《中国陶瓷》2008 年第 2 期,第 73~75 页。

② [明]王宗沐:《江西省大志》卷七《陶书》,“窑制”条,明万历二十五年本。

③ [明]王宗沐:《江西省大志》卷七《陶书》,“窑制”条,明万历二十五年本。

④ 参见吴军明、张茂林等:《论“官搭民烧”对明清景德镇瓷业发展的影响》,《陶瓷学报》2012 年第 4 期,第 437~441 页。

⑤ 余家栋:《对景德镇御器厂几个问题的探讨》,《江西历史文物》1987 年第 1 期,第 39~50 页。

⑥ 参见余家栋:《对景德镇御器厂几个问题的探讨》,《江西历史文物》1987 年第 1 期,第 39~50 页。

（一）官窑合理的分工，是保证官窑产量和质量的基础，为民窑生产管理提供了宝贵经验

高度精致的分工和合作，可以让工匠技艺精益求精，容易发育成一个完善的生产、销售体系，成为一个精致的体系。明代官窑的生产部分，最大的特点是分工精细，它以“作”为生产单位，“作”与现代车间有些类似。程廷济《浮梁县志》卷五“陶政”记载：御器厂“为作二十三，曰大碗作、酒盅作、碟作、盘作、钟作、印作、锥龙作、画作、写字作、色作、匣作、泥水作、大木作、小木作、船木作、铁作、竹作、漆作、索作、桶作、染作、东碓作、西碓作”。“陶工、匣工、土工之有其局，利坯、车坯、釉坯之有其法，印花、画花、雕花之有其技，秩然规制，各不相紊。”御器厂内的窑又分为六种，即烧制高温白瓷的风火窑、烧颜色釉瓷的色窑、烧仿青瓷的青窑、烧龙缸的龙缸窑、烧彩瓷的大小窑、烧窑具的匣窑①。在工艺分工上更加细致，有乳颜料工、画样工、绘事工、配色工、填彩工、烧炉工等②。而且“画者止学画而不学染，染者止学染而不学画”③，生产流程趋于集中化、标准化。据《天工开物》载：“共计一杯工力，过手七十二，方克成器。其中微细节目尚不能尽也。”另外，从龙珠阁遗址发掘出土的窑，工具有匣钵、垫圈、垫饼、支座、支钉、轮轴帽、垫子和铁削刀等也可看出，各式窑具制作精细，种类繁多。其中垫饼有五式，支座竟多达十二种形制，其烧造工序要求是十分精细严格的。由此，可看出御器厂在陶瓷制作过程中，分工非常精细，在烧造工艺上追求精益求精，一丝不苟④。

另外，值得注意的是，在御窑遗址考古发现的馒头形窑中，有的烧得很严重，壁内侧挂满了厚厚的“窑汗”，有的则烧得很轻，壁内侧没有“窑汗”生成，这显然不是偶然的。前者可能是文献中记载的专烧高温小件器物的“青窑”，后者可能是专烧低温颜色釉的“色窑”，这说明明代御器厂的窑炉已有了合理的“分工”。这种在窑炉上的“分工”，不见于明代以前的官窑和民窑。明代御器厂之所以能烧造出众多品种的精美瓷器，与结构先进的窑炉和窑炉的合理分工是密不可分的⑤。

（二）官窑严格的管理制度和产品的高技术标准，促进了陶瓷产品质量的提高，为民窑技术发展指明了方向

正如叶英挺说：“所谓……官窑是由官方营造并主持烧造的，一切行为都以服务于皇宫为基础。官窑还能够强制占有优质的瓷土和原料，劳役天下的能工巧匠，……不计生产成本，制作技术精湛，代表了当时全国的最高制瓷工艺水平。每一个操作环节都力求做到精益求精。皇宫内派出内官对官窑进行直接管理。在《大明会典》中就曾有‘明承元制，凡朝廷烧制瓷器，必由内府定夺样制’的文字记载，其所谓‘样制’指除了某类瓷器在

① 参见余勐、邬德慧：《论官窑对景德镇瓷业发展的贡献》，《中国陶瓷》2004年第6期，第55~56、59页。

② ［清］蓝浦：《景德镇陶录》卷三《陶务》，京都书业堂光绪十七年本。

③ ［清］程廷济：《浮梁县志陶政》，转引自熊寥、熊微：《中国陶瓷古籍集成》，上海文化出版社2006年版，第378页。

④ 参见余家栋：《对景德镇御器厂几个问题的探讨》，《江西历史文物》1987年第1期，第39~50页。

⑤ 参见刘新国、权奎山、李一平：《江西景德镇市明清御窑遗址2004年的发掘》，《考古》2005年第7期，第35~44页。

本身的器形、规格、釉色、纹饰都要求纯正、规整以外，风格也要求统一。”[①] 在随后的文献中也均有相关的记载，如“大抵诸器，惟官窑有其制”[②]，“凡器之成，必有依准”[③]，“洪武二十六年定，凡烧造供用器皿等物，须要定夺样制，计算人工物料，如数多，起取人匠赴京，置窑兴工，或数少，行移饶、处等府烧造”[④]，“岁从部降式造，特以龙凤为辨”[⑤]。这说明官（御）窑厂生产的瓷器受统治者、官僚的喜好所限制，其造型、纹饰以及产品质量等均必须严格遵守朝廷安排，稍有不合适的地方，都要就地打碎。

虽然我们今天会觉得古代统治阶级对优质原料的绝对占有显得并不公平，但是不可否认的是，正是因为统治阶级将最优秀的原料、最熟练的工匠、最完善的制瓷场地，以及规范明细的分工管理模式结合起来，才能够在尽可能短的时间里创造出当时最先进的制瓷技艺。虽然统治阶级颁布了一定的保密条令，但是对于民窑制瓷技术水平的提高仍然起着不可忽视的作用。一方面，官窑优质的陶瓷制品，为民窑产品发展提供了可视的参照物，官窑优秀的制瓷技艺成为民窑技术革新、发展的方向；另一方面，在后期“官搭民烧”的过程中，这些先进的制作技艺均已逐步渗透于广大民窑产品之中，大大推进了景德镇整体制瓷水平的飞速发展。因此，景德镇官窑瓷器实际上为景德镇民窑乃至当时整个中国的制瓷产业提供了先进的制作技术，奠定了中国制瓷业不断持续发展的良好基础。

（三）最高统治者的喜好和充足的资金来源，是官窑产品具有持续创新力的根本原因，也为民窑发展提供了新动力

明代设立的珠山御器厂在皇帝的亲自督促下以青花、釉里红装饰为基础发展了大量新颖的陶瓷装饰和制作工艺，如永乐时期的甜白釉堆花产品，粗看是一件白中微微泛黄的单色釉瓷器，但对着阳光欣赏却可以发现在釉色之下还刻有细如发丝的纹样，精致者甚至可以达到瓷器内外两面花纹完全不同却不会相互影响欣赏效果的程度，这种高妙绝伦的装饰技术在官窑之前是没有出现过的。又如成化时，在碧绿透亮的玲珑周围配以青翠幽雅的青花装饰而创造的青花玲珑瓷，将釉下青花和釉上多种色彩相结合而发明的斗彩工艺，开创了我国彩瓷的新时代，在此基础上发明了“填彩”装饰技法，创出了青花五彩等工艺技法。此外，永乐时烧出的“祭红”和“翠青釉”，宣德时的“宝石红釉”和“天青釉”，成化时的仿哥瓷，正德时的“孔雀绿”，嘉靖时的“瓜皮绿”等颜色釉瓷的创新，以及大龙缸和

---

① 引自《行家眼中官窑与民窑的区别》，龙泉青瓷行业官方网站，http://www.lqqc.org.cn/lqnews.2743.shtml。

② 清乾隆《浮梁县志》卷五《陶政·器数》，转引自熊寥、熊微：《中国陶瓷古籍集成》，上海文化出版社 2006 年版，第 378 页。

③ ［清］唐英：《陶冶图说》卷二，转引自熊寥、熊微：《中国陶瓷古籍集成》，上海文化出版社 2006 年版，第 299~305 页。

④ 《大明会典》卷一九四《陶器》，转引自熊寥、熊微：《中国陶瓷古籍集成》，上海文化出版社 2006 年版，第 10 页。

⑤ 熊寥、熊微：《中国陶瓷古籍集成》，上海文化出版社 2006 年版，第 46 页。

薄胎瓷的烧制成功，对后世制瓷无不产生了深远的影响①。

清代景德镇官窑更是在皇帝和督陶官的双重监督下迅速地发展其制瓷工艺。由于皇帝们对景德镇瓷器的钟爱，督陶官和窑工们不可避免地不惜工本追求各种新奇制器。清代前期的御窑厂，尤以康熙、雍正、乾隆三朝最为繁盛，在皇帝的关心和督陶官的努力经营下，创新层出不穷，名窑辈出。康熙年间著名的官窑有“臧窑”“郎窑”，其中单色釉、青花、五彩、素三彩、釉里红等品种，产品的制作均极为精巧。康熙青花色彩鲜艳纯净，莹澈明亮，层次分明，有“青花五彩”之誉，别具风格而“独步本朝”。康熙五彩发明了釉上蓝彩和黑彩而成了彩瓷的又一个转折点，基本上改变了明代釉下、釉上彩相结合的青花五彩占主流地位的局面。而且，随着色彩的增多和金彩的运用，突破了明嘉靖在铜红、霁蓝等地上描金的单一手法②。乾隆时，景德镇工匠们为宫廷制造了大量的胡桃、莲子、长生果、石榴、枣子、蟹、海螺等各种象形瓷器，其产品制作精巧，形象逼真。这些虽然都是一些玩赏品，但艺术价值极高。为达到预期效果，这些物品对于釉色十分讲究，有的还和高足果盘连烧在一起，这就要求有更高的烧制水平。另外，景德镇官窑还烧制出难度相当高的镂空瓶、转颈瓶和青花玲珑瓷，出现了十分逼真的仿漆器、仿木纹器、仿铜器的瓷器。这些仿制品不仅工艺造型相像，而且与原物的色泽也十分一致，往往能精确地表现出原物的质感，几乎以假乱真。这些成就不仅表现了瓷工对制瓷工艺技巧掌握娴熟，十分熟悉釉料配方和相关性能，还表明制瓷工匠已能精确控制窑炉烧成制度，对烧成温度和烧成气氛等工艺参数已能做到精确掌控③。

所以《清史稿》说：“时江西景德镇开御窑，源呈瓷样数百种，参古今之式，运以新意，备诸巧妙，于彩绘人物、山水、花鸟；尤各极其胜，及成，其精美过于明代诸窑。”现珍藏在景德镇陶瓷馆内的百鹿樽，就是清王朝为乾隆皇帝烧制的六十寿辰的礼品。这只瓷樽由一百只姿态各异的鹿组成，配以古松、奇石，象征长生不老，富贵永年，即是代表了景德镇这一时期瓷业发展的最好水平④。

而这些工艺又在随后的制瓷过程中有意或无意地流传到民间，继续推动着景德镇整体制瓷工业的发展。在制瓷技术上，官窑为了满足统治阶级对于精巧奇美的要求，还创烧了包括转心瓶、交泰瓶和“瓷母”在内的众多陶瓷造型，虽然由于政治策令的限制，这些器物造型并不能在民间生产，但官窑无疑为景德镇培养了一批掌握有高超制瓷技艺的工匠，后期随着官窑的逐渐解体，这些工匠及其子孙将官方陶瓷的制作工艺带到了民间，在很大程度上推动了景德镇陶瓷制作技巧的发展。

御器（窑）厂最后能生产出代表各时期制瓷最高技术水准的瓷器，皇家在人力、物力上

① 参见洪卫宁：《从历史典籍看景德镇官窑御器的演变》，《景德镇陶瓷》2004年第3期，第45~47页。

② 参见洪卫宁：《从历史典籍看景德镇官窑御器的演变》，《景德镇陶瓷》2004年第3期，第45~47页。

③ 参见余勐、邬德慧：《论官窑对景德镇瓷业发展的贡献》，《中国陶瓷》2004年第6期，第55~56、59页。

④ 参见余勐、邬德慧：《论官窑对景德镇瓷业发展的贡献》，《中国陶瓷》2004年第6期，第55~56、59页。

的巨额投资也是其根本保障之一。御器(窑)厂的实质还是服务于宫廷和皇帝,因此,督陶官出于忠君、为皇帝服务的目的,往往不惜成本、千方百计进行研究和创新,投其所好。明嘉靖时任江西提学副使的王宗沐就曾记载道:"利厚计工,市者,不惮价,而作者为奇,钓之则至有数盂而直一金者,他如花草、人物、禽兽、山川屏、瓶、盆、碗之观,不可胜计,而费亦辄数金,如碎器与金色翁、盘,又或十余金,当中家之产"[①]。清代"官搭民烧"的全面展开,减轻了御器厂的负担,更是为其开发新品,不断创新创造了时间和空间。尤其是随着"官搭民烧"向"尽搭民烧"的转变,"官窑"和"御窑"正成为一种创意和设计的部门,而相应的生产烧制则由民窑而完成。清代御器厂的定员仅有二三十人,多是才技优异之人,少而精,有生产积极性。而此时的督陶官也为有才学的品官,加上他们的任期长,对陶瓷的生产工艺熟悉,重要的是他们的职责相对于明代督陶官来说要清闲得多,因而有足够的精力去从事陶瓷生产的研究工作。从这个意义上可以说,清代御器厂具备了现代研究院所的性质[②]。另外,御器(窑)厂在研发阶段对于不理想的产品,往往果断地止步于实验阶段,这点从考古发掘出土的数量众多的落选御用瓷器中有不少品种属首次发现,有的还是孤品可以看出[③](如图 2.4)。御窑在试烧新品种方面,对于中国瓷器发展的作用是无可比拟的,而

图 2.4　景德镇市明清御窑遗址 2004 年发掘出土的部分孤品

① [明]王宗沐:《江西省大志》卷七《陶书》,"料价"条,转引自熊寥、熊微:《中国陶瓷古籍集成》,江西科学技术出版社 2000 年版,第 184~185 页。

② 参见刘淼:《督陶官与清代前期御窑的成就》,《中国历史文物》2007 年第 2 期,第 52~59 页。

③ 参见刘新国、权奎山、李一平:《江西景德镇市明清御窑遗址 2004 年的发掘》,《考古》2005 年第 7 期,第 35~44 页。

这点恰恰是以生产商品化产品、以营利为目的的民窑难以做到的。由此可见,明清御器(窑)厂在具有充足的资金和雄厚的人才优势的前提下,不断开拓创新,进行了大量新产品的研究和开发工作,产生了大量优秀的陶瓷新品和名品。但是由于"官搭民烧"制度的实行,这些官府投资下产生的优秀新品,对于民窑来说也已不再是秘不可宣了,这实际上是为民窑提供了免费的技术服务。

(四) 官窑优秀制瓷技艺在民窑产品中的移植和发展,促进了民窑产品质量的提高

明代在御器厂做工的工匠主要有两种:一种是轮班匠,即工匠输工代赋;另一种则是"庸作",即政府花钱雇佣的工匠。手艺高超的工匠,政府往往不轻易放过,须常年为御厂效力,《浮梁县志》中甚至还有"拘获高匠"之记载。但因为他们具有一定的人身自由,因此,官窑的优秀技艺也常常通过这些工匠被带入民窑生产中。清代官窑对于民窑瓷器品式的限制远较明代为少,由于基本实行了"官搭民烧",在时间上和空间上不受直接监督,生产已不存在多少保密性,且官窑的选剩品也已不再销毁埋藏,而是变价出售,官窑部分产品流入民间,对民窑生产是一个促进。

明代景德镇官窑大力发展了陶瓷的单色釉装饰体系,如娇黄、霁蓝、铜红等都是在明代官窑生产中达到顶峰的,这些单色釉的配制和烧制成功大大丰富了后来景德镇民间窑厂的装饰方法,有力地推动了景德镇成为陶瓷生产重镇。而从宣德时期开始,景德镇官窑接受皇帝的旨意,开始创制的釉上彩装饰技艺,也使得景德镇包括官窑和民窑在内的所有窑厂有了更大的技术进步,其丰富的色彩视觉效果使得景德镇的陶瓷工业在当时众多的陶瓷产地中居于完全领先的地位[①]。

(五) 地缘品牌优势,造就了景德镇民窑产品的辉煌成就[②]

一方面,明清时期御器(窑)厂在景德镇的设立,为民窑陶瓷生产技术革新提供了便利,进而提高了民窑所生产产品的质量;另一方面,景德镇民窑产品,亦因与官窑器同一产地而声名鹊起,具有一定的品牌优势,在商品竞争中处于明显的优势。明代从嘉靖时期开始,官窑中部分"钦限"瓷器,改为搭附民窑烧造。"官搭民窑"的制度,尽管给民窑带来了一些困扰,但也给民窑的生存和发展带来了正面影响,如官窑在特定时期不得不在一定程度上向民窑开放,于是民窑在烧造"钦限"瓷器的同时,也开始烧出了一些仿官窑瓷器,这使得景德镇民窑在技术和产量上都有了很大提高[③]。据《景德镇陶录》载:这时出现了专门生产优质细瓷的民窑场"官古器户",稍次一点的则有"假官古器户""上古器户""中古器户"等。其中最著名的有专仿宣德、成化瓷的崔国懋崔公窑、仿定窑瓷的周丹泉周窑、专

① 参见余勐、孔铮桢:《景德镇官窑瓷器的艺术特色及其成就》,《艺术百家》2007年第7期,第24~27页。

② 参见吴军明、张茂林等:《论"官搭民烧"对明清景德镇瓷业发展的影响》,《陶瓷学报》2012年第4期,第437~441页。

③ 参见刘毅:《明清陶瓷官窑制度比异》,《南方文物》1992年第4期,第81~86页。

制精美脱胎瓷器的昊十九壶公窑等。这些窑的产品质量不仅精湛，甚至可与当时的官窑媲美。故而《景德镇陶录》说："官古器，此镇窑之最精者，统曰'官古'，式样不一，始于明，选诸料精美细润，一如厂官器，可充官用，故亦称官。"据资料显示，到明末景德镇约有民窑近千家，佣工达数万人。由于其他地区的陶瓷在质和量上均无法与景德镇制品抗衡，到明代中叶以后，景德镇瓷器几乎占据了全国的主要市场。景德镇民窑按 900 座计，每座窑烧小器千余件，以年烧 40 次计，每窑年烧 4 万件，总计民窑产量达 3 600 万件，值银 180 万两。大量生产的景德镇青花瓷不仅畅销国内，而且远销东南亚、印度次大陆，还有中亚伊朗、伊拉克，非洲的埃及、苏丹及欧洲的英、法、荷等国家和地区。17 世纪初，英国与荷兰先后成立东印度公司，大量贩运中国瓷器到欧洲。据记载，万历四十年（1612 年）运往荷兰的瓷器达 28 641 件，万历四十四年（1616 年）上升到 69 057 件。据不完全统计，从 1602 年至 1620 年的 18 年中，明朝出口的外销瓷达 200 万件以上[①]。巨大的销售和出口额，与景德镇的地缘品牌和官（御）窑的设立不无关系。

（六）丰富的装饰题材为民窑产品的装饰设计注入了新思路

中国古代的统治阶级往往是文人士大夫的代表，他们通常具有深厚的文学底蕴、高雅的艺术情操以及独到的审美观念，因此，为统治阶级服务的景德镇官窑直接将这一特殊审美群体的思想观念进行了充分的表述。在文学底蕴上，历代统治者都相当推崇中国传统的文学艺术，而中国的传统文学通常建立在儒道思想的基础之上，为了迎合统治阶级的审美趣味，因此景德镇官窑瓷器的装饰纹样往往包含意蕴深长的"高山流水"图、飘逸出世的"高士仙人"图，或者象征文人骨气的"岁寒三友"图以及吉祥含义图。如动物纹样中有表示皇权的龙纹和凤纹，表示吉祥的麒麟、辟邪、鱼藻、锦鸡、孔雀、百鹿、仙鹤、蝙蝠、鸳鸯、瑞兽等；植物纹样中有寓意"春秋繁华"的牡丹和菊花，寓意长寿的仙桃，寓意清廉的缠枝莲纹，寓意吉祥的灵芝、瓜果、兰草、三友等；人物题材中有明清常见的高士图、人物楼阁图、百子图等。这些装饰题材的种类丰富而又多样，且因统治阶级的要求，在使用过程中表现出了明显的时代性特征。明代前期由于统治者的严苛政令，因此几乎不见容易被统治阶级看做影射时事的人物题材，且少见果实类纹样，因而形成"有花无果"的装饰风格，中期以后随着政治制度的逐渐开放以及统治者对于官窑瓷器的影响，装饰题材内容越来越多。清代前期景德镇官窑由于受到雍正、乾隆的格外关注而表现出更明显的时代特征，如当时统治阶级对于繁缛纹饰的热衷和对于西方绘画的喜爱均在官窑器物装饰上有所表现，清代中后期由于政府统治的日益衰落，景德镇官窑也慢慢地走入了下坡，但整体上还是继承了之前的吉祥类装饰题材[②]。

---

① 参见李绍强：《论明代官私工商业经济的演变》，《齐鲁学刊》2004 年第 4 期，第 156~160 页。

② 参见余勐、孔铮桢：《景德镇官窑瓷器的艺术特色及其成就》，《艺术百家》2007 年第 7 期，第 24~27 页。

虽然在明代初期统治阶级对于官窑瓷样颁布了一定的保密条令，严格限制民窑袭用，但在后期“官搭民烧”，尤其是清代后期的“尽搭民烧”过程中，官窑制品的设计画样、瓷器款式得以流入民窑，常常被民间效仿，为民窑发展带来了更大的空间。从出土产品和传世藏品可以看出，在明代后期民窑已生产了大量的高士图、人物楼阁图、百子图等产品，甚至还有大量被皇家严格控制的龙纹和凤纹产品。可见，随着“官搭民烧”制度的推行，官窑产品设计的造型和纹饰，也逐渐向民窑开放了，丰富了民窑陶瓷产品的装饰风格。

不同时期官民窑之间的关系有一定的不同，在明代官窑对民窑发展的阻碍作用大于促进作用，这主要是当时社会政治制度所影响，如民窑不能仿烧官窑样式制品，民窑不能使用优质原料，民窑难以学习到官窑的优秀生产技术（技术工人主要是匠役制，不像清代有雇役制），但是到了清代康熙以后，则随着“官搭民烧”制度的大力推行、原料管理政策的放宽、技术工人的雇佣和回流，使得官民窑技术交流和相互渗透得以实现，两者起到了相互促进的作用。这也是明代之所以出现早期官窑产品质量明显优于民窑产品，而晚期即所谓的转变期时，民窑则出现了大量质量精良、装饰精致、造型独特、做工细腻的产品，质量明显优于早期民窑产品。

但毋庸置疑的是，在明清时期景德镇的制瓷工艺不但处于中国制瓷业的领先地位，甚至拥有当时世界上大部分国家和地区无法企及的高超制作技术和华丽的艺术特色，这些成就在今天看来不得不归功于设立于景德镇的“官（御）窑”。官（御）窑作为当时直接受命于最高统治阶级的特殊政府工艺制作机构，拥有最好的制作人员、最先进的制作工艺、最优秀的制瓷原料。官窑的设置，本意是为了集中当地优秀的工匠和艺人，垄断其瓷器财富，可官窑对瓷器质量的严格要求，对窑务的严加追督，客观上也促进了瓷器的质量精益求精，带来了景德镇瓷业的发展，创造了瓷业史上的飞跃高峰，事实上给景德镇瓷业带来了巨大变化，使景德镇成为名副其实的瓷都[①]。

① 参见余勐、孔铮桢：《景德镇官窑瓷器的艺术特色及其成就》，《艺术百家》2007年第7期，第24~27页。

第三章 中国明清时期陶瓷官窑文化对瓷业技术及区域经济的影响

第一节　明清时期陶瓷官窑文化对瓷业技术发展的影响

一、匠籍制度的变革对瓷业技术的影响

官府工匠的主体是劳役工匠，主要分为官府差役工匠和军队兵役工匠两大类。从秦汉代开始，朝廷就已建立了一整套按户籍管理及征调工匠的管理制度，称为“匠籍制度”，元代又称“匠户制度”。凡在籍的手工业工匠，必须受朝廷和地方官府主管机构的工役支配，按各级工役主管机构的指令无条件地为政府服劳役，其社会地位和人身自由受到种种限制①。明代景德镇官窑实行的是轮班匠制，至后期出现了班匠银制度，初步开始实行雇役制，而清代则彻底废除匠籍制度，完全实行雇役制。明清时期匠籍制度的这种变化，不断改变着社会生产关系，对景德镇制瓷技术的发展和进步产生了重要影响②。

（一）明代匠籍制度对瓷业技术的影响

如前所述，明代以前，各朝基本都有匠籍制度，但又各有差异，并且各朝对服役工匠的称谓也有较大差异，如唐代称为“明资匠”“长上匠”和“短番匠”，元代称“军匠”“官匠”和“民匠”，明代则称“住坐匠”和“轮班匠”。明代凡是住在京城的工匠服役，以“住坐匠”制，每月到官府上班十天；而京城以外的工匠服役，则实行“轮班匠”制，一般为四年一班，到京城服役。轮班匠制相比元代工匠不能自由离开作坊或工场的制度，放宽了对工匠的人身限制，使其成为了半自由的手工业者，工匠获得了一定的自由，并且能得到一定的工资和社会福利。如《明太祖实录》记载：“凡在京工匠赴工者，月给薪米盐蔬。休工者停给，听其营生勿拘。”③这有力提高了工匠的生产积极性。

由于景德镇官窑地理位置的特殊性，在景德镇御窑厂的工匠实际上并非“正班”（正班在京服役），而算是一种临时加派劳役④。虽然如此，在明代早期，这一制度的实施还是有力地促进了景德镇制瓷技术的发展，使明代官窑取得了令人瞩目的成就。

但随着明代中期以来烧造任务的历年激增和难以完成及政治的腐朽，临时服役逐渐

① 参见余同元：《中国传统工匠现代转型问题研究》，复旦大学博士学位论文2005年。

② 参见李其江、吴军明、张茂林：《明清时期景德镇陶瓷轮制成型技艺的演变成因探析》，《中国陶瓷》2012年第10期，第83页。

③ 《明太祖实录》卷一一八，据广方言馆本补用嘉业堂本校，“中央研究院”历史语言研究所校印1962年版。

④ 参见梁森泰：《明清景德镇城市经济研究》，江西人民出版社1991年版，第83页。

变成了实际上的“正班”，并且服役的强迫性质越来越浓，往往需要完成超过服役规定期限的任务。按规定班匠四年一轮，可根本不能兑现，结果有的服役“二十余年未得停止”。这使班匠甚为劳困，劳动情绪极其低落，在生产中只能“趋办塞责”，应付了事，以致生产效率低下，并且偷盗、浪费严重，如官窑的青窑只烧小器300余件，用柴却与烧器千余件的民窑相同。班匠们的消极怠工经常使烧造误期，难以保质保量[①]。如《江西省大志·陶书》中记载：“大碗、酒盅工匠类多颓罢不堪，以故烧造候期，合无于起工之日”。而官府却又仅为这些工匠提供一些微薄的口粮，很少为其提供较好的福利，甚至工薪。在世道乱时，这些微薄的口粮还常常被克扣。加上官府对他们沉重的压榨，使得班匠的基本生活都难以为继，更何谈其生产积极性，这严重阻碍了景德镇制瓷业的发展及制瓷技术的进步。如《明英宗实录》中记载：“天下各色轮班人匠，多是灾伤之民，富足者百无一二，艰难者十常八九。”这一制度到了明代后期其落后性愈益显露，明显阻碍了景德镇瓷业及制瓷技术的发展。因此，官窑的匠籍制度必然出现由轮班匠制向雇役匠制转变的趋向[②]。

明成化二十一年(1485年)，明政权颁布了班匠以银代役的法令，即“班匠银制度”。这一年工部奏准：“轮班工匠有愿出银价者，每名每月南匠出银九钱，免赴京(服役)，所司类赍勘合，赴部批工；北匠出银六钱，到部随即批放。不愿者，仍旧当班。”[③]雇役匠制开始全面施行。如《陶说·说明》载：“嘉靖八年烧造，募工给值。”[④]《江西省大志·陶书》载有：“本厂选召白徒高手，烧造及色匠未备，如敲青、弹花、裱褙匠等役。”[⑤]这些雇募而来的工匠是按日计件付工钱的，一般每日雇工工钱为二分五厘，龙缸等难成之器的工匠每日三分五厘，弹绵花匠、裱箱纸匠的工钱，以米计算，每日二升五合(折银一分)。这种按日期计件的付工钱形式，每日有定值，并且定期又定额，比班匠的月粮乃至按月付工钱的形式均更能激发工匠生产的积极性[⑥]。

雇役制与劳役制有所不同，雇役制涉及工匠是否愿意应募就雇和官窑是否需要招募雇佣，虽然其中还有封建社会的超经济强制，但在强迫服役中已萌现了经济的形式，对景德镇瓷业的发展具有积极作用。虽是如此，但明代后期，雇役制在官窑内并未占主导地位。雇役制工匠人数仅占工匠总人数的1/3，并未占多数。雇役匠虽然在某些作中起决定作用，

① 参见李绍强：《论明清时期官窑与民窑的关系》，《齐鲁学刊》1999年第4期，第82~88页。

② 参见李其江、吴军明、张茂林：《明清时期景德镇陶瓷轮制成型技艺的演变成因探析》，《中国陶瓷》2012年第10期，第83页。

③ 余同元：《中国传统工匠现代转型问题研究》，复旦大学博士学位论文2005年。

④ 朱琰：《陶说》卷三《说明》，转引自熊寥、熊微：《中国陶瓷古籍集成》，上海文化出版社2006年版，第380页。

⑤ [明]王宗沐：《江西省大志》卷七《陶书》，转引自熊寥、熊微：《中国陶瓷古籍集成》，江西科学技术出版社2000年版，第179页。

⑥ 参见梁森泰：《明代后期景德镇御器厂匠役制度的变化》，《中国社会经济史研究》1982年第1期，第83~93页。

如大碗、锥龙、酒盅及画作等，但其他各作技艺仍由官匠掌握，尤其结窑和烧窑，这是烧造的关键技术，仍为魏氏和童氏所世袭，世代供役。并且，官窑仍极力维持和强化劳役制，班匠并没有得到雇役制的待遇。从劳役负担而言，班匠被迫服大量役外之役。尤其万历后期，潘相督陶的近二十年中，上班官匠，“或受鞭篓”，“或饥荒”，甚至被迫投火而死。唐英在《陶政示谕稿自序》中评价为“阉监为窑最酷”[①]。从施行范围而言，御器厂力图扩大劳役的范围。正德间梁太监通过召募把民匠占籍在官编役就是典型，这说明雇役制极不稳定，有可能倒退为劳役。

正德以后，官窑除有班匠外还有编役匠。“编役，正德间梁太监开报民户，占籍在官。”这是劳役制的一种变形。编役匠本是乡民，被召募而来，应有“雇值”，比较有人身自由。然而他们应募之后被编服役，其境遇比班匠更为劳困，连班匠的“月粮”都没有。他们已由被迫式的“自愿应募”，倒退为“占募从役”，以雇佣的形式开始，倒退为服劳役。这实际上与景德镇官窑特点息息相关，在当时，景德镇官窑虽然仅是一个官手工业组织，但与其他地区的官手工业组织不同，它实际上起了地方政权机构的作用，班匠与官窑之间不仅有封建的人身依附关系，而且表现为直接的统治与服从关系，他们受官府严密控制[②]。

因此，明代景德镇官窑雇役制的成长虽然有其必然性，雇役制取代劳役制是发展的趋势，然而它在明代后期毕竟仍处于次要的地位，并且受封建政治、经济及官窑自身特点的层层束缚，成长至为缓慢和曲折。明代景德镇官窑雇役制的出现，并未真正进一步促进景德镇制瓷技术及经济的发展。

（二）清代匠籍制度的废除对瓷业技术的影响

清政权建立后，在班匠银制度基础上，顺治二年（1645 年），官府明文宣布“令各省俱除匠籍为民”，正式废除匠籍制度。但由于财政拮据，朝廷仍以各种改头换面的形式无偿役使和利用工匠，直到康熙年间，朝廷开始将“班匠银”以“摊丁入亩”形式实施，多数农民身份的官窑工匠，也在被推行的改革之列。这时工匠才最终摆脱了匠籍制度的束缚，彻底结束了无偿服徭役的时代。

康熙三十七年（1698 年）到雍正四年（1726 年），各省陆续将“班匠银”归并田亩或地丁代征。“摊丁入亩”形式的实施，实际上是赋役之基于地而不基于丁，它是一条鞭法赋役合并、役归于赋的继续，是康熙时滋生人丁“永不加赋”的深入发展。这表明手工业者对封建国家的义务已不再按人身交纳，原有匠籍的服役义务在向国税转化，雇役匠已无明显的代役特征[③]，使“手艺贫民受益良多”[④]。工匠匠籍身份从此在法律上获得了解放，景德镇官窑

① ［清］唐英：《陶政示谕稿自序》。

② 参见梁森泰：《明代后期景德镇御器厂匠役制度的变化》，《中国社会经济史研究》1982 年第 1 期，第 83~93 页。

③ 参见梁森泰：《明清景德镇城市经济研究》，江西人民出版社 1991 年版，第 114 页。

④ 赵宏：《“官搭民烧”考》，《故宫博物院院刊》1996 年第 1 期，第 81~85 页。

中匠役也改为记工给酬的雇佣制。

此时，景德镇官窑的工匠全部来自雇佣，并且雍正以后官窑的雇役匠又可分为两类：一类是官窑的长雇工匠。《浮梁县志·陶政》中记载“在厂工匠办事人役，支领工值食用者，岁有三百余名”[①]，其中的工匠当是定员的长雇工匠。另一类则是短雇工匠。朱琰《陶说·序首》中言“仰给于窑者日数千人”[②]，说明从民窑中雇请的工匠，人数超过额定的工匠人数近十倍，他们的雇佣特征是工忙受雇，工讫罢雇。唐英在乾隆八年(1743年)九月十七日的奏折中记载“以粗细高下定为等次”，“照本地窑民雇工买物之例画一办理”。裘日修则说了官窑工钱“且加厚焉”[③]，《陶说·序首》中也有“民乐趋之”的记载。这些都说明了雇役匠的封建身份已大为松弛。

匠籍制度的彻底废除，使工匠获得了历史上前所未有的自由，其自主性与独立性大大增加，因而也在极大程度上提高了工匠的劳动生产主动性和积极性，推动和促进了制瓷技术的发展和进步。

图3.1为清乾隆时期《陶冶图说》中记载的“蘸釉吹釉”的图和文本，其中图由宫廷画师孙祐、周鲲、丁观鹏绘制，文本则为督陶官唐英撰写[④]。“上釉之法：古制，将琢器之方长棱角者，用毛笔拓釉，弊每失于不匀。至大小圆器及浑圆之琢器，俱在缸内蘸釉，其弊又失于体重多破。故全器倍为难得。今惟圆器之小者，仍于缸内蘸釉；其琢器与圆器大件俱用吹釉法。以径寸竹筒截长七寸，头蒙细纱蘸釉以吹。俱视坯之大小与釉之等类别，其吹之遍数，有自三四遍至十七八遍者。此蘸所由分也。”[⑤] 相比较明崇祯十一年(1638年)宋应星编著的《天工开物·陶埏》中对施釉工艺的记载，我们可以看出清代早期陶工们发明了新的施釉方法——吹釉。用直径约3厘米、长度约23厘米的一节小竹筒，一端蒙上细纱蘸取釉浆，对准坯体施釉部位，用嘴吹竹筒另一端，釉浆即通过纱孔均匀附着在器坯表面，这样反复吹釉，即可得到厚度适宜的釉层。根据器物的大小和釉的不同，少的吹三四遍，多的吹十七八遍。吹釉的发明，使各类坯体均得以均匀施釉[⑥]。而且在清代，仅唐英协助督陶期间研制及仿制的高低温颜色釉就达57种，还有各种彩绘瓷器的出现。虽然其中有督陶官唐英的重要作用，但更是景德镇陶工集体努力的结晶。另外陶工还利用新技术对旧产品进行改造，从而使制瓷技术有了更大进步。据唐英奏折中记载，其督陶期间官窑成品率可高

① 清乾隆《浮梁县志》卷五《陶政》，清道光十二年刻本，转引自熊寥、熊微：《中国陶瓷古籍集成》，上海文化出版社2006年版。

② [清]朱琰：《陶说》序首，转引自熊寥、熊微：《中国陶瓷古籍集成》，上海文化出版社2006年版，第111页。

③ 梁淼泰：《明清景德镇城市经济研究》，江西人民出版社1991年版。

④ 参见李其江、吴军明、张茂林等：《〈陶冶图说〉制瓷技术理论化的特点及价值》，《陶瓷学报》2012年第1期，第104页。

⑤ [清]唐英：《陶冶图说》，转引自熊廖、熊微：《中国陶瓷古籍集成》，上海文化出版社2006年版，第303页。

⑥ 参见李其江、张茂林、吴军明：《明清以来景德镇陶瓷施釉工艺的演变研究》，《陶瓷学报》2012年第3期，第402页。

蘸釉吹釉

圓琢各器凡青花與官哥汝等均須上釉入窑上釉之法古制將琢器之方長稜角者用毛筆搨釉弊每失於不勻至大小圓器及渾圓之琢器俱在缸內蘸釉其弊又失於體重多破故全器倍為難得今惟圓器之小者仍於缸內蘸釉其琢器與圓器大件俱用吹釉法以徑寸竹筒截長七寸頭蒙細紗蘸釉以吹俱視坯之大小與釉之等類別其吹之遍數有自三四遍至十七八遍者此吹蘸所由分也

(a) 图　　(b) 文本

图 3.1 《陶冶图说》中“蘸釉吹釉”的图和文本[①]

达 50%[②]。“厂窑至此,集大成矣。”[③]

二、官窑管理方式对瓷业技术的影响

景德镇官窑虽然仅是一个官手工业组织,但与其他地区的官手工业组织不同,它实际上起了地方政权机构的作用。明隆庆以前,“其捕盗事宜委管厂总理”,官窑实际上具有维持该镇治安、管理民政的权力。万历时,“以饶州督捕通判改驻景德镇兼理窑厂”,明确规定了官窑官员治理景德镇的职权[④]。因此,官窑管理的不仅是自身的生产烧造,还必然涉及景德镇整个瓷业的管理,如明早中期对优质制瓷原料的严格控制、对民窑的烧造样式和花色进行限制等,直到“官搭民烧”制度实行时才有所改变。下面主要从督陶官制度、官窑生产模式及官窑次品瓷器处理方式等官窑自身管理制度的变化,以及整个陶瓷行业中原料管理方式的变化等方面,分析其对景德镇制瓷行业技术的影响。

(一)督陶官制度对瓷业技术的影响

早在三国时期,国家就曾设置陶官管理陶瓷生产,此时社会生产力较低,设置陶官是为了满足国计民生的需要。到了唐代特别是宋元时期,随着社会生产力的发展,瓷业也进入了历史上的第一个发展高峰,此时的陶官不仅要负责对宫廷需要的贡奉和分派瓷器的

① [清]《陶冶图册》,转引自《清乾隆珐琅彩荣华富贵灯笼尊》,文物出版社 2007 年版,第 32 页。

② 刘森:《督陶官与清代前期御窑的成就》,《中国历史文物》2007 年第 2 期,第 52~59 页。

③ [清]蓝浦《景德镇陶录》卷五《景德镇历代窑考》,京都书业堂光绪十七年本。

④ 参见梁淼泰:《明清景德镇城市经济研究》,江西人民出版社 1991 年版,第 44 页。

监督生产和征收，更重要的是保证陶瓷生产和管理体系的稳定，从而保证国家的税收[①]。而明清时期，朝廷设立专门烧造宫廷用瓷的官窑，并且只求精工细作，不计成本，此时设置的陶官仅负责陶瓷生产管理，没有收取民窑税收的职责，至此，历史上出现了真正意义上的督陶官。但明清两代督陶官在其任命及职责上有着很大的区别，因此，其对景德镇陶瓷行业技术发展的影响亦有极大差异。

1. 明代督陶官对瓷业技术的影响

明代景德镇官窑督陶官中有品官，也有宦官(太监)，而且以宦官为主，表3.1为明代官窑督陶官一览表[②]。从表中可以看出，洪武时，督陶官全由官员担任。永乐时，开始出现太监督陶，明崇祯十年(1637年)《关中王老公祖鼎建贻休堂记》碑文中记载："我太祖高皇帝三十五年，改陶厂为御器厂，钦命中官一员，特董烧造"，可惜此中官(太监)姓名无从考证。从此揭开了明代景德镇官窑宦官督陶的序幕，但仍以品官为主。宣德时，宦官张善督陶，因其施暴政，下人不堪，并且私赠御用瓷器给同僚之事暴露，被处以极刑，仅督陶两年，之后督陶官改由工部官员监督烧造。正统九年(1444年)以后，宦官重新督陶，由于宦官势力急剧膨胀，这种局面一直持续到嘉靖九年(1530年)。此期间除了少数品官督陶外，景德镇官窑事务几乎全由宦官把持。嘉靖九年，由于宦官督陶衍生出的诸多弊端，引起极大民愤，招致许多正直大臣的极力反对，使得督陶官员又变为品官。《江西省大志·陶书》中记载："陶监有官，先是中官一员监督，嘉靖九年裁革，以饶州府佐贰官(即饶州府副职官员)一员管督。"[③]品官督陶一直持续到万历二十七年(1599年)后，宦官潘相乘矿税役兴的时机，掌握了官窑的督陶事务，直到神宗死后才告结束。而此后明代景德镇官窑的生产也大为衰落，几乎陷于停产状态[④]。

表3.1 明代景德镇官窑督陶官一览表

时期	姓名	督陶资料	文献出处	督陶身份
洪武	段廷珪	段廷珪，字宝持，清泉人，洪武进士，以工部员外董陶务，建署于珠山之南。轸民艰念物力陶务之外，进士民训诲之。工费遵藩司所解，制器如部文之数出，此一无所取。	乾隆《浮梁县志》卷一二《杂记下·述旧》	官员

① 参见梁淼泰：《明清景德镇城市经济研究》，江西人民出版社1991年版，第44页。

② 参见陈宁、徐波：《明清时期景德镇御窑厂督陶官的文献考察》，《中国陶瓷工业》2011年第4期，第23~30页。彭涛：《明代宦官政治与景德镇的陶政》，《南方文物》2006年第2期，第114~121页。

③ [明]王宗沐：《江西省大志》卷七《陶书》，转引自熊寥、熊微：《中国陶瓷古籍集成》，江西科学技术出版社2000年版，第176页。

④ 参见陈宁、徐波：《明清时期景德镇御窑厂督陶官的文献考察》，《中国陶瓷工业》2011年第4期，第23~30页。彭涛：《明代宦官政治与景德镇的陶政》，《南方文物》2006年第2期，第114~121页。

续表

时期	姓名	督陶资料	文献出处	督陶身份
洪武	赵万初	1994 年 6 月至 8 月，在明御厂东院故址推出明初官窑瓷器残片。……这批残片的下层中出土了一块挂黑釉的残瓦，残瓦上用铁料书写有“监工浮梁县丞赵万初”等字。	梁穗《景德镇珠山出土的元明官窑瓷器》	官员
永乐	祁　鸿	永乐间，部使祁鸿莅事至厂。	乾隆《浮梁县志》卷二《建置·衙署》	官员
	郑　弘	郑弘，字仲耀，诸暨人。永乐初，以明经判安庆府，改饶州，升南安同知，所历皆有善政。饶民以烧瓷为业，故多官府造作之所。弘尝监督其事，忽值窑变，瓷器皆成异色，守者将以上闻。弘谓任土作贡，不强所无，倘因适然而责其常然，后将何以应，遂毁之。民立祠窑所以报德。	雍正《浙江通志》卷一六九《人物三·循吏三·绍兴府》	官员
	王士嘉	公讳士嘉，字道亨，五岁而孤。……永乐初，公复起监饶州陶器，凡三十余万皆如期而办。	［明］王直《抑庵文后集》卷三二《侍郎王公墓志铭》	官员
宣德	张　善	宣宗始遣中官张善之饶州，造奉先殿几筵龙凤纹白瓷祭器。	《明史·食货六》	太监
		宣德二年十二月，内官张善往饶州监造磁器，贪黩酷虐，下人不堪，所造御用器多以分馈其同列。事闻，上命斩于都市，枭首以徇。	《明宣宗实录》卷三四	
天顺	崔　和	伏望查照天顺年间停差事例，将江西镇守太监崔和取回别用，一应地方事宜俱责成巡抚三司等官综理，将烧造太监永久查革。	［明］唐龙《停差烧造太监疏（正德十四年）》	太监
成化	周芳誉	周芳誉，字明良，潞安长治人，景泰进士，成化二年监临御器。高雅俭约，简易不繁。寻廉得通判某事，一日召至，谓曰：朝廷设官此地，陶有专司别驾，职系牧民。虽曰芳誉位非刺举，然渔民罔上亦可上闻。某唯唯而退，旋求关说，揭已达部矣！迨至任满回京，毫无所取，时称“清白部臣”。	乾隆《浮梁县志》卷一二《杂记下·述旧》	官员
	何　瓛	先别驾何瓛，字廷玉，号西野。……成化初年，得豫章饶州之别驾。……公日夕兢兢，一意恪共乃事，取材既细，造样复佳，每铸一窑，不下百千万器。公必肃衣冠，与同事者呼天而祝曰：惟是镕冶之事，仰藉圣天子宠灵。于时辄一火而就，而且多变窑。所铸本碗、碟也，	［明］何三畏《云间志略》卷九《先别驾西野公传》	官员

续表

时期	姓名	督陶资料	文献出处	督陶身份
成化	何瓛	而或变为砚为瓶；所铸本蓝、白也，而或变为红为紫；所铸本小也，而或变为大；所铸本粗也，而或变为精。诸人皆额手称公之功，而公则额手称上之福。所输纳无不当宫中意旨，而两台诸监司议以久任处公，谓窑厂非公不办也。于是满考三年复任，又满考三年，又复任，又加衔贰守，复留三年，而公以九年久任饶矣！	[明]何三畏《云间志略》卷九《先别驾西野公传》	官员
	朱元佐	明成化间，内翰朱元佐奉命视陶。	乾隆《浮梁县志》卷一〇《名迹·古迹》	太监
	邓原	成化间，太监邓原贤而知书，谓镇民多陶，悉资神佑，乃徙庙东门外通衢东北百武许，以便祈祀，即今所也。	[清]詹珊《重建敕封万硕侯师主佑陶碑记》	太监
正德	梁太监	正德间，梁太监开报民户，占籍在官。	嘉靖《江西省大志》卷七《陶书·匠役》	太监
	李和	张俊等题称本监供应磁器不敷应用，……欲差官前去提督烧造。奉圣旨：既供应磁器不敷，照前奏行件数差官前去烧造。钦此。……随该司礼监奉圣旨：着尚膳监太监李和去，写敕与他。钦此。	[明]蒋冕《湘皋集》卷一《乞停止差官烧造题本(正德十二年)》	太监
	邱得、尹辅	未几，镇守烧造太监相继差出，百姓闻之，相顾失色，且惧且泣，曰：人殃乃至乎？顷蒙圣明，将邱得拿问，尹辅取回。	[明]唐龙《停差烧造太监疏(正德十四年)》	太监
	尹辅	正德十五年十二月己酉，命太监尹辅往饶州烧造磁器。	《明武宗实录》卷一九四	太监
	刘勖	刘勖，字时勉，刚方有志操，不妄交与。正德中，由国子生除饶州府推官，号能持法，尤以清节著。尝董景德镇陶事，减陶户冗费数千金。后以丁忧解职。	嘉靖《宁国府志》卷八《人文纪中》	官员
嘉靖	刘良	嘉靖八年十月，太监刘良奉旨督造弘治正德中未完磁器三十余万。	[明]徐学聚《国朝典汇》卷一九八《工部十三·烧造》	太监
	祁敕	嘉靖十一年春二月乙巳，逮饶州知府祁敕下狱，以稽圜邱磁器也，寻降边方杂职。	[明]郭子章《豫章大事记》	官员
	黄裳	嘉靖十六年五月己卯朔，遣太常寺典簿黄裳往江西烧造长陵等陵白磁盘爵祭器。	《明世宗实录》卷二〇〇	官员
	陈裒	嘉靖十七年春正月壬午，谪江西巡按御史陈裒为韶州府推官，以烧造磁器违限也。	[明]郭子章《豫章大事记》	官员

续表

时期	姓名	督陶资料	文献出处	督陶身份
嘉靖	戴 鷟	升副使兵备饶州，兼督造尚方磁器。先是窑户争利，时持矛相杀，乃为条画禁治，争斗遂息。	[明]过庭训《国朝分省人物考》卷四八	官员
	杨锡文、陈 炼	嘉靖三十四年，江西进磁器，上以色浅不堪，命查经管人员。及回奏，下监督同知杨锡文、通判陈炼于抚臣逮问，巡按御史吴遵并司府官，俱夺俸有差。	[明]唐龙《停差烧造太监疏（正德十四年）》	官员
	范永官	管该厂推官范永官烧造除官厂外，定给民窑每二样一口，给赏银二十两。	万历《江西省大志》卷七《陶书·回青》	官员
	潘元度	工夫该工食银两四千四十四两，俱行七县，于丁粮四差银内追征，解厂查给各夫。近该管厂通判潘元度径呈裁减。	万历《江西省大志》卷七《陶书·人夫》	官员
	王允武	该管厂通判王允武定给大样缸每口给银二十两，二样缸每口给银一十八两。	万历《江西省大志》卷七《陶书·回青》	官员
	钱复初	该管厂推官钱复初议呈，每大样缸一口，给银二十三两。二样缸一口，银二十两。蒙允议行。	万历《江西省大志》卷七《陶书·回青》	官员
	方叔猷	近该饶州府通判方叔猷管厂，设造木天平，分与各匠作类称，由是器皿大小轻重适匀，无有厚薄轻重之不同矣。	万历《江西省大志》卷七《陶书·砂土》	官员
	罗 钦	通判南康，监烧御窑。	道光《安徽通志》卷二〇一《人物志》	官员
隆庆	陈学乾	隆庆五年，通判陈学乾议称，上工夫三百六十七名，多被在官人役包占。	万历本《江西省大志》人夫条	官员
		先是，南康通判陈学乾议得烧造事关通省，合无除南赣二府极远外，于附近府佐内遴选委管，一年交代。	万历本《江西省大志》设官条	官员
	洪一夔	（隆庆六年）本年捌月内，奉诏停止烧造，随该管厂委官九江府同知洪一夔将前发回青贰百壹拾斤解回本司，贮收银库。	潘季驯:《清查回青招由疏》，《潘司空奏疏》卷六	官员

续表

时期	姓名	督陶资料	文献出处	督陶身份
万历	蒋　建	万历六年，内该管厂同知蒋建，见得该所军匠疲困，相应俯恤，尽行停征。	万历《江西省大志》卷七《陶书·人夫》	官员
	张化美	万历十一年间，该管厂同知张化美见得麻仓老坑土膏已竭，掘挖甚难，每百斤加银三分。	万历《江西省大志》卷七《陶书·砂土》	官员
	潘　相	万历二十七年二月，潘相督理江西瓷厂。	［清］张廷玉等《资治通鉴纲目三编》卷二六	太监
		万历初，内侍潘相监陶务，好兴作，僭侈拟宸内。厂事委于官吏，下不堪命，人情汹涌，台省交章纠相，遂撤回京，终明之世中涓弗遣。	乾隆《浮梁县志》卷一二《杂记下·述旧》	
		万历三十四年三月乙亥，江西矿税太监潘相以矿撤驻，望移住景德镇，上疏请专理窑务。……从之。	《明神宗实录》卷四一九	
	沈　榜	万历二十七年十一月丁卯，原任饶州府通判今升荣府审理沈榜，有窑户连名保留，乞令以原官专管烧造。	《明神宗实录》卷三四一	官员
	刘　岳	万历三十年，布政司发各县合银盖造，鄱阳县丞刘岳带管厂务，督立牌坊，重建堂庑，颇称壮丽。	乾隆《浮梁县志》卷五下《物产志·陶政》	官员

总体而言，品官督陶要比宦官督陶有利于瓷业的发展，尤其是明代早期的品官，督陶时往往能兢兢业业，恪尽职守，并且体恤工匠，关心民众，颇受好评。他们不仅能较好地完成烧造任务，而且平稳推动了景德镇制瓷技术的发展，如洪武时期的段廷珪，永乐时期的郑弘，成化时期的周芳誉、何瓛，正德时期的刘勖等。明代晚期的品官虽比宦官督陶有利，但同样压迫和剥削民窑，如在“官搭民烧”制度实行后，官窑给民窑“每大样缸一口，给银二十三两。二样缸一口，银二十两”，仅支付了官窑原估值中的工食费和少量原料费①。对工匠而言，虽有压迫和剥削，但仍能维持生活。而宦官督陶则不然，他们往往贪黩酷虐，官商勾结，中饱私囊，欺压百姓，鞭笞工匠，以致瓷政腐败，瓷业生产及制瓷技术发展均受到严重的影响，使以瓷业而著称的景德镇从“以陶利”变为“以陶病”②。

由于宦官的横征暴敛，使瓷器的生产费用激增，“虽曰瓷器，计其所费，不减银器之价。”同时又加大力度对制瓷工匠进行剥削和压榨，致使明代的陶瓷工匠们负担很重，苦不堪言。江西“辄以陶故加赋”，使“公私方苦匮”。宦官张善的贪婪和压榨就是典型一例，“宣德二年十二月，内官张善往饶州监造磁器，贪黩酷虐，下人不堪，所造御用器多以分馈其同

① 参见梁淼泰：《明清景德镇城市经济研究》，江西人民出版社1991年版，第55页。

② 彭涛：《明代宦官政治与景德镇的陶政》，《南方文物》2006年第2期，第114~121页。

列。事闻,上命斩于都市,枭首以徇"。唐龙在《停差烧造太监疏》中就详细地列举了宦官督陶之害:"臣惟镇守太监一到地方,凡百供应役使,与夫无名之征,岁该银几万两。奏带参随供奉又该银几万两。至于烧造太监,应办物料与供应役使之人,岁该银二万七千余两,通总计银十万余两,皆取于民。未几镇守、烧造太监相继差出,百姓闻之,相顾失色,且瞑且泣曰:人祸乃至乎。"在《陶说·序首》中也有类似记载:"自有明以来,惟饶州之景德镇独以窑著。在明代以中官莅其事,往往例外苛索,赴役者多不见寸直,民以为病。"[①]

工匠在受到残酷剥削和压榨的同时,还不时遭到肉体和精神上的鞭挞和摧残。其中以宦官潘相最为酷烈,乃至"景德之民,欲食其肉","万历年间,太监潘相监造御器,派直望火,族多畏缩,公(童宾)毅然赴公。无何,龙缸不成,百工受累,公恻然不忍,于己亥年十一月初八子时将身赴火"。明官窑内还设有狱房用以关押工匠。由于宦官的暴政和贪婪,使工匠生活苦不堪言,最终激起了工匠的强烈反抗。万历二十九年(1601 年)杨信三率三万工匠焚烧官窑新建厂房,毁坏瓷器,使这种反抗宦官的抗争达到了高潮[②]。因此,在这种生存都难以为继的状态下,工匠们必然没有心思主动提高制瓷水平,改进制瓷工艺,他们也不存在这样的空间、时间和资本,唯有应付了事。可见,宦官督陶使瓷业生产及制瓷技术发展均受到严重的影响。虽是如此,我们也应该看到,在宦官的强力压榨和压迫下,广大陶工也被迫取得了一些成就,如大龙缸的烧造成功,客观上促进了制瓷水平一定程度的提高。

对于明代宦官督陶,也存在少数作风较好、善于管理并较有作为的人物。如成化年间的督陶官邓原,就是一位明代宦官中凤毛麟角的清正廉洁之辈。他在景德镇督陶期间,亲民善政,颇有作为。而朱元佐督陶时更是取得了较大成就,他在《监陶登朝天阁冰立堂观火诗》中既描述了当年景德镇陶瓷烧造时火光冲天的盛况,又流露出其在官窑督陶,责任重大、如履薄冰的心情。实际上成化年间烧造的大量高雅的优质瓷器,是与其间几位具有较高文化素养的督陶官有一定关系的[③]。成化年间在玲珑瓷的基础上创出了青花玲珑瓷工艺,完善了将釉下青花和釉上多种色彩相结合的斗彩(如图 3.2)装饰工艺,还有填彩工艺等,揭开了我国彩绘瓷的新时代[④]。这些工艺技术的出现同样与成化年间的几位督陶官的亲民善政是分不开的(见表 3.1)。纵观明代其他时期取得的制瓷成就,如永乐年间开创的玲珑瓷工艺、创烧的祭红釉及翠青釉,宣德年间创烧的宝石红釉及天青釉(如图 3.2),嘉靖年间在斗彩基础上演变出的青花五彩工艺等,我们发现在这些时期的督陶官至少是兢兢业业、恪尽职守、体恤民情的,能够较好地完成烧造任务。因此,可以认为明代督陶官的个

① [清]朱琰:《陶说》,序首,转引自熊寥、熊微:《中国陶瓷古籍集成》,上海文化出版社 2006 年版,第 317 页。

② 参见彭涛:《明代宦官政治与景德镇的陶政》,《南方文物》2006 年第 2 期,第 114~121 页。

③ 参见彭涛:《明代宦官政治与景德镇的陶政》,《南方文物》2006 年第 2 期,第 114~121 页。

④ 参见洪卫宁:《从历史典籍看景德镇官窑御器的演变》,《景德镇陶瓷》2004 年第 3 期,第 45~47 页。

(a) 成化斗彩团莲纹高足杯

(b) 永乐祭红釉印花云龙纹高足碗

(c) 永乐翠青釉罐

(d) 宣德宝石红釉碗

图 3.2　故宫博物院藏品[①]

人素养和品格,是在一定程度上决定景德镇瓷业及制瓷技术水平发展方向的。并且他们对瓷器质量的严格要求,对窑务的严加追督,客观上也促进了瓷器的质量精益求精,推动了景德镇瓷业的发展,一定程度上提高了制瓷技术水平。

2. 清代督陶官对瓷业技术的影响

在清代早中期的康熙、雍正、乾隆时期,御窑瓷器的制作达到了中国古代瓷业生产的顶峰,取得了一系列极高的工艺和技术成就,这与该时期的督陶官制度及该制度下的有效管理是分不开的。该时期的督陶官,如臧应选、郎廷极、年希尧、唐英等,忠诚于宫廷及御窑制造业,他们勤勉自励,潜心研究,努力创新,结合其对御窑精心有效的管理,使清御窑的陶瓷艺术达到了登峰造极的境界[②]。而他们督陶期间的景德镇御窑厂,也被人们以其姓氏来命名,分别尊称为“臧窑”“郎窑”“年窑”及“唐窑”。这也是人们对督陶官及其督陶成就的最大肯定和最高褒奖。

① 故宫博物院官方网站,http://www.dpm.org.cn。

② 参见刘淼:《督陶官与清代前期御窑的成就》,《中国历史文物》2007 年第 2 期,第 52~59 页。

首先，督陶官均为品官且多出自内务府，具有较高的专业素养和艺术禀赋，为制瓷技术的研究和创新提供了基础条件。

清初康熙、雍正、乾隆三位皇帝均有着极高的艺术造诣和审美情趣，他们都对陶瓷事业显示了异常的关心和重视。他们吸取了明代督陶官督陶的经验教训，对督陶官的任用非常谨慎，有选择地加以委派。此时派往御窑的督陶官多是出自内务府的品官，并且于雍正五年（1727年）设立的协造官，同样是出自内务府的品官，表3.2为清代景德镇御窑厂督陶官及协造官一览表[①]。乾隆"唐窑"时著名的协理官老格是由内务府总管海望保奏派厂协造的。协造官主要负责御窑厂生产的具体制作和日常管理，长期驻扎景德镇，协助督陶官完成御窑厂生产任务。协造官本是三年一换，由于唐英重视，在唐英的奏请下，老格持续驻厂，总共做了二十多年的协造官，辅助了七位督陶官，是清代任期最长的协造官，也是清代功绩卓著的协造官。

表3.2 清代景德镇御窑厂督陶官及协造官一览表

督陶官	时任职务	任期	协造官	任期
董显忠	分守饶南九道	顺治十年至顺治十二年	无	
郎廷佐	江西巡抚	顺治十一年至顺治十三年	无	
安世鼎	巡南道	顺治十一年，结束时间不详	无	
王天眷	分守饶南九道	顺治十二年至顺治十三年	无	
王　锳	饶南九道参政	顺治十三年至顺治十五年	无	
张朝璘	江西巡抚	顺治十三年至顺治十八年	无	
张思明	分守饶南九道	顺治十五年	无	
噶　巴	工部理事	顺治十六年	无	
王日藻	工部郎中	顺治十六年	无	
徐廷弼	广储司郎中	康熙十九年至康熙二十一年	无	
李延禧	广储司主事	康熙十九年至康熙二十一年	无	
臧应选	工部虞衡司郎中	康熙二十二年，结束时间不详	无	
车尔德	笔帖式	康熙二十二年，结束时间不详	无	
郎廷极	江西巡抚	康熙四十四年至康熙五十一年	无	
安尚义		康熙五十八年至雍正四年	无	

① 参见陈宁、徐波：《明清时期景德镇御窑厂督陶官的文献考察》，《中国陶瓷工业》2011年第4期，第23~30页。

续表

督陶官	时任职务	任期	协造官	任期
年希尧	总管内务府大臣，管理淮安关务	雍正四年至雍正十三年	赵元	雍正五年
			唐英	雍正六年至乾隆元年
唐　英	先后担任内务府员外郎、淮安关监督、九江关监督	乾隆元年至乾隆十四年，乾隆十七年至乾隆二十一年	默尔参莪	乾隆二年至乾隆六年
			六十三	乾隆六年
			老格	乾隆六年至乾隆十四年，乾隆十七年至乾隆二十一年
惠　色	九江关监督	乾隆十五年至乾隆十六年	老格	乾隆十五年至乾隆十六年
尤拔世	九江关监督	乾隆二十一年至乾隆二十四年	老格	乾隆二十一年至乾隆二十四年
舒　善	九江关监督	乾隆二十四年至乾隆二十七年，乾隆三十一年至乾隆三十三年	老格	乾隆二十四年至乾隆二十七年，乾隆三十一年至乾隆三十三年
			百岁	乾隆二十四年至乾隆二十七年
海　福	九江关监督	乾隆二十八年至乾隆三十年	老格	乾隆二十八年至乾隆三十年
			百岁	乾隆二十八年
瑭　琦	驿盐道暂管九江关务	乾隆三十三年	老格	乾隆三十三年
伊龄阿	九江关监督	乾隆三十三年至乾隆三十七年	老格	乾隆三十三年至乾隆三十四年
全　德	九江关监督	乾隆三十七年至乾隆四十二年，乾隆六十年至嘉庆二年	葆广	乾隆三十九年至乾隆四十二年
			丰绅	乾隆四十二年
苏凌阿	九江关监督	乾隆四十三年	葆广	乾隆四十三年
			丰绅	
额尔登布	九江关监督	乾隆四十四年至乾隆四十八年	葆广	乾隆四十四年至乾隆四十五年
			丰绅	乾隆四十四年至乾隆四十八年
			延藩	乾隆四十五至乾隆四十八年
			连喜	乾隆四十八年
穆克登	九江关监督	乾隆四十九年至乾隆五十年	延藩	乾隆四十九年至乾隆五十年
			连喜	
虔礼宝	九江关监督	乾隆五十年至乾隆五十一年	连喜	乾隆五十年至乾隆五十一年

续表

督陶官	时任职务	任期	协造官	任期
海　绍	九江关监督	乾隆五十一年至乾隆五十四年	连喜 德纯	乾隆五十一年
达桑阿	九江关监督	乾隆五十四年	无	
善　泰	九江关监督	乾隆五十五年	无	
福　昌	九江关监督	乾隆五丨五年至乾隆五十七年	无	
陈大文	广饶九南道管九江关税务候补道	乾隆五十七年	无	
福　英	九江关监督	乾隆五十七年至乾隆五十九年	无	
刘　朴	九江关监督	嘉庆四年	无	
阿林保	九江关监督	嘉庆四年至嘉庆五年	无	
阿克当阿	九江关监督	嘉庆五年至嘉庆十年	无	
广　惠	九江关监督	嘉庆十年至嘉庆十七年，嘉庆二十三年至嘉庆二十五年	无	
德　泰	九江关监督	嘉庆十七年至嘉庆二十年	无	
任兰祐	九江关监督	嘉庆二十年至嘉庆二十三年	无	
常　兴	九江关监督	道光元年至道光二年	无	
费履升	九江关监督	道光二年至道光四年	无	
郑祖琛	九江关监督	道光四年至道光五年	无	
克蒙额	九江关监督	道光五年至道光八年	无	
祝　麟	九江关监督	道光八年至道光十二年	无	
彭　年	九江关监督	道光十二年	无	
德　顺	九江关监督	道光十二年至道光十九年	无	
福　泰	九江关监督	道光十九年至道光二十年	无	
魏　襄	九江关监督	道光二十年至道光二十一年	无	
麟　柱	九江关监督	道光二十一年至道光二十二年	无	
普　琳	九江关监督	道光二十二年至道光二十三年	无	
蒋方正	九江关监督	道光二十三年	无	
图　璧	九江关监督	道光二十三年至道光二十七年	无	

续表

督陶官	时任职务	任期	协造官	任期
士　魁	九江关监督	道光二十七年至道光三十年	无	
德　新	九江关监督	道光三十年至咸丰二年	无	
陈景曾	九江关监督	咸丰二年	无	
义　泰	九江关监督	咸丰二年至咸丰三年	无	
恩　龄	九江关监督	咸丰四年至咸丰五年	无	
蔡锦青	九江关监督	同治二年至同治三年	无	
俊　达	九江关监督	同治四年至同治六年	无	
景　福	九江关监督	同治七年至同治十一年	无	
许应鏅	九江关监督	同治十一年	无	
沈保靖	九江关监督	同治十二年至光绪三年	无	
吴世熊	九江关监督	光绪四年	无	
王嵩龄	九江关监督	光绪五年	无	
洪　绪	九江关监督	光绪六年至光绪十年	无	
李希莲	九江关监督	光绪十一年至光绪十七年	无	
涂椿年	九江关监督	光绪十八年	无	
诚　勋	九江关监督	光绪十九年至光绪二十五年	无	
明　征	九江关监督	光绪二十五年至光绪二十七年	无	
瑞　征	九江关监督	光绪二十八年至光绪三十一年	无	
汪瑞闿	九江关监督	光绪三十二年	无	
文　炳	九江关监督	光绪三十三年至宣统二年	无	

清早中期督陶官中无论是臧应选、郎廷极、年希尧还是唐英，他们自身都有着极高的艺术造诣和文化素养，且他们都热爱陶瓷事业。郎廷极文学、艺术成就俱高，酷爱古器，对陶瓷史很有研究，他“嗜古”，“呈艺事”，因而热心于陶瓷研究和创作。年希尧曾和郎世宁等宫廷画家共同研究绘画技巧，学习了西方的透视技法，并将该画法引入陶瓷装饰中，开辟了景德镇陶瓷装饰技术的新境界，促进了彩瓷的创新和发展。

然而，最具才华且最热爱陶瓷事业应是唐英。唐英 16 岁起供役于养心殿，42 岁授内务府员外郎。他善绘画，工书法，诗文曲谱样样精通，先后得到康雍乾三位皇帝的赏识[①]。

① 参见刘淼:《督陶官与清代前期御窑的成就》,《中国历史文物》2007 年第 2 期，第 52~59 页。

唐英虽然在出任官窑协理官之前，对陶瓷生产的各方面很陌生，但他通过“用杜门，谢交游，聚精会神，苦心竭力，与工匠同其食息者三年”的督陶实践，在制瓷技艺上取得了相当高的造诣，成为了一名充满自信、懂技术、会管理的著名督陶官①。唐英在其撰写的《陶务叙略》中，颇为自信地写道：“英虽不敢谓陶之微奥确信深知，然既习且久，其于制造之器皿条目、款釉尺寸、工匠钱粮、暨夫赏勤劝惰之大略，不无一得之愚。”②从此，唐英长期在陶瓷生产第一线上，与老格一起千方百计进行研究和创新，推动了清初御窑制瓷技艺的发展。

由于这一时期的督陶官任期较长，对陶瓷的生产工艺熟悉，并且清代御窑同明代官窑相比制度更加松散，彻底实行“官搭民烧”后，减轻了御窑的负担，从而也减轻了御窑督陶官的负担③。因此，清代督陶官的任务不再局限于督理一般的瓷器烧造，更重要的是带领御窑中少而精的才技优异之人从事陶瓷生产的研究，追求更高的陶瓷艺术和技术，烧造一些难度较大的品种、仿烧历代名窑品种，以及创制新品种，这一性质也明显推动了景德镇制瓷技艺的发展④。

其次，完善的清代督陶官制度和恤民措施，充分调动了工匠和民窑生产的积极性和创造性，提高了御窑厂的生产效率。

清早中期御窑的陶政管理达到了“政善工精”的程度，督陶官们深知“民以陶利，亦以陶病”⑤的道理，而且明白“得其道则事半功倍，失其道则功废人劳”⑥，本着“工匠疾苦宜恤，商户交易宜平”⑦的宗旨，无论在陶政管理制度上还是在福利上，均采取了一系列利民、恤民的措施，从而充分调动工匠和民窑生产的积极性和创造性，这也是清早中期御窑取得巨大成就的关键原因之一⑧。

在清早中期御窑的生产上，匠籍制度已尽数废除，雇佣制全面实施，御窑厂多数的工匠夫役人员均由雇佣匠役组成，并且完全按照当地窑户雇工计价付酬，建立了窑工银专项保证制度，尤其雍乾时期不再有克扣现象，还逐步建立了比较完整的瓷务清册制度，因此此时“惠工给值，供役无扰；民安而物阜，工勤而器良”⑨，并且为了

① 参见李其江、吴军明、张茂林等：《〈陶冶图说〉制瓷技术理论化的特点及价值》，《陶瓷学报》2012年第1期，第103~107页。

② ［清］唐英：《陶务叙略》，转引自熊寥、熊微：《中国陶瓷古籍集成》，上海文化出版社2006年版，第295页。

③ 参见刘淼：《督陶官与清代前期御窑的成就》，《中国历史文物》2007年第2期，第52~59页。

④ 参见周思中：《更专业的督陶官与更自由的工匠——清代御窑的六大特点之三、之四》，《紫禁城》2007年第9期，第170~179页。

⑤ 转引自刘淼：《督陶官与清代前期御窑的成就》，《中国历史文物》2007年第2期，第52~59页。

⑥ 转引自刘淼：《督陶官与清代前期御窑的成就》，《中国历史文物》2007年第2期，第52~59页。

⑦ 转引自刘淼：《督陶官与清代前期御窑的成就》，《中国历史文物》2007年第2期，第52~59页。

⑧ 参见刘淼：《督陶官与清代前期御窑的成就》，《中国历史文物》2007年第2期，第52~59页。

⑨ 转引自刘淼：《督陶官与清代前期御窑的成就》，《中国历史文物》2007年第2期，第52~59页。

激发御窑工匠们的热情，获得工匠们的信赖和支持，进一步提高其积极性。清初督陶官还为其专门实行了一系列的社会福利措施，尤以唐英时最为细微和有效。“匠有疾病者，延医制药而急救；匠居窘窄者，买房赏住以安身；年迈匠人，另赐衣帛食肉；众餐余积，呼来童叟均分。”“冬闻匠有债急，预叫金银；空囊而旅丧无依者，济以买棺买葬；将娶而未能娶者，周其室宜其家。”[①] 同时，施行“赏勤儆怠”的奖惩办法，也在一定程度上激发了工匠们的生产热情。这些都对瓷业生产和制瓷技术发展起到了推动作用[②]。

因此，清初景德镇出现了“镇人日益盛，镇陶日益精，莫不奋兴鼓舞”的景象。以下仅重点介绍清早中期臧窑、郎窑、年窑、唐窑取得的制瓷技术成就。

(1) 臧窑制瓷技术成就

臧窑是指康熙二十年(1681年)二月至康熙二十七年(1688年)间，工部虞衡司郎中臧应选负责督造的御窑，它代表了康熙早期景德镇的制瓷水平。《景德镇陶录》卷五中记载：“康熙年臧窑，厂器也，为督理官臧应选所造。土埴腻，质莹薄，诸色兼备，有蛇皮绿、鳝鱼黄、吉翠、黄斑点四种尤佳。其浇黄、浇紫、浇绿、吹红、吹青者亦美，迨后有唐窑，犹仿其釉色。”[③] 说明了臧窑的两个特点：其一，胎质细腻温润，釉层薄而莹亮。这是清代瓷器区别于明代瓷器的总体胎釉特征，从此，这也作为一种新的官窑风格和审美标准得以确立，并逐渐对民窑的风格产生影响。其二，臧窑创烧了新的单色釉品种，并且异常精美，以至于“唐窑尤仿其釉色”。实际上，臧窑的主要成就就在单色釉的创烧上。臧窑的另一个成就则是开始试烧珐琅彩瓷，《瓷器概说》中“珐琅彩瓷”条记载：“清代瓷器中有一种至精至美、驰誉全宇之品，……即世所称古月轩器也。考此类彩瓷，肇端于康熙二十年后，臧应选督造之时。”但是此时的珐琅彩瓷仅处于试烧的初期阶段，直到康熙末期才取得成功[④]。

(2) 郎窑制瓷技术成就

郎窑是指康熙四十四年(1705年)到康熙五十一年(1712年)间，江西巡抚郎廷极负责督造的御窑，它代表了康熙晚期景德镇的制瓷水平。郎窑最显著的成就在于以其窑名命名的高温铜红釉郎窑红的烧制成功，如图3.3(a)为康熙郎窑红釉观音尊。这是在仿宣德宝石红(祭红)的基础上烧制成功的一种名贵红釉。其深沉的色泽，犹如凝结的牛血一样艳丽，故也称其为牛血红，器物里外开片，釉面透亮，既有玻璃光泽般的鲜艳夺目，又有红

① 转引自刘淼：《督陶官与清代前期御窑的成就》，《中国历史文物》2007年第2期，第52~59页。

② 参见李霞：《清代乾隆仿生瓷初步研究》，吉林大学硕士学位论文2010年。

③ [清]蓝浦：《景德镇陶录》卷五《景德镇历代窑考》，京都书业堂光绪十七年本。

④ 参见刘淼：《督陶官与清代前期御窑的成就》，《中国历史文物》2007年第2期，第52~59页。

宝石一样深沉瑰丽，所谓“华而不俗，色正朱”，极为名贵，为历代珍品[1]。从此，在明宣德之后逐渐衰退的高温颜色釉开始复兴，并得以迅速发展。郎廷极为满足康熙皇帝崇古的审美喜好，不仅仿明代铜红釉，还仿宣德青花，成化青花、斗彩和永乐白釉脱胎器等。康熙时期刘廷玑在《在园杂志》中给予郎窑仿古技艺很高的评价：“仿古暗合，与真无二。其摹成宣，釉水颜色、橘皮棕眼、款字酷肖，极难辨别。”[2] 此外，与郎廷极同时期的许谨斋在其《郎窑行·戏呈紫衡中丞》诗中也盛赞郎窑的仿制技艺，“宣成陶器夸前朝，……迩来杰出推郎窑，……郎窑本以中承名，……敏手居然称国器，比视成宣欲乱真，乾坤万象归陶甄；雨过天青红琢玉，贡之廊庙光鸿钧”[3]。

郎窑还引进了西洋胭脂红釉，因釉中含金而愈显珍贵。郎窑在装饰技法上创新工艺成就主要有：一是开创了在素烧胎上施以绿、黄、茄紫三色的素三彩装饰方法，拓宽了彩绘装饰的方式；二是在已有素三彩瓷器的黄、绿、紫三种色彩的基础上，加入了当时特有的蓝色。另外，有“始于康熙，精于雍正，盛于乾隆”之说的粉彩瓷，初创于康熙晚期，可能出自郎窑[4]。粉彩瓷是在康熙五彩瓷绘画基础上，汲取珐琅彩制作工艺而创制的一种釉上新品种。如图 3.3(b)为康熙粉彩花蝶纹盘，此盘用平涂法绘画，画笔简练，施彩较厚，色阶不够丰富，显示出粉彩瓷器初创阶段的特点。而成熟时期的粉彩瓷可与珐琅彩相媲美。

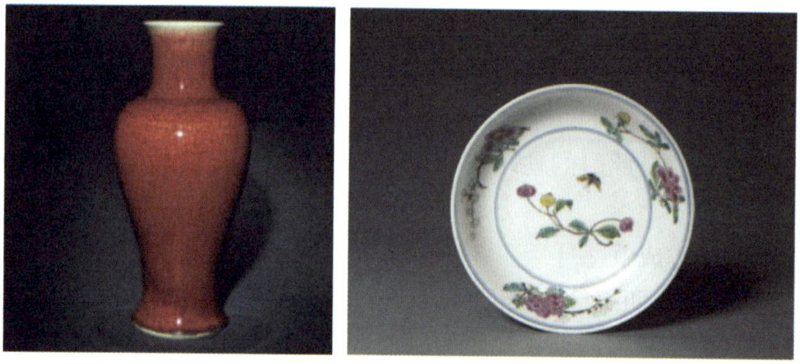

(a) 康熙郎窑红釉观音尊　　(b) 康熙粉彩花蝶纹盘

图 3.3　故宫博物院藏品[5]

① 参见洪卫宁：《从历史典籍看景德镇官窑御器的演变》，《景德镇陶瓷》2004 年第 3 期，第 45~47 页。

② [清]刘廷玑：《在园杂志》，转引自熊寥、熊微：《中国陶瓷古籍集成》，上海文化出版社 2006 年版，第 244 页。

③ 转引自方圆：《论郎廷极对高温颜色釉瓷发展的贡献》，《景德镇陶瓷》2011 年第 4 期，第 26~27 页。

④ 参见邹晓松：《论粉彩肇源的工艺基础》，《装饰》2005 年第 2 期，第 38~39 页。

⑤ 故宫博物院官方网站，http://www.dpm.org.cn。

(3) 年窑制瓷技术成就

雍正四年(1726 年)至乾隆元年(1736 年)间，督理淮安板闸关税务的年希尧兼管御窑，这时期的御窑被称为“年窑”。年希尧督理窑务，基本属于遥领，雍正五年(1727 年)有赵元驻厂协助其总理窑务，而从雍正六年(1728 年)开始，唐英便以内务府员外郎之职奉命驻厂协理窑务。“驻厂协理官每月于初二、十六两期，解送色样至关呈请，岁领关帑。”因而年窑的成就主要应为年希尧与唐英两个人共同的贡献，又尤以唐英为主。

年窑时“物力富裕，工事精良”，继续仿前朝名瓷，成就最高。《景德镇陶录》中记载：“厂器也，……选料奉造极其精雅，……琢器多卵色，圆器莹素如银，皆兼青彩，或描锥暗花玲珑诸巧样，仿古创新，实基于此。”[①] 年窑仿古名瓷，瓷质莹洁，工艺精良，尤以仿古青瓷技术最佳。同类青釉制品的色泽均匀，达到了青瓷烧造历史上最成熟的水平。徐康《前尘梦影录》中称其为“雨过天晴”[②]。唐英于乾隆元年(1736 年)所作的《陶成纪事碑》中记录了雍正年间仿古及创新的釉种 57 种，也是 57 种釉料配制及烧成工艺，成果极为丰富，涉及釉料的诸多领域。其中新品种有新紫、米色、天蓝、窑变四种钧釉、炉钧釉，新制龙泉宝烧有三鱼、三果、三芝、五福四种、法青釉、西洋紫色器皿、抹银器皿、彩水墨器皿，山水人物花卉翎毛仿笔墨浓淡之意、浇黄五彩器皿、洋彩器皿、黑地白花及黑地描金仿乌金釉、西洋乌金器皿、抹金器皿等。

此时，由于宫中已成功炼制出珐琅彩料，珐琅彩瓷的烧造量剧增，需要的大量精致高质量的白胎薄瓷，均由御窑负责烧造。《陶雅》中称其为“质地之白，白如雪也；薄如卵幕，口嘘之欲飞”[③]，可见当时御窑已掌握极其高超的原料除杂、处理的技术。珐琅彩料的烧制成功，还促进了粉彩瓷彩绘料制备技术的发展，使粉彩瓷的制备技术日趋成熟。加上国画没骨法渲染手法的运用，突出了粉彩画面的阴阳、浓淡、深浅的立体感，使粉彩瓷真正可与珐琅彩相媲美，粉彩瓷在年窑时进入了兴盛时期，如图 3.4 为雍正粉彩蟠桃纹天球瓶。同时，粉彩的盛行，使斗彩的制作技艺也向前迈进了一步。以前的斗彩都是釉下青花和釉上五彩相结合，而年窑时期出现了釉下青花和釉上粉彩相结合的工艺，使彩色显得更鲜丽清逸，《南窑笔记》中评价其为“今仿造者，

图 3.4　雍正粉彩蟠桃纹天球瓶[④]

① [清]蓝浦:《景德镇陶录》卷五《景德镇历代窑考》，京都书业堂光绪十七年本。

② 参见汪庆正:《唐英和清雍正时期的制瓷成就》，《景德镇陶瓷》1982 年第 3 期，第 4 页。

③ 转引自刘淼:《督陶官与清代前期御窑的成就》，《中国历史文物》2007 年第 2 期，第 52~59 页。

④ 故宫博物院官方网站，http://www.dpm.org.cn。

增入洋色，尤为鲜艳”。

在釉下彩的烧制工艺上，青花釉里红的烧制水平达到了空前绝后的地步。青花釉里红是元代景德镇创制的、使用青花和釉里红共同装饰瓷器的釉下彩装饰技术。由于铜红料易挥发，并且与青花钴料要求的还原气氛的强弱不同，使青花和釉里红在同一环境中烧成，则难以使其两种色泽都达到良好的效果。基于此，明代宣德以后时常用釉上矾红来代替釉里红。根据北京故宫博物院和上海博物馆所收藏的清代青花釉里红瓷器，只有雍正时期才有青花和釉里红两种色泽都能十分鲜艳的成功之作[①]。正如《陶成纪事碑》所说的："釉里红器皿有通用红釉绘画者，有青叶红花者。"

(4) 唐窑制瓷技术成就

唐窑，顾名思义是指唐英督理的景德镇御窑，时间为乾隆元年(1736年)至十四年(1749年)和十七年(1752年)至二十年(1755年)。从唐英奏折中可以看出，唐英督陶的前三年是不驻厂的，经奏请之后也仅是每年赴厂两次，共有一两个月的时间参与陶瓷研制与生产。因此，唐窑的成就同样是唐英与协造官，尤其是得力助手老格共同取得的。

唐窑在年窑取得的各种仿古成就的基础上，继续仿制历代名瓷。特别是历来被视为夺天造化的“窑变”釉瓷，唐窑掌握了部分可控制的制备工艺参数，可以做到“人工窑变”[②]。还有明代大龙缸的仿制，唐窑也取得了成功，《景德镇陶录》中记载："自国初烧造龙缸未成，至唐窑始复其制，搭民窑烧。"[③]

唐窑最突出的工艺成就还是在于创新，体现在成型技术、装饰技术及烧成技术等各个方面。唐窑创新的器形有镂空转心套瓶、镂空转心瓶、镂空交泰瓶、通体镂空的灯罩、香薰、花篮、冠架、玲珑瓶等。在不影响这些器型坯体强度的基础上，充分发挥了成型技术和镂雕装饰技法，使其既可做陈设品，又具有实用价值，集艺术和工艺于一身，反映出其精湛娴熟的制瓷技艺。图3.5为清乾隆天蓝地开光镂空转心大套瓶，瓶高73厘米，口径31厘米，足颈28厘米，由口部、腹部、底部及内瓶组装而成。瓶腹部四面“开光”，镂空处呈栏窗式样，以粉彩装饰；内瓶瓶身彩绘西洋人物进宝图及桥、城、池、树等风景。当瓶的内心装置转动时，通过镂窗不仅可见到内瓶的通景纹饰，还能见到围绕内瓶转动的饰物(饰物已失)，甚为有趣。此瓶将新奇精巧熔于一炉，是唐窑瓷器创新技术成就的一个例证[④]。此瓶制作精巧，套瓶内有转心装置，故称转心套瓶，瓶内结构相当复杂，图3.6为此瓶的剖面图及内部结构示意图。内瓶无底，中心有由金属和木料制作的转心器。转心器由一根木制的长

---

① 参见汪庆正:《唐英和清雍正时期的制瓷成就》,《景德镇陶瓷》1982年第3期,第5页。

② 参见刘淼:《督陶官与清代前期御窑的成就》,《中国历史文物》2007年第2期,第52~59页。

③ [清]蓝浦:《景德镇陶录》卷十《陶录余论》,京都书业堂光绪十七年本。

④ 参见叶佩兰:《从故宫藏品看乾隆时期“唐窑”的新成就》,《故宫博物院院刊》1986年第1期,第35~41页。

图 3.5　清乾隆天蓝地开光镂空转心大套瓶①

轴与 8 个薄铜片制成的勺形扇叶及木制的菊花形齿轮组成。扇叶在上，齿轮在下，菊花形齿轮有 8 个花瓣，花瓣的尖端接出 8 根 L 形的铜丝围在内瓶底部的周围，铜丝上有饰物。整个装置架在内瓶底部的十字形的铜片上。它的动力产生于大瓶的颈部。大瓶颈部由瓷板封严，板面有一圆孔，孔下接一小铜管直通内瓶，铜管的口部对准内瓶里的勺形扇叶。由大瓶颈部板面圆孔向内注水，经铜管下流，当水流到扇叶时，水的冲力便引起扇叶和齿轮同时转动，8 根 L 形铜丝上面的饰物也就围着内瓶转动起来。此瓶内外结构严密，富有科学性。大瓶的所有附件配置得当，制作精确。譬如，并非通过烧结与大瓶连在一起的内瓶，其顶部的 3 个长方形开孔（孔长约 3 厘米、宽 2 厘米），和外瓶颈部内的 3 个瓷销、孔销对位，可以使内瓶固定。再如，考虑到水的冲力大小，内瓶的转动装置选用极轻薄的铜片做勺形扇叶，极轻而坚实的小木棍做中轴，因而极易转动；内瓶底部也有 4 个瓷销，十字形铜片就准确地固定于瓷销之上。水的处理也很巧妙，由上注入的水可以从底座中心的孔流到瓶外。从以上对此瓶成型工艺的剖析，不难看出当时科技的应用和瓷业技术的发展②。

从故宫珍藏的镂空交泰转心瓶，可以看出唐窑烧成技术的成就。图 3.7 为清乾隆黄地青花缠枝莲纹镂空丁字型纹交泰转心瓶。此瓶高 19.8 厘米，口径 9.2 厘米，足径 11.3 厘米，内外双层，上下三层，内瓶口部同外瓶口部扣合，可以转动。外瓶通体黄釉为地，绘青花缠枝莲纹饰，腹部镂空装饰，其纹样互相交错呈丁字型，而镂空处互不粘连，但又相连接形成一周镂空的纹饰，镂空纹饰间有一定间隙，可做微小的移动，这种镂花纹饰，俗称“交泰”。

---

① 故宫博物院官方网站，http://www.dpm.org.cn。

② 参见叶佩兰：《从故宫藏品看乾隆时期“唐窑”的新成就》，《故宫博物院院刊》1986 年第 1 期，第 35~41 页。

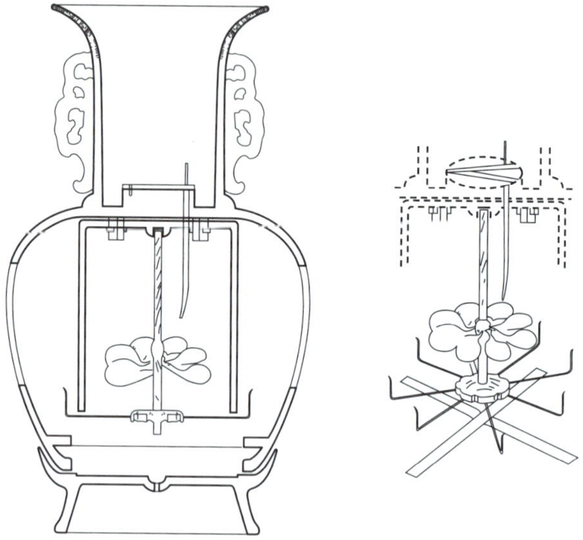

(a) 剖面图　　(b) 内部结构示意图

图 3.6　清乾隆天蓝地开光镂空转心大套瓶的剖面图及内部结构示意图[①]

图 3.7　清乾隆黄地青花缠枝莲纹镂空丁字型纹交泰转心瓶[②]

据清宫档案记载，此瓶是乾隆八年（1743 年）唐英和老格专门为皇帝观赏而特别精心制作的，寓意“上下一体，天下太平，万事如意”。此瓶腹部镂花部位，上下勾连，可以微小移动，却没有一处粘釉或支烧痕迹。其究竟是如何烧成的，值得学者研究，这也体现出唐窑高超

① 叶佩兰：《从故宫藏品看乾隆时期“唐窑”的新成就》，《故宫博物院院刊》1986 年第 1 期，第 35~41 页。
② 故宫博物院官方网站，http://www.dpm.org.cn。

的成型及烧成技术，同时也是《饮流斋说瓷》认为此时期的制瓷工艺“几于鬼斧神工”的原因之一[①]。

唐窑在釉彩装饰技术、方法和效果上的创新及成就，可以通过现存于故宫历代艺术馆里的“瓷母”（图 3.8）充分体现。整个器物运用了紫蓝地珐琅彩、松石地粉彩、仿哥釉、金釉（耳饰）、青花、松石绿釉、仿钧釉、斗彩、粉青釉、霁蓝釉描金、开光绘粉彩、仿官釉、绿釉、珊瑚红釉、仿汝釉、紫金釉 17 种釉彩，15 层纹饰，颈部对称夔耳，腹绘 12 扇开光吉祥图案。其中，金釉用在瓶口沿、瓶的夔耳以及各色釉之间的间隔条上；紫地花卉纹珐琅彩一周；蓝地花卉纹珐琅彩一周；仿汝釉一道；青花缠枝花卉纹一周；松石绿釉一道；仿钧釉的窑变釉一周；斗彩缠枝花卉纹一周；模印皮球花图案的粉青釉一周；霁蓝釉描金一周，其上有 12 幅长方形开光，内绘粉彩吉祥图案，其中 6 幅为写实图画，分别为“三羊开泰”“吉庆有余”“丹凤朝阳”“太平有象”“仙山琼阁”“博古九鼎”；另 6 幅为轧道粉彩万字、蝙蝠、如意、蟠螭、灵芝、花卉，分别寓意“万”“福”“如意”“辟邪”“长寿”“富贵”；仿哥釉一周；青花缠枝莲纹一周；绘蕉叶纹的淡绿釉一周；红地描金彩回纹一道；仿官釉一周；紫金釉描金花纹一道。此瓶集高、低温色釉及釉下、釉上彩于一体，其烧造工艺繁复至极。

图 3.8　瓷母[②]

而粉彩发展到唐窑时，也创新出轧道粉彩及开光粉彩等工艺。此时彩色地珐琅彩瓷上也采用轧道工艺，俗称“锦上添花”，极为精细，是前所未有的创新之举。唐窑采用粉彩

---

① 参见叶佩兰：《从故宫藏品看乾隆时期“唐窑”的新成就》，《故宫博物院院刊》1986 年第 1 期，第 35~41 页。

② 故宫博物院官方网站，http://www.dpm.org.cn。

装饰制作各种象生瓷(名出清代朱琰《陶说》)和仿工艺品技术也达到高度水平。象生瓷的色调形态与真物酷似,惟妙惟肖,生动传神。其模仿的种类主要有:禽鸟类,如鸡、鸭、鹤、鹌鹑盒等,多呈卧状;海螺、鱼类;果品类,如瓜果盘,盘内盛有瓜、石榴、樱桃、栗子、花生及螃蟹等;草虫类,如蝈蝈、蝉、螳螂等,如图 3.9。而仿工艺品主要有仿青铜器、漆器、大理石纹盒、木纹盒、织金锦、锦皮书函等,均可达到乱真程度,如图 3.10。另外,受西方文化影响而产生的西洋人物画及由“洋花”组成的图案,是乾隆时期唐窑瓷器装饰技术的一项特殊成就。

(a) 清乾隆粉彩瓷鸭

(b) 清乾隆粉彩鱼形汤盒

(c) 清乾隆象生瓷海螺

(d) 清乾隆款粉彩塑果品蟹盘

(e) 清乾隆款粉彩突雕残荷式洗

(f) 清乾隆珊瑚红南瓜瓷塑

图 3.9　乾隆象生瓷[①]

总之,唐窑在胎质、釉面、器型、装饰等方面,无论仿古还是创新,其制瓷技术无不登峰造极。

另外,在唐英督陶期间,还奉旨为宫廷的《陶冶图》做了说明(图由宫廷画师孙祐、周鲲、丁观鹏绘制)[②],以总结当时瓷器的制作过程及制瓷技术理论。《陶冶图说》一书系统总结提炼了我国清代前期制瓷技术,包括原料开采、处理及配制,坯料及釉料制备,窑具及模具制备,坯体成型及修整,施釉及装饰,烧制及开窑等工艺过程和理论,及其当时特有的祀

① 李霞:《清代乾隆仿生瓷初步研究》,吉林大学硕士学位论文 2010 年。
② 参见耿东升:《清乾隆珐琅彩荣华富贵灯笼尊》,文物出版社 2007 年版,第 8 页。

(a) 清乾隆木纹地粉彩松鹤纹笔筒

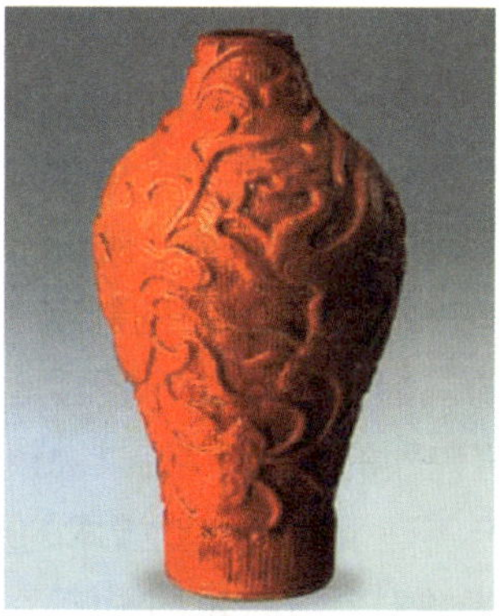

(b) 清乾隆仿漆釉雕螭小口瓶

(c) 清乾隆款仿铜器金彩牺耳尊

(d) 清乾隆款仿黑鲨鱼皮嵌钟表式壁瓶

图 3.10 乾隆仿工艺品瓷[①]

神酬愿的“神技理论”[②]。该书首次将陶瓷制备工艺完全以图文对照的方式记录下来，既全面真实地反映了我国清代前期的制瓷技术水平，又将御窑厂工匠口耳相传的工艺提升到相对全面、科学的理论高度。该书的出现初步改进了传统的制瓷技艺传承方式，扩大了技艺传播的途径，促进了制瓷技术的发展。这也是唐窑对景德镇制瓷技术的发展所做的一项特殊贡献[③]。

综上所述，我们可以看出，清代景德镇制瓷技艺取得的成就，有清代督陶官的巨大贡献，但同样离不开协造官的贡献。协造官均是出自内务府，并且非常熟悉景德镇制瓷工艺。

① 李霞：《清代乾隆仿生瓷初步研究》，吉林大学硕士学位论文 2010 年。

② 参见赵宏：《清唐英〈陶冶图说〉中的工艺观》，《景德镇陶瓷》1999 年第 4 期，第 39~43 页。

③ 参见李其江、吴军明、张茂林等：《〈陶冶图说〉制瓷技术理论化的特点及价值》，《陶瓷学报》2012 年第 1 期，第 103~107 页。

乾隆二十一年(1756年),唐英去世,之后景德镇御窑厂实际上是靠协造官老格勉力维持,乾隆三十三年(1768年)老格因病离职后,制瓷水平欲振乏力。随着清政府政治日益腐败,经济日渐衰退,乾隆五十一年(1786年)时,为了裁员省费,朝廷不再委派内务府官员到厂督陶,直接命九江关使总理,每岁巡视。同年由于发生渎职侵用事件,副协造德纯畏罪自尽,结束了由内务府派员监造官窑的制度,改由驻镇饶州同知及景德镇巡检司就近共同监造督运。协造官的裁撤,督陶官的遥领,是清后期瓷业发展明显倒退的重要原因,这直接影响了景德镇御窑瓷器的烧造质量,景德镇御窑厂从此开始衰败[①]。

(二)官窑生产管理模式对瓷业技术的影响

1. 窑务经费来源对瓷业技术的影响

明清时期景德镇官窑的窑务经费,均由朝廷承担,但又有极大区别。明代窑务经费大都摊派地方官府,在明代前期,由于吏政清明,经济发展较快,仅给地方官府带来一定压力,朝廷负担人力物力,使明前期景德镇官窑的制瓷技术得到长足发展。明代后期,朝廷腐败,吏政不清,国力空虚,地方官府已难以承担这笔巨额开支。此时朝廷不仅将原料等烧造费用分派各官府,且解运御器的箱子及包器的棉花、黄纸诸项,甚至给予雇佣工匠的工钱都摊派给官府,而官府则又转嫁当地民间,遂多有纠纷,民间百姓及工匠负担过重,疲于奔命,致使窑务时常不能完成,这成为明代官窑的一大弊端[②]。如弘治十六年(1503年)七月江西按察司佥事任汉上地方事宜,其中有:"一谓江西地狭产薄而科赋比常加倍,景德镇烧造瓷器所费不赀,卫所军士有半年不得支粮者,乞暂将解京折量银两并起解运,兑军粮未减半坐派多剩留以济军士,其军需颜料并瓷器之类亦暂停免二三年。"嘉靖三十三年(1554年):"陶有料价,明时初系布政司公币支给,嘉靖二十五年,烧造数倍,十百加派合省随粮带征银一十二万两,专备烧造,节年支尽。三十三年又加派银二万两亦烧造支尽。"万历二十二年(1594年)二月辛酉:"工部以江西土瘠民贫,连年灾侵,请停减烧造瓷器,不从。"万历三十年(1602年)十二月甲申:"大学士沈一贯等言…… (潘)相又请添解送瓷器船只每府各造一只,每只当费万金,江西十三府当费十三万。"[③]由此可以看出,明代后期官窑的烧造,实际上是地方官府和百姓的负担,是对百姓的剥削,引起百姓的极大不满,不利于景德镇瓷业发展及制瓷技术的进步。

---

① 参见陈宁、徐波:《明清时期景德镇御窑厂督陶官的文献考察》,《中国陶瓷工业》2011年第4期,第23~30页。何新会、李伟:《清前期景德镇御窑管理制度刍议》,《郑州航空工业管理学院学报(社会科学版)》2009年第3期,第67~69页。

② 参见周思中:《"影子窑场"与"财出内府,不扰地方"——清代御窑的六大特点之五、之六》,《紫禁城》2007年第10期,第130~135页。

③ 参见周思中:《"影子窑场"与"财出内府,不扰地方"——清代御窑的六大特点之五、之六》,《紫禁城》2007年第10期,第130~135页。

而清代窑务经费则出自内府，不扰地方。《浮梁陶政志》中记载自康熙二十年臧应选驻厂督造后，“每制成之器，实估价值陆续进呈御览。凡工匠物料动支正项钱粮，按项给发，至于运费等项并不贻累地方，经画多方，官民称便”①。而《陶说》中也有“向有上工夫派饶州属邑者悉罢之，每开窑，鸠工庀才，动支内府，按时给值，与市贾适均”②的记载。御窑烧造中所需要的窑务经费，在臧窑时是用江西藩库的正项钱粮，由工部奏销；年窑时，用淮关税银，岁底呈销内务府；唐窑时，唐英奏请改用九江关税银，岁底呈销内务府，获批准并一直沿用此制度③。

唐英《奏请改由九江关动支银两经办陶务折》：“今奴才荷蒙天恩，畀令专司窑务，凡烧造之器，配座、装桶、解运；奴才俱在江西一手办理，直送京师，以免由淮绕道，耽延时日。既不在淮配座解运，似不必专需淮关银两。况淮关去江西二千余里，从前淮关解银到厂，俱咨明两江总督臣沿江拨兵护送，夜则寄贮地方官库，未免文案声扬，且恐传造器多，每年一万两不敷所用，奏淮之后，再移淮请领，往返动经数月，匠作人等不能停工以待。且今再用淮关银两，不无远不及济之虞。奴才思江西有九江一关，附近窑厂二百四十里，移取甚便，或于九江关赢余内每年动支一万两，如不敷用，再行奏请添支，年满报销。淮安、九江两关均属赢余钱粮，一转移之间，不独于公事有济，且免护送声扬之繁。……朱批：有旨命汝管九江关税。望汝即照此奏办理可也。”④从中可以看出，唐英为了节省解运经费及时间，把所有烧造的瓷器配座、装桶、起运，都在江西办理，直送京师。而改由九江关调拨银两，不会因为一万两窑务经费不敷所用，在请领经费时耽误大量时间，能够更好地使御窑厂运作而不停止，也节省了由淮关运银的费用。乾隆皇帝批准了唐英的提议，同时任命他为九江关监督。经过几任督陶官的努力，清代的窑务经费制度愈发完善。

而清代预支窑务经费的机构都掌握在督陶官手里。臧应选督陶时为工部虞衡司郎中，年希尧督陶时为淮安板闸关监督，唐英督陶时则为九江关监督，之后的督陶官也均是九江关监督。因而清代督陶官较明代来说有更多的自主权，他们在陶务上都能更灵活做事，保障了御窑陶瓷生产及技术研究的顺利进行。

2. 生产方式对瓷业技术的影响

明清时期官窑的生产方式可以分为三个阶段：明前期的独立烧造、明后期的“官搭民烧”及清代的“官搭民烧”。

---

① ［明］吴允嘉：《浮梁陶政志》，转引自［清］曹溶辑，陶越增订：《学海类编》第四十八册，上海涵芬楼据道光十一年安晁氏木活字本景印。

② ［清］蓝浦：《景德镇陶录》卷一《说今》，京都书业堂光绪十七年本。

③ 参见刘淼：《督陶官与清代前期御窑的成就》，《中国历史文物》2007年第2期，第52~59页。

④ ［清］唐英：《奏请改由九江关动支银两经办陶务折》，转引自熊寥、熊微：《中国陶瓷古籍集成》，上海文化出版社2006年版。

(1) 明前期独立烧造方式

明代在景德镇设立官窑是明王朝在陶政上的重要建制，它将“有命则供，否则止”的官窑形制改为定制，由官府直接开办窑厂，以满足宫廷对瓷器的需求。

官窑设立后，垄断了所有的上等青料和优质瓷土，采用超经济的强制手段，“拘获高匠”，占用当时最熟练的制瓷工匠，实施轮班匠制，并且在官府出资的条件下，以“不计工本，刻意求精”为宗旨，开始为宫廷烧制瓷器，使明前期官窑的瓷器生产及制瓷技术取得了辉煌的成就。

① 釉下彩装饰技术。永乐、宣德朝是青花瓷器发展的黄金时期，这两朝的青花器，均是采用进口青花钴料“苏麻离青”绘制，青花呈现晕染并带有黑斑的特征。此两朝青花瓷以其丰富多彩的造型、典雅瑰丽的发色、细腻洁白的胎质、晶莹肥厚的釉层及各种优美生动的纹饰，“发前古之未有，开一代之奇葩”，被称为青花瓷之冠[①]。但宣德后期，随着进口钴料输入的减少，逐渐不能适应制瓷业的大量使用。同时，随着工艺水平的提高，官窑实现了进口钴料和国产钴料配合使用的新工艺，改善了青花料的处理工艺，能够控制苏麻离青晕染及呈现黑斑的特点，掌握了钴料的配置和呈色效果。至成化窑时，青花瓷呈现玲珑、秀巧、体轻、胎薄的特点，绘画趋于接近中国水墨画的艺术特色。成化时开创了青花瓷的“混水”画法，使青花风格变得更轻灵典雅，为世人所珍爱。

釉里红瓷器，是以铜红料在胎上绘画纹饰后，施以透明釉，在高温还原焰气氛中烧成，使釉下呈现红色花纹的瓷器。创烧于元代，成熟于永乐时期，宣德以后逐渐衰落，如图 3.11 为元明釉里红瓷器。而青花釉里红瓷是同时用青花和釉里红两种釉下彩料装饰瓷器，青花和釉里红呈色都很鲜艳，相互映衬，在构图和用色上能达到最佳的艺术效果。由于青花料和铜红料对温度和气氛的要求有差异，因而青花釉里红的烧造难道更大。在明代，青花釉里红烧成技术成熟于宣德时期，但自宣德之后又明显衰落。在中国台北故宫博物院与英国大维德中国艺术基金会，各藏有一件明宣德青花釉里红海水双龙纹高足碗。其器物完整，造型古朴典雅，装饰技法精致，纹饰自然生动，釉里红呈色鲜艳[②]。

② 彩瓷与斗彩。明代景德镇彩瓷的兴起，是建立在细腻洁白的白釉瓷基础上的，永乐、宣德时期白釉瓷的制作工艺日臻完善，釉料加工精细，含铁量极低，釉面白中略泛灰色，只有这样，绚丽多彩的彩绘画面才能更好地表现出来。

宣德时创烧了青花五彩，是釉下青花和釉上红、绿、黄、紫、褚色相结合的一种彩瓷工艺。成化时更是在质地最优的白瓷上，以青花五彩工艺为基础，开创了斗彩工艺，斗彩工艺是先在瓷坯上用青花料描画花鸟、禽兽及人物等的半体，施诱明釉高温烧成后，再在釉

① 参见王健华:《明初青花瓷发展的原因及特点》,《故宫博物院院刊》1998 年第 1 期，第 75~83 页。

② 参见叶佩兰:《中国彩瓷的成熟时期——明代景德镇彩瓷》,《艺术与投资》2007 年第 8 期，第 58~59 页。

(a) 元釉里红玉壶春瓶

(b) 明洪武釉里红缠枝牡丹纹碗

图 3.11 釉里红瓷器[①]

上用彩料绘完全体，是拼逗彩色。或者以青花料在瓷坯上双勾出花鸟、禽兽及人物等的轮廓线，施透明釉高温烧成后，再在釉上填入彩料，也称填彩。成化时开创了斗彩工艺并把斗彩推上明代彩瓷的顶峰[②]。《博物要览》中说："成窑上品，无过五彩。"[③]《陶说》中也说："成窑以五色为最，酒杯以鸡缸为最。"[④]

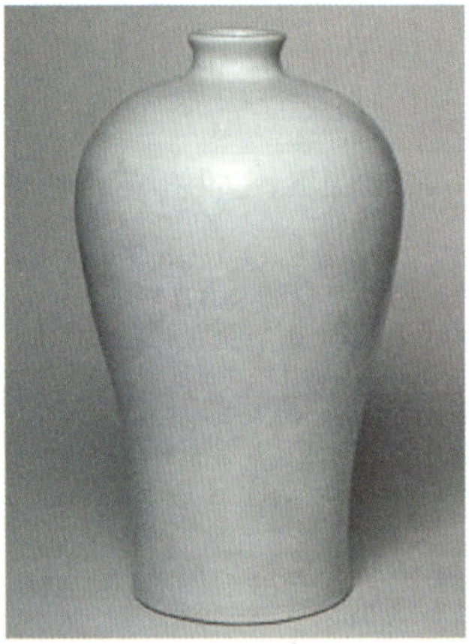

图 3.12 永乐甜白釉划花缠枝莲纹梅瓶[⑤]

③ 颜色釉瓷。明代早期颜色釉瓷中最突出的成就，是永乐甜白釉、宣德红釉和蓝釉、成化孔雀绿和弘治娇黄釉，还有雾青、月白釉、米色釉、淡米色釉、紫金釉、鳝鱼黄、油绿、酱色釉、洒蓝、淡龙泉釉、仿龙泉釉、仿影青、仿哥窑器等。

永乐甜白釉是永乐窑创烧的一种高度洁白的釉，又称"填白釉"，如图 3.12 所示。即在胎壁极薄的胎体上，施以乳浊白釉，此釉比元代枢府卵白釉有更加明显的乳浊感，素

① 故宫博物院官方网站，http://www.dpm.org.cn。

② 参见孙文伟、孙天健:《明代瓷器成就及其社会原因》,《景德镇陶瓷》1996 年第 3 期，第 30~35 页。赵宏:《斗彩考》,《陶瓷研究》1994 年第 4 期，第 214~216 页。

③ [明]谷泰:《博物要览》卷五《纪窑器》。

④ [清]朱琰:《陶说》卷三,《说明》,转引自熊寥、熊微:《中国陶瓷古籍集成》,上海文化出版社 2006 年版，第 372 页。

⑤ 故宫博物院官方网站，http://www.dpm.org.cn。

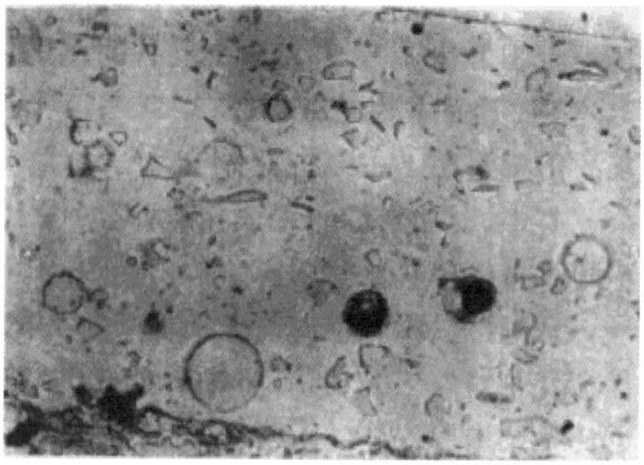

图 3.13　永乐甜白釉瓷釉的显微结构[①]

有“白如凝脂,素犹积雪”之誉。由于甜白瓷胎体很薄,使釉格外莹润,《景德镇陶录》解释为甜净之意,故名“甜白”。其中以薄胎暗花者最为珍贵。永乐时很多制品都薄到半脱胎的程度,能够光照见影,至成化时已有脱胎瓷出现,体现了明早期高超的成型技术及原料选择处理技术。如图 3.13 为永乐甜白釉瓷釉的显微结构,从中可以看出釉中存在粒度小于 10 微米的多量残留石英和一定量的云母残骸,这也是其呈现乳浊特性的主要原因。由图像仪测得其石英含量约为 8%,云母含量约为 4%(以面积计算),并且颗粒粒度在 6~14 微米范围内的约占 75%,10 微米以下的颗粒约占到 50%。这在景德镇历代瓷釉中是少见的,属于空前绝后的“一代绝品”[②]。因为一般釉中含有多量的残留石英,就会因玻璃相和晶相膨胀系数之差而使釉出现裂纹。永乐甜白釉虽含有较多的残留石英,却没有引起釉的开裂。这就是由于石英粒度非常细小的缘故,说明当时制瓷原料的粉碎、加工、淘洗技术有了显著提高。从永乐甜白釉的胎体显微结构中也能发现此技术的提高,其胎体中 2~10 微米的颗粒占 70% 以上,且石英颗粒细小而均匀[③]。

永乐、宣德时创烧的铜红釉,最名贵的为宝石红,也称祭红、霁红、积红等,如图 3.2(b)(d)。祭红釉是以铜为着色剂的高温釉,也是现有铜红釉中最难烧造的一种。高温烧成时釉面不流动,烧成后口沿与底坝能出现美丽的灯草边,釉的热稳定性较好,表面没有裂纹,能够装饰陈设瓷及餐具、茶具及酒具等坯体很薄的日用瓷。永乐时还在祭红釉的基础上,创烧了宝烧瓷器,即填红瓷器,是将坯体表面已施好的部分白釉剔去,再用笔填入祭红釉,成三鱼、三果纹样。烧成后纹样浑然一体,汁水晶莹,红釉图案凸出釉面,有时扩展到白釉中,像从胎骨内烧出。后人误以为是以红宝石末入釉所烧,故名“宝烧”。如高濂在《遵生八笺》中记载:“宣德年造红鱼靶杯,以西红宝石为末,图画鱼形,自骨内烧出,凸起宝光,鲜红夺目。若紫黑色者,火候失手,似稍次矣。”[④] 图 3.14 为宣德釉里红三鱼纹高足碗。

---

① 李家治:《中国科学技术史·陶瓷卷》,科学出版社 1998 年版,第 334 页。

② 参见李家治:《中国科学技术史·陶瓷卷》,科学出版社 1998 年版,第 334 页。

③ 参见李家治:《中国科学技术史·陶瓷卷》,科学出版社 1998 年版,第 334 页。

④ [明]高濂:《论饶器·新窑、古窑》,《遵生八笺》笺五《燕闲清赏》,转引自熊寥、熊微:《中国陶瓷古籍集成》,上海文化出版社 2006 年版,第 237 页。

图 3.14　宣德釉里红三鱼纹高足碗[①]

而蓝釉则为霁蓝，也名祭蓝，是一种以氧化钴着色的高温失透釉。其釉色蓝如深海，釉面匀净，色调浓淡均匀，呈色稳定。图 3.15（a）为宣德霁蓝釉暗花云龙纹盘。

孔雀绿釉，也称法翠釉，是一种低温釉。明代成化时烧出的与孔雀羽毛相似的翠绿色调釉，碧翠雅丽，十分美观。图 3.15（b）是正德时期孔雀绿釉碗。

娇黄釉，也称浇黄釉，是宗庙的主要祭器。弘治娇黄釉透明度较高，能显现出瓷胎上雕刻的图案花纹，达到了历史上纯正低温黄釉的最高水平。图 3.15（c）为弘治黄釉描金双耳罐。

而明代前期，由于官窑的建立和运行，使民窑的发展受到了极大的束缚。民窑不仅得不到好的制瓷原料、好的生产条件，就连其生产的瓷器品种和纹样也处处受到限制和束缚。这阻碍了民窑制瓷技术的发展。但是由于社会的发展，人们对瓷器的需求，景德镇民窑制瓷业的规模仍然是越来越大。目前仅在瑶里乡便发现明早期的民间青花制瓷遗址三十余处，这些地区均留下了如山似岭的大量窑业遗物，从中可以看出，虽然民窑的胎质较粗，釉较乳浊，料色灰暗，工艺粗糙，装烧多用涩圈迭装或沙垫，但其生产是异常繁盛的[②]。宣德以后，由于青花瓷的生产已基本改用国产料，因此官窑对于青花料的控制已不如明初严格，民窑通过各种途径，完全可以得到质量较好的青花料，促进了民窑青花瓷制瓷技术的提高。民窑青花瓷在发色上逐渐接近官窑青花[③]。而官窑为了对民窑瓷业尤其青花瓷的生产进行控制，正统三年（1438 年）十二月，“禁江西瓷器窑场烧造官样青花白地瓷器于各处货卖……违者正犯处死，全家谪戍口外”。正统十一年（1446 年）十二月，又“禁江西饶州府私造黄、紫、红、绿、青、蓝、白地青花瓷器……首犯凌迟处死，籍其家赀，丁男充军

① 故宫博物院官方网站，http://www.dpm.org.cn。

② 参见甄励：《明代景德镇民间青花制瓷业述略》，《景德镇陶瓷》1986 年第 3 期，第 16~25 页。

③ 参见方李莉：《景德镇民窑》，人民美术出版社 2002 年版。

(a) 宣德霁蓝釉暗花云龙纹盘

(b) 正德孔雀绿釉碗

(c) 弘治黄釉描金双耳罐

图 3.15 故宫博物院藏品[①]

边卫,知而不以告者连坐”,以相当于谋反叛逆的大罪惩处措施来阻止民窑青花制瓷业的发展[②]。但随着此时明代社会政治的腐朽,这一政策并没有彻底实施开来。在成化年间,民窑业便以“法不责众”的办法,突破了烧造青花的禁令。

(2) 明后期“官搭民烧”方式

明代官窑供御瓷器分钦限瓷器和部限瓷器两种。御器厂由工部直接管辖,所以每年由工部命令御器厂烧瓷的正常额度,称为部限瓷器,而钦限瓷器是朝廷因额外的需求而分给御器厂的临时烧造任务。明后期,随着部限瓷器烧造任务的连年加剧(见表 3.3),在轮班匠和编役匠的怠工反抗及监官“委杂而不专”的情况下,御器厂管理混乱,生产运行不畅,完成烧造任务已很困难,更何况还有钦限瓷器这一不定时任务。因此官窑为了完成烧造以免逾期,遂采用“官派民烧”“官搭民烧”这“一时之权法”。如“旧规本厂凡遇部限瓷器,照常烧造,不预散窑。惟钦限瓷器数多限逼,一时凑办不及,则分派散窑,择其堪用者凑解,固一时之权法也”[③]。由此可知,“官搭民烧”的实行并非一种积极主动之举,而是无法完成烧造任务的无奈之举,体现出官窑的积弊和生产运行不畅。但随着嘉靖时政治腐败的加

① 故宫博物院官方网站,http://www.dpm.org.cn。

② 参见甄励:《明代景德镇民间青花制瓷业述略》,《景德镇陶瓷》1986 年第 3 期,第 16~25 页。

③ 参见梁淼泰:《明清景德镇城市经济研究》,江西人民出版社 1991 年版,第 54 页。

剧，嘉靖九年(1530年)以后，“官搭民烧”成为一种确定的生产方式[①]。

表3.3 从嘉靖到隆庆年间官窑瓷器生产数量[②]

年代	烧制件数	年代	烧制件数
1529	2 570	1555	79 750
1531	12 300	1571	105 770
1544	50 000		

明代后期，随着商品经济的发展，民窑业发展较快，并且雇役制的实施，也加快了官窑制瓷技术向民窑传播的步伐。同时，由于资本主义生产关系萌芽的出现，民窑业开始出现手工工场，也促进了制瓷技术的进一步发展。而“官搭民烧”制的实施也表明了民窑制瓷技术的提高，其生产的精品瓷器至少已能达到官窑的最低要求。如《江西省大志·陶书》中记载：“青色狼藉，有司不能察，流于民间，其制无复分。”[③]

实行“官搭民烧”后，对于部限瓷器，照常由御器厂烧造，唯有钦限瓷器搭民窑烧制。在此制度形成过程中表现出三种搭烧形式，但不论哪一种都是对民窑的压榨和剥削。其一为分派散窑，即在民窑瓷品中“择其堪用者凑解”。此法是在钦限瓷器数量过大时采取的权宜之计，属于“官搭民烧”制的过渡形式。对此民窑则想方设法应付，消极对抗，“乘限期紧，并多以歪斜浅淡瓷器塞责，厂官事逼，姑收凑解”，以致“钦限器皿屡至愆期”。之后，督陶官被迫改变形式，停止分派散窑方式。其二为定给民窑包做包烧，比如大样、二样瓷缸等最难烧造的瓷器，除御器厂自己烧造外，还定给民窑包做烧造，然后按件付值。但付值偏低，而且有的估值远低于官窑自行烧造的估值。如“大样瓷缸，每口原估价银五十八两八钱。二样瓷缸，每口原估价银五十两”，而官窑付值给民窑为“每大样缸一口给银二十三两，二样缸一口给银二十两”[④]。而且如果质量达不到要求，还要“定烧赔造”，即购买官窑烧制的瓷器来顶替。这是对民窑匠户的一种严酷的剥削，致使“民窑户告称贫苦，难以赔造”。为了摆脱这种困境以求生存，民窑业被迫提高烧制技术，努力提高产品的合格率，这在客观上也曾起到促进民窑瓷制瓷技术发展的作用。其三为散搭民窑烧，即御器厂负责制作好坯体后，尽量在御器厂内装烧，超出部分搭民窑包烧，这是“官搭民烧”制的基本形式[⑤]。一般来说，“唯包青窑乃可搭烧，何谓包青？盖凡搭坯入其窑，必陶成皆青品，

① 参见赵宏：《“官搭民烧”考》，《故宫博物院院刊》1996年第1期，第81~85页。

② 参见方李莉：《景德镇民窑》，人民美术出版社2002年版，第7页。

③ ［明］王宗沐：《江西省大志》卷七《陶书》，转引自熊寥、熊微：《中国陶瓷古籍集成》，江西科学技术出版社2000年版，第185页。

④ 参见梁淼泰：《明清景德镇城市经济研究》，江西人民出版社1991年版，第55页。

⑤ 参见李绍强：《论明清时期官窑与民窑的关系》，《齐鲁学刊》1999年第4期，第82~88页。

有苦窳不青器，则另偿”。这里的“青”是指瓷器的成色，明代以后，景德镇瓷器的成色以“上品为青”。在当时900余座民窑中，督窑官仅筛选出条件好、技术力量强的青窑20余座。以此推断当时承搭包烧的民窑数量并不太多。但官窑占据这20余座青窑的最好窑位[①]。“官搭民烧”制度的实施，虽然是这个时期官窑对民窑进行盘剥的一种新方式，但也打破了以往官民窑互相对立、排斥的局面，官窑不再强行占有优质原料，次色瓷器也不再打碎掩埋，增强了官民窑制瓷技术的相互交流，从而互相影响，共同发展，呈现出“官民竞市”的局面。

明代后期民窑业大发展，景德镇“延袤十三里许，烟火逾十万家”，嘉靖时镇上“聚佣至万余人”，到万历三十四年(1606年)则“每日不下数万人”。在此情况下，民窑之间及工匠之间均存在相互竞争，因此，民窑也出现了许多制瓷技艺精湛的名窑、名匠。如《景德镇陶录》中记载：

> 崔公窑：嘉(靖)隆(庆)间人，善治陶，多仿宣(德)成(化)窑遗法制器，当时以为胜号。其器曰崔公窑瓷，四方争售……余青彩花色悉同，为民陶之冠。[②]
>
> 周窑：隆(庆)万(历)时人，名丹泉。本吴门籍，来昌南造器，为当时名手。尤精仿古器。每一名品出，四方競重购之。[③]
>
> 壶公窑：神庙时烧造者，号“壶隐道人”，其色料精美，诸器皆佳，有流霞盏、卵幕杯两种最著……亦雅制壶类……壶底款“壶隐老人”四字，相传为昊十九，而籍不可知矣。[④]

由上可知，为世人所熟知的明代著名蛋壳瓷制作技艺，已完全被民窑掌握，并出现了制作卵幕杯的名家昊十九。在明代李日华《紫桃轩杂缀》中也有记载：“浮梁人昊十九者，……隐陶轮间，与众作息。所制精瓷，妙绝人巧。尝作卵幕杯，薄如鸡卵之幕，莹白可爱，一枚重半铢。”[⑤] 清代督陶官唐英也曾仿制过昊十九的作品，这从侧面体现了明末民窑制瓷名家的成就[⑥]。此外，万历年间还有制瓷名家陈仲美、吴明官及著名民窑小南窑等。民窑制瓷名家辈出，是整个民窑业生产发展、技术提高的集中体现。

明代后期民窑的制瓷技术成就，也可以从观音阁明后期民间青花制瓷业遗存中看出，

---

① 参见李绍强：《论明清时期官窑与民窑的关系》，《齐鲁学刊》1999年第4期，第82~88页。

② [清]蓝浦：《景德镇陶录》卷五《景德镇历代窑考》，京都书业堂光绪十七年本。

③ [清]蓝浦：《景德镇陶录》卷五《景德镇历代窑考》，京都书业堂光绪十七年本。

④ [清]蓝浦：《景德镇陶录》卷五《景德镇历代窑考》，京都书业堂光绪十七年本。

⑤ [明]李日华：《紫桃轩杂缀》，中央书店1935年版。

⑥ 参见耿宝昌：《蒋祈与唐英》，《故宫博物院院刊》1999年第1期，第49~51页。

其遗存青花瓷本身亦有精、粗之分，精者一般通身施釉，胎质细白坚致，釉层均匀光润白中泛青色，青花画面清晰，而聚料成斑或晕散现象少见，可见工匠已熟练掌握了工艺配方及窑炉气氛的控制，体现了其较高的制瓷工艺水平[①]。

(3) 清代"官搭民烧"方式

景德镇在遭逢明清易代之变后，窑业受到惨重打击，瓷窑剩存"十仅二三"。但由于其所拥有的自然优势和技术优势依然存在，所以在清初休养生息政令的实施下，社会安定，商品经济重新活跃，瓷业生产逐渐得到恢复[②]。而官窑则由御器厂改为御窑厂，其经营管理方式也有较大变化，深入实行雇役制，任命品官为督陶官，窑务经费出自内务府，不累及地方。如《浮梁县志·陶政》中记载："(康熙)十九年九月，内奉旨烧造御器，差广储司郎中徐廷弼，主事李延禧，工部虞衡司郎中臧应选，笔帖式车尔德，于二十年二月，内驻厂督造。每制成之器，实估价值，陆续进呈。凡工匠物料，动支正项钱粮，按项给发，至于运费等项，毫不遗累地方，官民称便。"[③]新政令的实施有利于官民窑的共同发展。

清代实行"官搭民烧"制比较彻底，自康熙十九年(1680年)实施，至唐窑时已完全搭民窑烧，御窑仅负责坯体成型和装饰等烧成之前的工艺，此时的"官搭民烧"也称"尽搭民烧"[④]。此制度的实施，减轻了御窑的负担，使御窑的职能也开始转变，不再局限于瓷器的烧造，而是从事更重要的陶瓷生产及技术研究，仿烧历代名窑品种，以及创制新品种等。而清前期的"官搭民烧"制度管理比较严格，官窑对民窑的剥削已降至历史最低点，官窑付给搭烧窑户酬金，并与当时市价相等。唐窑时对烧制的瓷器，不论是上品还是下品，均按上品付费用，并在窑价公发之外，添增酒食等福利，窑民乐趋之，"仰给窑者日数千人，窑户率以此致富"[⑤]。可见，清前期"官搭民烧"制度的实施，给予了官民窑极大的发展空间，使得官民窑相互促进，相互影响，共同发展。在督陶官政令清明的管理及商品经济发展的促进下，清前期景德镇瓷业及制瓷技术得到了空前的发展，出现更高层面的"官民竞市"，将景德镇制瓷业推向了我国古代制瓷业的顶峰。

清前期实施"官搭民烧"后，御窑厂内部组织分工明显比明代要简单得多，图3.16为英国斯蒂芬·布谢尔记录的1866年御窑厂重建后的清代御窑厂图[⑥]。"在东西有两大间屋，每屋内有六个作坊，用转轮制作变通圆器，包括碟、盘、碗、杯之类的器皿。在它们后面偏东的地方有七个装饰青花的作坊。庭院西边有三个作坊给装饰彩画的艺匠，相邻的一间

① 参见甄励：《明代景德镇民间青花制瓷业述略》，《景德镇陶瓷》1986年第3期，第16~25页。

② 参见萧放：《宋至清前期景德镇的形成和发展概述》，《江西社会科学》1987年第3期，第98~101页。

③ 清乾隆《浮梁县志》卷五，《陶政》，清道光十二年刻本。

④ 参见赵宏：《"官搭民烧"考》，《故宫博物院院刊》1996年第1期，第81~85页。

⑤ 参见赵宏：《"官搭民烧"考》，《故宫博物院院刊》1996年第1期，第81~85页。

⑥ 参见方李莉：《景德镇民窑》，人民美术出版社2002年版，第104页。

给玉器、竹器的雕刻匠。官窑储库有两间分开的房子，用以存放从窑厂运出的入选品。有三个作坊用转轮制瓷。包括祭器、罐子和各种装饰品，还有五个作坊做四方形和多角形瓷器所需的各式各样的印模及雕刻和磨光工作，还做不能仅用普通转轮制成的复杂器形。在它们后面偏西处有六个作坊用来制作带装饰的花瓶和模制的青花瓷，三间用来涂釉，其中一间研磨钧釉用的颜料，接着是带有彩炉的三间炉房，用以将装饰珐琅彩的瓷器进行第二次彩炉烧制，它附有两间厨房为工人提供膳食。最后，还有七个作坊制作洋红、‘吹红’、单色铜红釉和通常被称作‘御黄’的单色釉。”[①] 从中我们可以看出，御窑厂内只有成型、彩绘、施釉、烧炉等作坊，至于烧窑及为制瓷生产服务的辅助作坊，如匣作、泥水作、大木作、船木作、索作、桶作、东碓作、西碓作等，在这里都已不见，可见御窑厂已不再单独设置和维持这些辅助性作坊，而是和民窑一样，直接向民间购买或雇佣。更重要的是在这里已没有了烧成用窑的设置。这说明在清代，御窑厂只进行成型生产和彩绘加工等，除了用彩炉烧制精致的珐琅彩瓷器所需的第二次烧制外，其他的烧制都已在民窑完成。

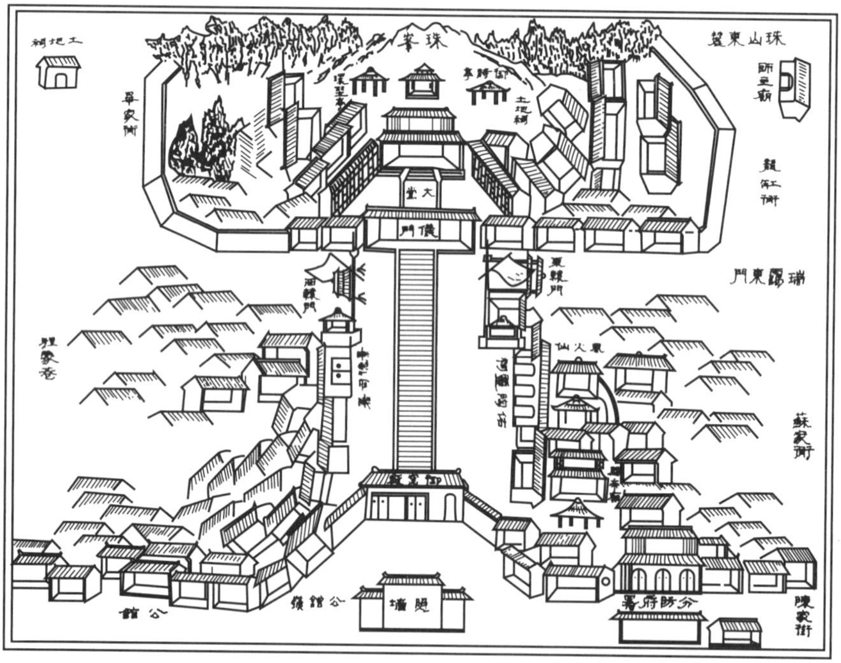

图 3.16　清代御窑厂图[②]

① 方李莉：《景德镇民窑》，人民美术出版社 2002 年版，第 104 页。

② 参见方李莉：《景德镇民窑》，人民美术出版社 2002 年版，第 105 页。

由此，清前期民窑得到了迅速发展，乾隆时出现了众多的小型民营手工工场，如《景德镇陶录》记载有十几种专作。此时，民窑手工工场内部分工更细密，瓷器生产中专业化趋向愈明显，窑也分柴、搓两类。而且生产规模更大，出现了烧造联合的囫窑生产方式[①]。烧造两业的有机结合，解决了瓷业生产中长期以来"烧、做两行是冤家"的矛盾，虽然囫窑生产形式在当时瓷业生产中尚占少数，但却标志着民窑商品生产的巨大进步。乾隆时期的景德镇，"以陶来四方商贩，民窑二三百区，工匠人夫不下数十万，藉此食者甚众，候火如候晴雨，望陶如望黎牡"[②]。此时民窑虽然在数量上相对少于明代，但是新式窑炉镇窑的发明创造不但提高了烧成温度，还使窑炉窑身扩大，约四倍于明窑，这也体现了瓷业生产进一步集中的情况，反映了瓷业技艺的提高。

康熙时，原料淘炼得非常精细，胎体细腻温润，坚硬纯净。瓷胎中高岭土的用量比明代更高，釉中的钙含量进一步降低，配合窑炉的改革，使瓷器烧成温度进一步提高，使烧制的瓷器基本达到了现代硬质瓷的要求，为康熙时彩瓷及色釉瓷的制作增添了光彩。康熙时官窑注重于颜色釉瓷及仿古瓷的研究，而民窑则在青花、釉上彩绘瓷制作上取得了较高的成就。康熙青花的青料基本上全部使用国产浙料，青花发色鲜艳而浓翠。画工们根据中国水墨画技法及西洋画中的明暗法，开创了新的分水工艺——"分水皴"法，也称"混水"法。其具体操作为：用含水量大的桃形分水笔，饱蘸所需浓度的青花料水，然后在笔锋不接触坯面的情况下，用笔稍引导滴在坯面上的料水，使之沉淀于坯上[③]。用浓淡不同的青花料水，就出现浓淡不同的色调，青花料水一般分为"头浓""正浓""二浓""正淡""影淡"五种，从而使青花装饰具有"青花五彩""料分五色"之誉。图 3.17 分别为明宣德、成化及清康熙时期青花装饰瓷器，从中可以看出宣德青花采用的是"一笔点画"法，成化青花已产生具有浓淡变化的"分水"法，而康熙青花则采用了具有浓淡连续变化的"五彩分水"法。

康熙时五彩瓷在明代五彩瓷的基础上又得到进一步完善。此时的五彩瓷主要是白瓷釉上彩绘，全部采用釉上彩料，所以又称为釉上五彩。康熙五彩的一个重大突破是发明了釉上蓝彩和黑彩，蓝彩烧成的色调，其浓艳程度能超过青花，而黑彩则有黑漆的光泽。在明五彩中虽也有黑色使用，但其黑料是用胶水料调成，难以细致勾画[④]。康熙五彩中的黑料是用乳香油调成，可以做深入的描绘和刻画，具有较强的表现力。康熙五彩是我国彩瓷生产中的一个高峰，整个清代的五彩瓷又称为"康熙彩"，由于后来粉彩瓷（也称软彩）的出现及盛行，清五彩也称为"硬彩"或"古彩"。

---

① 参见萧放：《宋至清前期景德镇的形成和发展概述》，《江西社会科学》1987 年第 3 期，第 98~101 页。

② 转引自萧放：《宋至清前期景德镇的形成和发展概述》，《江西社会科学》1987 年第 3 期，第 98~101 页。

③ 参见方李莉：《景德镇民窑》，人民美术出版社 2002 年版，第 111 页。

④ 参见方李莉：《景德镇民窑》，人民美术出版社 2002 年版，第 111 页。

(a) 明宣德青花缠枝莲纹盖罐

(b) 明成化青花山石花卉纹盖罐

(c) 清康熙青花山水人物纹盖罐

图 3.17 明清青花瓷器[①]

清雍正、乾隆年间，无论官民窑，陶瓷生产技艺均达到了我国古代制瓷的历史高峰，此时期的瓷器更多的是在造型和装饰技术上变化。民窑大量生产青花瓷、粉彩瓷、颜色釉瓷及仿古瓷等。民窑还仿制官窑的各种新奇造型，如转心瓶、仿生瓷等。其精品瓷器也开始向官窑靠拢，在技法上比以前更加精致，并受社会文化的影响，涌现出各式各样的装饰纹样、图案等，其古典与现代、华丽与朴素、古雅与世俗同时存在[②]，使此时期景德镇的陶瓷技

① 故宫博物院官方网站，http://www.dpm.org.cn。

② 参见方李莉：《景德镇民窑》，人民美术出版社 2002 年版，第 128 页。

艺，无论是在陶瓷质量还是在陶瓷艺术上，均达到了封建社会顶峰般的繁荣。

乾隆晚期以后，景德镇的瓷业，无论官窑还是民窑，不仅没有再一步发展，而且还慢慢衰落，其原因有朝廷的腐朽、封建制度的桎梏、市场的萧条和原料的更换，等等。

3. 质量管理对瓷业技术的影响

明清官窑建立之初的目的就是仅为皇宫制造精美瓷器。因此，官窑在朝廷财力的支持下，不惜工本，选用最好的工匠、最好的原料、性能最好的设备进行瓷器生产，竭尽全力将瓷器做到最好，并仅挑选完美无缺的瓷器呈给皇帝御用。

(1) 制瓷原料的控制

制瓷原料的质量是决定瓷器质量好坏的先决条件。明代官窑建立时便垄断了所有的优质高岭土和上等青花料。《江西省大志·陶书》中记载："陶土出浮梁新正都麻仓山，曰千户坑、龙坑坞、高路坡、低路坡，为官土。"① 这里的陶土即指高岭土，而官土则是优质麻仓高岭土。进口的苏麻离青、回青等上等青花料本就数量有限，更是民窑所不能企望的②。嘉靖时期，对回青控制极为严格，《江西省大志·陶书》中记载："陶用回青，本外国贡也，嘉靖中遇烧御器，奏发工部，行江西布政司贮库时给之。"③ 说明即使官窑生产使用都要向工部申请。嘉靖以后随着"官搭民烧"制的实施，尤其是高岭土的更换，官府已无法再垄断优质高岭土的使用，从此民窑也可以使用优质高岭土。而青花料的使用，虽然民窑无法获得优质进口青花料，但是对于国产青花料，民窑是可以通过各种途径获得上等料的。

① 高岭土。由于风化完全的优质瓷石在南宋晚期已基本用完，景德镇从元代开始，更多使用耐火度较低的瓷石制瓷。但这类瓷石烧成时极易坍塌变形，乃至无法单独成瓷。景德镇陶工便发明了将高岭土引进瓷胎制瓷的办法，从此开创了景德镇制瓷史上的"二元配方"时代。高岭土中含 $A1_2O_3$ 约为 35%，掺进瓷石制坯，烧成时能减少胎中的玻璃相，增加胎中的莫来石，提高胎体强度，减少其变形，使制品的烧成范围增宽，从而提高成品率。所以从元代开始，景德镇陶工无论使用哪类瓷石制瓷，均需加入部分高岭土。但景德镇及其周边地区出产的高岭土质量不一，不是 $A1_2O_3$ 含量不稳定(有的不到 20%)，就是杂质含量偏高，多数杂质(Fe_2O_3)含量在 1%~2%④，对于生产白胎瓷极为不利。因此，这也是为什么明代官窑建立之初便继续实施元末政策，控制垄断优质高岭土的重要原因之所在。

明前期官窑瓷器极为精致，从官窑残器可看出，永乐至正德官窑瓷器胎质细腻、白度

① [明]王宗沐:《江西省大志》卷七《陶书》，转引自熊寥、熊微:《中国陶瓷古籍集成》，江西科学技术出版社 2000 年版，第 174 页。

② 参见刘毅:《明清陶瓷官窑制度比异》，《南方文物》1992 年第 4 期，第 81~86 页。

③ [明]王宗沐:《江西省大志》卷七《陶书》，转引自熊寥、熊微:《中国陶瓷古籍集成》，江西科学技术出版社 2000 年版，第 177 页。

④ 参见刘新园、白焜:《高岭土史考》，《中国陶瓷》1982 年第 7 期。

极高。其中永乐靶杯口沿厚度仅0.8毫米，成化小杯、碗通体厚度多为0.6~2毫米，胎中氧化铝高达21.24%，若非使用优质麻仓高岭土则难以制出。而同期民窑由于制胎时使用的是麻仓附近所产的次等高岭土，胎釉的白度不高，胎体断面较粗有小空隙，青花料呈色暗淡，足见当时优质高岭土的珍贵。虽然这期间民窑器较元代粗器有所进步，但仍难见到佳器[①]。

嘉靖至万历前期，这期间优质麻仓土已逐渐告竭。如清代唐秉钧《文房肆考》卷三中记载："靖窑回青盛作，幽菁可爱。……然当麻仓土将次告竭，饶土渐恶，体质较之宣器大不相侔，制度亦不及宣德远甚。"[②]明代高濂《遵生八笺》中记载："世宗青花、五彩二窑，制器悉备。奈何饶土入地渐恶，较之二窑往时代(指宣、成)不相侔，制度亦不及宣德远甚。"[③]而康熙《浮梁县志·陶政》中也记载，万历十一年(1583年)时，"麻仓老坑土膏已竭"。从中可以看出，由于麻仓高岭土渐近枯竭，质量变劣，嘉靖、万历间的官窑已不能和永乐、宣德、成化时相比了，官窑瓷器质量开始下降。但由于"制度亦不及宣德远甚"，民窑已可以使用部分比明前期优质的高岭土了，从景德镇董家坞窑的遗存来看，该民窑在此时期的制品已较明前期考究，有逐渐精致的趋势[④]。而此时期民窑已开始出现著名的制瓷名窑、名匠，如《景德镇陶录》中记载："崔公窑：嘉(靖)隆(庆)间人，善治陶，多仿宣(德)成(化)窑遗法制器，当时以为胜号。其器曰崔公窑瓷，四方争售……余青彩花色悉同，为民陶之冠。"[⑤]其取得这样的成就是与高岭土的使用情况是分不开的。

在麻仓土告竭之后，景德镇陶工旋即在东埠高岭山发现了优质高岭土，也称为明砂高岭土。清代蓝浦《景德镇陶录》中记载："造佳瓷必求东埠出者耳。"[⑥]明砂高岭土Al_2O_3含量较稳定，约为36%，而Fe_2O_3含量仅0.6%，其可塑性指标较高，工艺性能较好。

明万历中后期至清乾隆时期，官窑一直使用明砂高岭土。但万历中后期官府已无法再垄断优质高岭土的使用。《浮梁县志·陶政》中记载："万历三十二年(1604年)，镇土牙戴良等赴内监，称高岭土为官业，欲渐以括它土也，檄采取。地方民衣食于土者甚恐，守道叶云仍、知县周起元争之，还其檄。"[⑦]不过明廷还檄不是出于仁慈，而是形势所

① 参见刘新园、白焜：《高岭土史考》，《中国陶瓷》1982年第7期。

② [清]唐秉钧：《文房肆考》卷三《古窑器考》，转引自熊寥、熊微：《中国陶瓷古籍集成》，上海文化出版社2006年版，第252页。

③ [明]高濂：《论饶器·新窑、古窑》，《遵生八笺》笺五《燕闲清赏》，转引自熊寥、熊微：《中国陶瓷古籍集成》，上海文化出版社2006年版，第237页。

④ 刘新园、白焜：《高岭土史考》，《中国陶瓷》1982年第7期。

⑤ [清]蓝浦：《景德镇陶录》卷五《景德镇历代窑考》，京都书业堂光绪十七年本。

⑥ [清]蓝浦：《景德镇陶录》卷五《陶务方略》，京都书业堂光绪十七年本。

⑦ 清乾隆《浮梁县志》卷五《陶政》，清道光十二年刻本。

迫[①]。由于朝廷不能垄断优质高岭土，民窑的优质高岭土来源空前广阔。

明万历中后期至明末间，官窑瓷器质量平平，而民窑却因为商品经济的发展及优质高岭土的出现，得到了空前发展，其制瓷技术不断提高，出现了许多著名的民营窑场。如前所述，明代李日华《紫桃轩杂缀》中记载："浮梁人昊十九者，……隐陶轮间，与众作息。所制精瓷，妙绝人巧。尝作卵幕杯，薄如鸡卵之幕，莹白可爱，一枚重半铢。又杂作宣、永二窑，俱逼真者。"[②]《景德镇陶录》中记载："周窑：隆（庆）万（历）时人，名丹泉。本吴门籍，来昌南造器，为当时名手。尤精仿古器。每一名品出，四方竞重购之。"[③]此时期的窑场多分布在景德镇市内和董家坞、观音阁一带，其窑业遗存堆积丰厚，产品洁白细薄，制作精巧。彩绘风格自由豪放，与官窑不同，却又可以和官窑媲美。其中观音阁出土的一件晚明青花残器，Al_2O_3 含量竟然高达 27%，可见当时民窑对高岭土的用量空前增多[④]。

清康熙至乾隆时期是众所周知的所谓中国陶瓷史上的"黄金时代"，此时的官窑尤其是雍正官窑器白度极高，可达 77.5%，烧成温度达 1 300℃，瓷胎中的 Al_2O_3 高者竟然高达 30.5%，高岭土用量极大，其瓷胎的物理性能都已接近，有些还超过了现代优质硬质瓷的技术指标[⑤]。官窑开始制造各种新奇造型的瓷器及象生瓷。民窑制品也较前提高，出现"官民竞市"、官民制品并精的情形。

从清乾隆晚期开始，景德镇窑业进入衰落期，高岭土的更换是其重要原因之一。

清代光绪高岭《冯氏宗谱》卷三《冯光发传》中记载："光发，乳名星，……殁于乾隆壬子。因土名麻石坳等处之山，被婺邑在山搭有蓬厂数百，人数千，强取磁土，伤害数村来脉，并伤田租二万八千零，强横无敌，事延三载。系星舍身丧命以救数村人烟居住之生，蒙本省大人乐，又蒙县宪田同南昌张审结究办。嗣后奉示严禁，不许挖取。"

1978 年，刘新园等在另一高岭土产地李黄调查古矿洞时，在其清源道观左墙上发现一方乾隆五十九年（1794 年）石碑[⑥]，碑文记载："'调浮梁县正堂加五级纪录十次田为勒石严禁开挖磁土，以护土墓，以杜事端。'照得浮邑境内山场多产磁土，每有棍徒钻谋开挖，无知业主贪利租售，以致侵碍良田，损伤坟脉，讼端繁兴，贻累无休。近有婺源民人洪光祖等谋挖高岭、天宝堂等山，酿成命案。业经本县勘明封禁在案。兹据……职员冯日淳……等，以兴义、锦义、义合、丰田等都所有山场田地皆系龙脉攸关，从未开挖。……今公众议明立

---

① 参见刘新园、白焜：《高岭土史考》，《中国陶瓷》1982 年第 7 期。

② ［明］李日华：《紫桃轩杂缀》，中央书店 1935 年版。

③ ［清］蓝浦：《景德镇陶录》卷五《景德镇历代窑考》，京都书业堂光绪十七年本。

④ 参见刘新园、白焜：《高岭土史考》，《中国陶瓷》1982 年第 7 期。

⑤ 参见周仁：《清初瓷器胎釉的研究》，见《景德镇瓷器的研究》，科学出版社 1958 年版，第 2~6 页。

⑥ 参见刘新园、白焜：《高岭土史考》，《中国陶瓷》1982 年第 7 期。

约，东自五花尖，西至大石坞，南自分水绛（山降合），'北自黄茅（山降合）……至李黄（坊）陂庙下为界。……嗣后各宜恪遵约载四界，不论大小山场，俱须照契管蓄，不许租挖磁土致碍田墓。即攸将山出卖，亦不论附近有无田墓，务于契内载明买主不得挖土字样，仍着立约人等互相稽察。倘有无知业户听信棍徒钻谋租挖，许即呈约指名赴县禀报，以凭拏察。慎勿徇隐以及藉端诬累，各宜凛遵毋违。特示。'"

由上可知在乾隆后期，高岭山与李（黄）坊一带均被江西省布政司和浮梁县严禁开采。此时，景德镇开始使用大洲高岭土，也许是质量不好，也许是淘洗出土率较低，仅13%左右，不久后便开始大量使用星子高岭土。清朝同治十一年（1872年）《南康府志·物产·附白土案》中记载的道光时南康府查讯案情状："据举人汪自清……等供称：庐山白土历来无人开挖。自夏家垅夏姓在景德镇烧窑，始取白土运赴景镇售卖，获利数倍。以后即有星（子）、都（昌）两县民人徐坤牡等陆续在南排岭、七溪垅、五福港、余家斜等处开设数十厂。"《南康府志》中还有记载："景德镇无论精粗瓷器必须使用星子高岭。"由此可知，乾隆后期至道光间，景德镇各窑所用之高岭土多来自庐山星子县[①]。

而星子高岭土比明代麻仓高岭土出土率低10%~20%，并且氧化铝含量仅有32%左右[②]。因此使用含铝低的星子高岭土是清后期瓷器质量下降的原因之一。而星子高岭土距离景德镇200公里，其运输航程4倍于麻仓高岭土和明砂高岭土，且进入昌江后为逆水行船。因此，星子高岭土的价格当数倍于麻仓高岭土与明砂高岭土，可知清后期瓷器的生产成本必比晚明至清初要高得多，这也是清后期景德镇瓷业衰落的重要原因之一。

《南康府志·白土案》中记载，星子高岭在道光二十年（1840年）全面封禁："挖取白土，伤残龙脉；洗土淘沙，冲塞山涧。以致堰水不通，农田受害，于地方大有关碍。"可见，挖取星子高岭土时堵水淘洗有碍农田灌溉，而尾砂又致使沃土贫瘠，破坏了生态平衡，影响了田赋收入，因而被官府封禁。可见，道光二十年（1840年）之后，即便是质量差一些的星子高岭土，也已不能用，这使得景德镇瓷业进一步衰落。

② 青花料。青花钴料也称"青花料"，是一种含有钴、锰、铁等着色元素的天然矿物料，钴主要以 $mCoO \cdot MnO_2 \cdot nH_2O$ 形式存在[③]。明清时期景德镇使用的青花钴料有苏麻离青、回青两种进口料及平等青、浙料、珠明料等国产料[④]。这些青花钴料的质量不一，有高锰低铁型的，也有高铁低锰型的，还有低铁低锰型的，而且钴的含量也不同。因此，青花钴料的质量及其提纯处理工艺决定着青花瓷的兴衰和发展。

官窑生产由于其不计工本，除了控制着进口青花钴料外，国产青花钴料也是选择质量

① 参见刘新园、白焜：《高岭土史考》，《中国陶瓷》1982年第7期。

② 参见吴隽、张茂林、李其江、吴军明：《陶瓷科技考古》，高等教育出版社2012年版。

③ 参见刘秉诚：《〈天工开物〉中的"无名异"和"回青"试释》，《自然科学史研究》1982年第4期，第300~304页。

④ 参见牛仕荣：《浅论青花料的发色肌理与时代特征》，《陶瓷研究》2008年第1期，第109~111页。

最好的。明永乐、宣德时期官窑多使用进口青花钴料苏麻离青。如明万历王世懋的《窥天外乘》中记载："永乐、宣德间内府烧造，迄今为贵。其时以棕眼甜白为常，以苏麻离青为饰，以鲜红为宝。"① 明万历高濂《遵生八笺》中记载："青花成窑不及宣窑，……宣窑之青，乃苏浡泥青也，后俱用尽。至成窑时，皆平等青矣。"② 其中"苏麻离青"与"苏浡泥青"仅是音译的不同，是指同一种青花钴料。明代青花瓷器以永乐、宣德时期评价最高，青花色泽浓艳，纹饰边缘晕散，呈现水墨画效果。并在青花浓处凝聚成黑色斑点，有金属光泽，用手抚摸有凹陷不平之感，呈现出"永宣"青花瓷器的又一特征。这应是"苏麻离青"青花钴料的组成特征决定的。表 3.4 为明代官窑青花瓷中釉及"釉 + 青花"的部分化学组成。从中可以看出，永乐及宣德前期青花呈高铁低锰特征。其 Al_2O_3 含量较低，釉与青花钴料结合处的成分仍在 SiO_2—Al_2O_3—CaO 三元相图的磷石英区，而且 MnO/CoO 比值小于 1，青花钴料中的 Co^{2+} 极容易扩散到釉熔体中形成蓝色玻璃相，从而出现该时期青花晕散的重要特征。而黑色斑点则是由于青花钴料高含量的铁在其中析出磁铁矿（Fe_3O_4）晶体的缘故③，表 3.6 是表 3.5 永乐青花瓷中前两个样品黑斑的化学组成④，从中可知，黑斑中 Fe_2O_3/CoO 的比值比没有黑斑的位置高了几倍。从表 3.4 还可以看到明宣德多数标本中 MnO/CoO 极高而 Fe_2O_3/CoO 值低，与表 3.6 国产青花钴料的特征一致⑤，因此，在明宣德后期，官窑青花瓷生产应使用了国产钴料⑥。

表 3.4　明代官窑青花瓷中釉及"釉 + 青花"的部分化学组成（wt%）⑦

年代	分析内容	氧化物含量（%）									MnO/CoO	Fe_2O_3/CoO
		SiO_2	Al_2O_3	CaO	MgO	K_2O	Na_2O	Fe_2O_3	CoO	MnO		
明永乐	釉		14.87	8.64	0.28	4.3	2.83	0.96	<0.01	0.09	3.91	0.03
	青花 + 釉		14.17	7.21	0.26	4.23	2.61	2.53	0.44	0.09		

① ［明］王世懋：《窥天外乘》，纪录汇编本，中华书局 1985 年版。

② ［明］高濂：《论饶器·新窑、古窑》，《遵生八笺》笺五《燕闲清赏》，转引自熊寥、熊微：《中国陶瓷古籍集成》，上海文化出版社 2006 年版，第 237 页。

③ 参见吴隽、李家治、郭景坤：《景德镇青花瓷彩上斑点显微结构的研究》，《无机材料学报》1999 年第 1 期，第 143~149 页。

④ 参见张志刚、郭演仪：《明代永乐青花瓷器》，《中国陶瓷》1989 年第 3 期，第 52~57 页。

⑤ 参见陈尧成、张志刚、郭演仪：《景德镇元明清青花的着色和显微结构特征》，《中国陶瓷》1981 年第 2 期，第 35~46 页。

⑥ 参见李家治：《中国科学技术史·陶瓷卷》，科学出版社 1998 年版，第 378 页。

⑦ 参见张志刚、郭演仪：《明代永乐青花瓷器》，《中国陶瓷》1989 年第 3 期，第 52~57 页。陈尧成、张志刚、郭演仪：《景德镇元明清青花的着色和显微结构特征》，《中国陶瓷》1981 年第 2 期，第 35~46 页。李家治：《中国科学技术史·陶瓷卷》，科学出版社 1998 年版，第 377 页。

续表

年代	分析内容	氧化物含量（%）									MnO/CoO	Fe_2O_3/CoO
		SiO_2	Al_2O_3	CaO	MgO	K_2O	Na_2O	Fe_2O_3	CoO	MnO		
明永乐	釉		14.29	8.53	0.22	4.24	2.5	0.92	<0.01	0.09	4.88	0.46
	青花 + 釉		14.39	7.75	0.21	4.48	2.31	2.3	0.3	0.22		
明永乐	釉	70.74	14.16	6.79	1.36	3.1	2.76	0.97		0.07	5.81	0.81
	青花 + 釉	68.94	15.35	5.98	0.97	3.16	2.84	2.17	0.24	0.25		
明永乐	釉	69.48	16.07	6.43	0.55	3.98	2.8	0.85			2.5	0.68
	青花 + 釉			6.35	0.49	4.05	2.8	1.69	0.34	0.23		
明宣德	釉	69.48	16.07	6.43	0.55	3.98	2.8	0.85			0.68	2.5
	青花 + 釉			6.35	0.49	4.05	2.8	1.69	0.34	0.23		
明宣德	釉	70.74	14.16	6.79	1.36	3.10	2.76	0.97		0.07	0.81	5.81
	青花 + 釉	68.94	15.35	5.98	0.97	3.16	2.84	2.17	0.24	0.25		
明宣德	釉		15.72	6.53	0.93	5.32	1.96	1.00	0.006	0.12	5.53	0.79
	青花 + 釉		17.59	4.73	0.74	5.12	1.91	1.09	0.47	2.66		
明宣德	釉		14.91	7.38	1.07	4.71	2.59	0.80	0.003	0.12	4.83	1.90
	青花 + 釉		15.79	4.83	1.30	4.53	2.26	1.83	0.69	3.40		
明宣德	釉		16.03	6.35	1.83	4.46	2.60	1.00		0.13	4.71	1.39
	青花 + 釉		15.77	5.00	1.31	4.22	2.50	1.61	0.59	2.88		
明成化	釉	71.14	15.12	4.46	0.26	5.68	1.83	0.82	0.01		1.82	1.91
	青花 + 釉			4.16	0.26	5.48	1.84	1.14	0.19	0.44		
明成化	釉	71.44	15.36	4.52	0.38	4.39	2.19	1.11	0.002	0.12	1.75	1.95
	青花 + 釉		15.20	4.27	0.39	4.31	2.09	1.57	0.27	0.58		
明成化	釉	72.51	15.02	4.16	0.35	4.47	1.94	1.07	0.003	0.13	4.85	0.90
	青花 + 釉		15.24	3.33	0.34	4.21	1.85	1.16	0.30	1.55		
明成化	釉	73.60	14.67	4.35	0.31	4.04	2.03	4.04	0.003	0.10	5.52	0.39
	青花 + 釉		15.92	3.92	0.33	3.66	1.96	1.15	0.60	3.39		

续表

年代	分析内容	氧化物含量(%)									MnO/CoO	Fe_2O_3/CoO
		SiO_2	Al_2O_3	CaO	MgO	K_2O	Na_2O	Fe_2O_3	CoO	MnO		
明正德	釉	68.88	15.09	7.87	0.3	5.37	1.63	0.81	0.005	0.13	6.08	0.41
	青花 + 釉			5.51	0.28	5	1.31	0.9	0.53	3.35		
明嘉靖	釉	66.95	14.8	11.62	0.38	3.47	1.71	0.93	0.007	0.09	2.91	0.17
	青花 + 釉	66.05	14.82	10.36	0.29	3.37	1.33	0.86	0.75	2.25		
明嘉靖	釉	68.89	14.6	8.29	0.26	4.24	2.46	0.75			1.09	0.82
	青花 + 釉			7.92	0.27	4.23	2.34	1.06	0.42	0.46		
明万历	釉	69.02	13.69	8.39	0.26	3.91	2.77	0.74			7.93	1.31
	青花 + 釉			6.95	0.27	3.76	2.78	0.98	0.28	2.22		
明万历	釉	70.08	15.97	5.98	0.26	4.81	1.61	1.01			1.75	1.12
	青花 + 釉			9.12	0.25	4.75	1.63	1.36	0.32	0.56		

表 3.5 明永乐青花瓷黑斑的化学组成(wt%)[①]

年代	SiO_2	Al_2O_3	K_2O	CaO	MnO	Fe_2O_3	CoO	As_2O_3	Fe_2O_3/CoO	MnO/CoO
明永乐	56.3	17.16	5.46	10.4	0	9.42	1.3	0	7.08	
明永乐	57.6	16.7	6.17	6.52	0.62	11	1.2	0	8.97	0.5

宣德之后直至正德时期，官窑使用平等青钴料，正德时期还使用过石青，青花钴料均呈高锰低铁特征，青花凝练不易流散。表 3.6 中国产青花钴料的 Al_2O_3 含量均超过 20%，釉与青花钴料结合处的成分就可以进入 SiO_2—Al_2O_3—CaO 三元相图的钙长石或莫来石结晶区。当青花瓷器在高温烧成时，青花钴料只有部分被釉熔融，形成富铝蓝玻璃相，冷却时，釉与青花钴料作用区就有钙长石或莫来石晶相析出，还有未被釉熔融的青花钴料残存相[②]，均阻碍 Co^{2+} 的扩散。并且 MnO/CoO 比值大于 2，MnO 增大了对 Co^{2+} 的束缚，因此，青花瓷在高温烧成过程中不易流散，青花色调淡雅清隽，秀彻而明晰。至于明成化时期的部分标本青花料呈现低铁低锰特征，与嘉靖时期混合使用回青和石青的标本特征一致。说明成化时期也可能少量使用过进口料回青。

① 参见陈尧成、张志刚、郭演仪:《景德镇元明清青花的着色和显微结构特征》,《中国陶瓷》1981 年第 2 期，第 35~46 页。

② 参见张志刚、郭演仪:《明代永乐青花瓷器》,《中国陶瓷》1989 年第 3 期，第 52~57 页。

表 3.6　国产青花钴料的部分化学组成(wt%)[①]

产地	氧化物含量(%)									MnO/CoO	Fe_2O_3/CoO
	SiO_2	Al_2O_3	TiO_2	CuO	NiO	Fe_2O_3	MnO	CoO	As_2O_3		
云南珠明料(原矿)	28.8	36.37	0.12	0.67		3.22	20.6	2.8		7.35	1.15
云南珠明料经拣炼	28.7	35.46	0.35	0.81		2.84	22.8	6.11		3.74	0.17
云南珠钴土经拣炼	29.4	33.28	0.39	0.59	0.05	6.67	19.6	4.52		4.34	1.18
浙江钴土矿(原矿)	21.2	21.96	1.83	0.12	0.42	8.04	34.8	2.15		16.19	3.71
江西赣州钴土矿(原矿)	12.5	20.95		0.18	0.21	5.22	22.5	1.11		15.9	3.69
江西上高钴土矿(原矿)	25.6	21.27			0.41	6.51	36.1	5.02	0.05	7.2	1.3
云南宣威钴土矿(原矿)	21.8	23.69			0.11	7.23	26.8	5.44	0.09	4.92	1.33
浙江江山钴土矿(原矿)	42.5	27.25			0.18	5.29	24	2.18	0.06	11.03	2.43
浙江江山钴土矿经拣炼	5.98	26.55			1.24	1.54	48.9	6.92	0.05	7.06	0.22
云南嵩明钴土矿经拣炼	0.86				0.15	1.2	64.5	11.2	0.04	4.42	0.11

明嘉靖至万历前期,官窑使用进口青花钴料,并与国产青花钴料石青混合使用,使青花瓷呈纯蓝色调。《江西省大志·陶书》中记载:“回青淳则色散而不收,石青加多则色沉而不亮。每两加石青一钱,谓之上青。四六分加谓之中青……中青用以设色,则笔路分明。上青用以混水,则颜色青亮。真青混在坯上,如灰色。然石青多则黑。”[②] 从中可以看出,纯

① 参见张志刚、郭演仪:《明代永乐青花瓷器》,《中国陶瓷》1989 年第 3 期,第 52~57 页。陈尧成、张志刚、郭演仪:《景德镇元明清青花的着色和显微结构特征》,《中国陶瓷》1981 年第 2 期,第 35~46 页。李家治:《中国科学技术史·陶瓷卷》,科学出版社 1998 年版。

② [明]王宗沐:《江西省大志》卷七《陶书》,转引自熊寥、熊微:《中国陶瓷古籍集成》,江西科学技术出版社 2000 年版,第 177 页。

用回青着色，仅“色散而不收”，即回青仅有类似于苏麻离青晕散的特征，而没有呈现黑斑的特征，说明回青应是一种低铁低锰型的青花钴料，Al_2O_3 含量很低，Co^{2+} 很容易扩散到釉熔体中。当在回青中加入大约 10% 的国产青花钴料石青时，青花效果减少色散现象，可用于“混水”，青花色彩亮丽；而加入大约 60% 的石青时，青花则无色散现象，用于画轮廓线。说明石青中的氧化铝含量要大于 20%，甚至大于 30%①，只有 Al_2O_3 含量为 20%~30% 的青料以 60% 的配比加入到回青中，才有可能使混合青花钴料中的 Al_2O_3 含量超过 20%，以阻止 Co^{2+} 的扩散，而表 3.7 中的国产青花钴料均满足这一条件。由此也体现出官窑工匠更熟练地掌握了青花钴料的提纯处理工艺及呈色机理，促使嘉靖至万历前期青花瓷成为明代官窑青花瓷生产中的一个小高潮。而明万历后期随着回青的告竭，官窑生产选择使用浙江青花钴料，青花瓷质量开始衰落。

从以上明代官窑使用青花钴料的变化及青花钴料的特征，我们可以看出官窑工匠逐步掌握青花提纯处理工艺及青花呈色与烧成关系的过程。永乐宣德青花瓷虽然取得了极高的艺术成就，但仅从工艺角度看，并不是当时的工匠刻意为之，而是其没有掌握青花钴料的呈色变化特性（景德镇俗称“料性”），任凭“苏麻离青”自由呈现水墨画的晕散效果，而黑斑的形成更是由于青花钴料的不均匀及当时采用的“一笔点画”绘画技法的笔触造成的。宣德后期开始，官窑青花瓷生产中开始使用国产料，并且将进口料和国产料混合使用过，从此，官窑工匠进一步探索两种青花钴料的不同特征，加强了对青花钴料呈色机理及处理工艺的研究，青花瓷晕散及黑斑现象逐渐消失。成化后，虽用国产青花钴料，但青花呈色淡雅清隽，秀彻而明晰，并且成化中期时，青花绘画技法便从“一笔点画”法发展为“混水”法，如图 3.17。这些变化均是建立在工匠掌握了青花钴料的呈色机理及其提纯处理工艺基础上的。此时官窑采用“水选法”的青花钴料提纯处理工艺，提高了青花料中钴的含量。水选法分为敲青、淘青和研青三道工序，《江西省大志》中记载：“敲青：首用锤碎，内朱砂斑者为上青，有银星者为中青，每斤可得青三两。淘青：敲青后取其奇零锁碎碾碎，入注水中，用磁石引杂石，真青沉淀，每斤得五六钱。……（研青）倾入乳钵……研乳三日”②。而且青花瓷烧成温度与青花呈色相匹配，如果青花瓷过烧，青花钴料将全部被釉熔融，增大 Co^{2+} 的扩散，使青花呈现晕散特征。唐英在《陶冶图说》中也有记载：“如窑火稍过，则所画青花多致散漫。”嘉靖时，回青和石青按比例搭配、分工使用，体现出制瓷工匠已灵活掌握了青花钴料的性能。而万历后期再次使用国产浙料，虽然由于各种原因，官窑制瓷技术呈下降趋势，但是官窑工匠仍然在被迫提高青花瓷的生产质量。最终青花提纯处理工

① 参见陈尧成、张志刚、郭演仪：《景德镇元明清青花的着色和显微结构特征》，《中国陶瓷》1989 年第 2 期，第 43 页。

② ［明］王宗沐：《江西省大志》卷七《陶书》，转引自熊寥、熊微：《中国陶瓷古籍集成》，江西科学技术出版社 2000 年版，第 177 页。

艺也由"水选法"提升为"煅烧法"。明崇祯十一年(1638年)宋应星的《天工开物·陶埏》中记载:"凡画碗青料,总一味无名异,……用时先将炭火丛红煅过,上者出火成翠毛色,中者微青,下者近土褐,上者每斤煅出只得七两,中下者以次缩减。"[①] 煅烧法能更有效地去除青花钴料中的杂质,提高钴的含量,从而使明晚期官窑青花瓷仍然能呈色雅丽,色阶清晰。因此,青花钴料的质量及工匠掌握其提纯处理工艺、青花呈色与烧成关系的程度是影响青花瓷发展的重要因素。

而明代景德镇民窑青花瓷的生产自始至终采用国产青花钴料,有平等青、石子青、无名子及浙料等,均为高锰低铁型青花钴料。明前期景德镇民窑青花瓷呈色较暗,色调沉稳、淡穆,嘉靖之后则由于可以使用较好的青花钴料,及青花钴料提纯处理工艺的进步,青花瓷色泽逐渐清新、悦目、鲜艳[②]。明代成化以前的青花钴料其Fe_2O_3/CoO比在1.1%~3.7%之间,MnO/CoO比在6.5%~7.9%之间,与江西、浙江等地产的高锰低铁钴土矿原矿接近,而弘治以后的青花料其Fe_2O_3/CoO比在0.5%~0.88%之间,MnO/CoO比在4.8%~5.8%之间,与浙江、云南等地产的经过精选和锻过的高锰低铁型青花料相似[③]。说明明代景德镇民窑在弘治前后对青花钴料的提纯处理工艺技术有了明显的提高,使青花钴料中杂质减少,钴含量相对提高,降低了MnO/CoO的比值,使对光的选择性吸收不显著而呈色较深的MnO对CoO呈色的阻碍降低[④],从而改善了青花色调。

清代尤其是清前期,是官民窑竞市的时期,青花瓷呈色鲜艳浓翠。《陶冶图说》中记载:"悉借青料为绘画之需,而霁青大釉亦赖青料配合。料出浙江绍兴、金华两郡所属诸山。"[⑤] 而《景德镇陶录》中记载:"青料为画瓷之用,而霁青、东青各釉色亦需料配合。以浙江出者为上,云南、广东及本省各处亦产此。"[⑥] 从表3.7清代官窑青花瓷中釉及"釉+青花"的部分化学组成上看,康熙、雍正和乾隆时期青花料MnO/CoO和Fe_2O_3/CoO的比值,亦与浙江、云南等地产的经过精选和锻过的高锰低铁型青花料相似[⑦]。清代青花钴料应主要采用浙料及云南珠明料。

① [明]宋应星:《天工开物》卷七《陶埏》,转引自熊寥、熊微:《中国陶瓷古籍集成》,上海文化出版社2006年版,第42~56页。

② 参见方李莉:《景德镇民窑》,人民美术出版社2002年版,第78页。

③ 参见张志刚、郭演仪、陈尧成:《景德镇明代民间青花瓷器》,《硅酸盐通报》1987年第3期,第9~20页。

④ 参见刘秉诚:《〈天工开物〉中的"无名异"和"回青"试释》,《自然科学史研究》1982年第4期,第300-304页。

⑤ [清]唐英:《陶冶图说》,转引自熊寥、熊微:《中国陶瓷古籍集成》,上海文化出版社2006年版,第302页。

⑥ [清]蓝浦:《景德镇陶录》卷一《图说》,京都书业堂光绪十七年本。

⑦ 参见李家治:《中国科学技术史·陶瓷卷》,科学出版社1998年版,第383页。

表 3.7 清代官窑青花瓷中釉及“釉 + 青花”的部分化学组成

时代	分析内容	氧化物含量(%)									MnO/CoO	Fe_2O_3/CoO
		SiO_2	Al_2O_3	CaO	MgO	K_2O	Na_2O	Fe_2O_3	CoO	MnO		
康熙	釉	70.22	14.25	7.23	0.36	3.03	2.28	0.79	<0.01	0.12	6.83	0.88
	青花 + 釉			8.9	0.03	3.11	2.13	0.96	0.32	2.29		
雍正	釉	70.54	14.43	8.35	0.21	2.98	1.36	0.74			6.5	0.66
	青花 + 釉			7.2	0.2	2.99	1.39	0.93	0.36	2.34		
乾隆	釉	70.09	17.63	6.43	0.22	3.13	0.9	0.83			5.07	0.4
	青花 + 釉				0.21	3	0.9	0.92	0.45	2.28		

(2) 成型设备的改进

在陶瓷的制造中至关重要的设备就是陶车(也称辘轳、陶钧、轮车、拉坯车)。《天工开物·陶埏》中记载:“造此器坯,先制陶车”[①]。明代的利坯陶车如图 3.18(a)所示,“车竖直木一根,埋三尺入土内,使之安稳。上高二尺许,上下列圆盘,盘沿以短竹棍拨运旋转,盘顶正中用檀木刻成盔头,冒其上”。可见,陶车由一根 170 厘米左右长的直木棍、一大一小两木质圆盘、檀木盔头(轴顶帽)及短竹棍组成,结构简单。而图 3.18(b)为《陶冶图说》中拉坯工艺图。“车如木盘,下设机局,俾旋转无滞则所拉之坯方免厚薄偏侧,故用木匠随时修治。”从中我们可以看出,陶车由木盘和机局构成。整个陶车已基本落于地下,仅木盘略高于地面 20 厘米左右,机局不可见。但我们可以从《陶冶图说》的制画琢器和蘸釉吹釉工艺图(见图 3.19)中得到启示。在这两个工艺中均用到了陶车,与拉坯陶车相比,利坯陶车位于地面以上,木盘较小,机局可见。这便于工匠们坐着或站着绘画与施釉。机局由直木轴、轴顶帽、荡箍和木杆组成,如图 3.20 所示。实际上,轴顶帽是陶瓷的一个最关键部件,轴顶帽的性能直接决定陶车的转动平稳程度,而陶车转动时的平稳程度直接影响到瓷器的成型、瓷器的规整程度及成型瓷器的大小。景德镇的瓷器制造,至少从宋代的湖田窑开始陶车上便使用瓷质轴顶帽和荡箍[②],而我们从“盘顶正中用檀木刻成盔头”及“俾旋转无滞则所拉之坯方免厚薄偏侧,故用木匠随时修治”中可以推测,官窑陶车轴顶帽和荡箍材质应为檀木质。下面我们分析一下官民窑选择轴顶帽材质的原因[③]。

① [明]宋应星:《天工开物》卷七《陶埏》,转引自熊寥、熊微:《中国陶瓷古籍集成》,上海文化出版社 2006 年版,第 204 页。

② 参见江西省文物考古研究所、景德镇湖田窑陈列馆:《江西湖田窑址 H 区发掘简报》,《考古》2000 年第 12 期,第 73~88 页。

③ 参见李其江:《明清时期景德镇陶瓷轮制成型技艺的演变研究》,《陶瓷学报》2013 年第 3 期,第 314~315 页。

(a)《天工开物·陶埏》中利坯[①]　　(b)《陶冶图说》中圆器拉坯

图 3.18　利坯与拉坯工艺图

(a) 制画琢器　　(b) 蘸釉吹釉

图 3.19 《陶冶图说》中彩绘与施釉工艺图

轴顶帽决定陶车木盘的平稳旋转及转速的指标是其内面的圆度及光滑度。我们采用两点法对 3 件清代晚期瓷质轴顶帽（见图 3.21，编号为 ZDM1—3）内面的圆度进行了测量，每件轴顶帽取顶部、中部和下边沿三处位置进行测量[如图 3.21（d）中红色圆圈的位置]，

① ［明］宋应星：《天工开物》，转引自熊寥、熊微：《中国陶瓷古籍集成》，上海文化出版社 2006 年版，第 42~56 页。

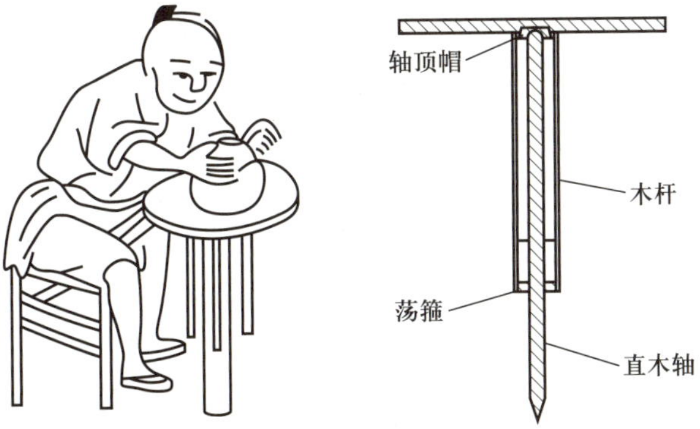

图 3.20　陶车机局示意图

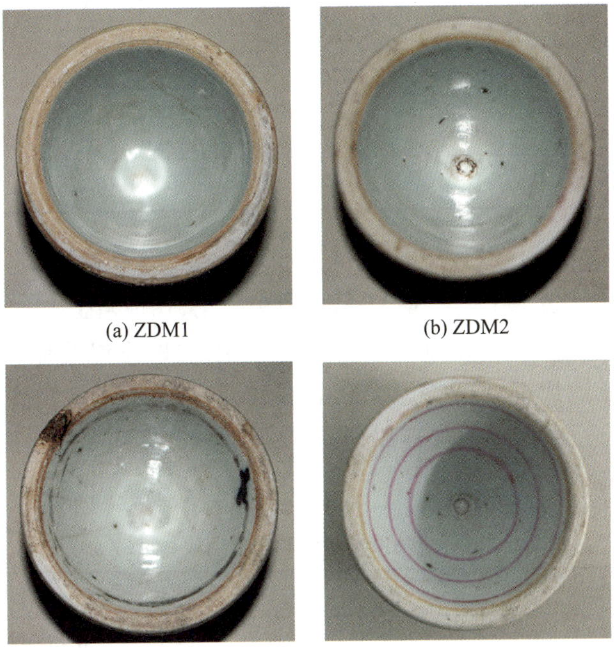

(a) ZDM1　(b) ZDM2　(c) ZDM3　(d) ZDM2

图 3.21　轴顶帽标本

测量结果见表 3.8。从中可以看出,每件轴顶帽的 3 处位置均存在圆度误差且数值较大,而且用手触摸轴顶帽的圆锥体内面,有较明显的凹凸不平感,说明轴顶帽的圆锥体内面是不规整的。这在较大程度上影响陶车木盘的平稳旋转。造成瓷质轴顶帽内面不规整的原因主要有:其一,轴顶帽采用传统成型方法制备,形制上本身存在一定程度的不规整;其二,轴顶帽在烧成过程中会发生烧成收缩,也就必然伴随一定程度的形变;其三,轴顶帽内面施釉厚薄不均及釉的高温流动造成;其四,轴顶帽不能进行后期加工[①]。因此,瓷质轴顶帽的圆锥体内面是难以制作规整的。

表 3.8 轴顶帽的圆锥体内面圆度值

样品编号		ZDM1	ZDM2	ZDM3
顶部	直径最大值	33.72	33.70	47.74
	直径最小值	33.4	33.20	47.16
	圆度误差	0.16	0.25	0.29
中部	直径最大值	47.10	45.08	33.32
	直径最小值	46.60	44.70	32.66
	圆度误差	0.25	0.19	0.33
下边沿	直径最大值	57.34	54.40	59.20
	直径最小值	57.00	54.10	58.34
	圆度误差	0.17	0.15	0.43

实验中还采用美国 EDAX 公司生产的 Eagle-III 型能量色散 X 射线荧光能谱仪[②],分析了轴顶帽胎体的化学组成(见表 3.9)。从中可以看出,轴顶帽胎体中 SiO_2、Al_2O_3 变化较大,Fe_2O_3 含量较高。说明当时的制瓷工匠在制作轴顶帽时不仅没有采用制作瓷器用的最好坯料,而且是较随意地选择。这也体现出轴顶帽的规整性不是靠精选原料及精工细作就可以达到的。因此,要制作更加精致的瓷器,必然要改变陶车技术的这一现状,选择更合适的材质制作轴顶帽。

表 3.9 轴顶帽胎体的化学组成(wt%)

样品编号	Na_2O	MgO	Al_2O_3	SiO_2	K_2O	CaO	TiO_2	Fe_2O_3
ZDW1	1.45	0.57	19.99	69.09	5.16	0.90	0.06	1.78
ZDW2	1.85	0.31	28.54	62.96	3.36	0.91	0.05	1.01
ZDW3	1.20	0.23	17.33	75.80	2.99	0.54	0.06	0.85
ZDW4	0.24	0.23	27.17	66.52	2.50	0.78	0.08	1.47

① 参见李家驹:《陶瓷工艺学》,中国轻工业出版社 2001 年版。

② 参见吴隽、张茂林、吴军明、李其江:《EDXRF 应用于古陶瓷科技鉴定的实验条件探讨》,《中国陶瓷》2012 年第 1 期,第 73~76 页。张茂林、李其江、吴军明、吴隽:《同步辐射在古陶瓷研究中应用的现状和展望》,《光谱实验室》2011 年第 5 期,第 2163~2168 页。

而檀木具有坚重细密、油性重、切面光滑、耐磨、易修整等优点[①]。并且当时社会的木工机械已发展到极高的水平，唐代即可做到金属铜的镜面磨削，光滑度已达▽14，如图3.22、图3.23、图3.24分别为我国古代的木工钻床、磨床和车床[②]。因此，当时社会完全有技术能够对檀木质轴顶帽进行精细加工，使檀木质轴顶帽的圆锥体内面加工得圆、滑，便于木盘更加平稳旋转，有利于提高陶瓷轮制成型的精确度。但是檀木属于名贵木材，本身受到皇家、贵族的钟爱，民间难寻，所以用檀木制作轴顶帽成本较高，并且檀木质轴顶帽不如瓷质轴顶帽耐磨，需要经常修治。因此，民窑是没有条件和资本使用檀木质轴顶帽的，而且民窑产品不需要精益求精，使用瓷质轴顶帽已能满足制瓷需要。只有官窑这种以“不计工本，刻意求精”为宗旨，专为皇室和官府烧造瓷器的制瓷机构才有条

图3.22 我国古代钻床示意图

图3.23 我国古代磨床示意图

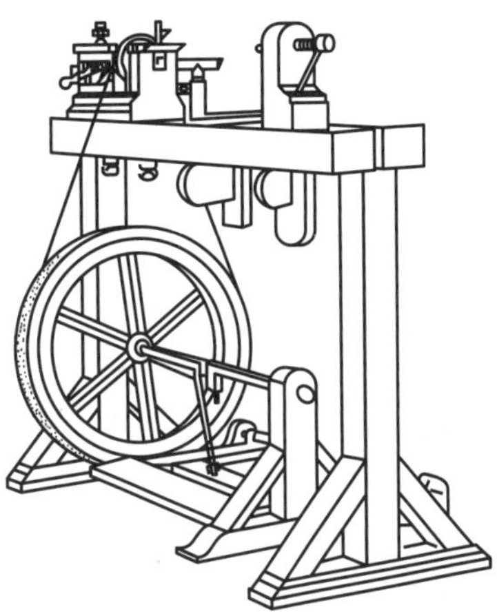

图3.24 我国古代脚踏车床示意图

① 参见王剑菁、苏中海、李兴伟:《檀木分类、性状及辨别浅析》,《广东林业科技》2010年第6期,第81~82页。周默:《明清家具的材质研究与鉴定——紫檀》,《收藏家》2004年第5期,第51~56页。

② 参见广州机床研究所编:《机床发展史话》,广东人民出版社1977年版。

件使用。官窑占有当时最优质的原料、最好的制瓷设备、工具以及最优秀的工匠。“盘顶正中用檀木刻成盔头，冒其上”，“俾旋转无滞则所拉之坯方免厚薄偏侧，故用木匠随时修治”，体现出官窑使用的轴顶帽是檀木质，并且有财力、有条件单独用木工随时修治陶车。

总之，官窑陶瓷使用檀木质轴顶帽，为其精品瓷器的成型提供了更有利的保障。

(3) 窑炉的选择及改进

葫芦形窑从元代末期诞生后，便注定成为明代的主要窑炉之一。葫芦形窑历经明代的发展，逐渐完善，为最终清代镇窑的出现奠定了坚实的筑窑技术及装窑技术基础。而明代官窑不计成本，只求质量的制瓷特性，使得易控制烧成速率及还原气氛、易保温的馒头窑，再次登上历史舞台，成为官窑生产使用的重要窑炉之一。

根据目前景德镇的窑址发掘，在明代官窑遗址发掘了洪武、永乐时期的 7 座葫芦形窑遗迹及宣德至万历时期的 14 座馒头窑遗迹，在各民窑遗址共发掘 3 座葫芦形窑遗迹及 1 座馒头窑遗迹。

① 明代景德镇葫芦形窑。2002—2004 年对明官窑遗址发掘时，在珠山北麓区域发现了形制、结构相同，大小相近，整齐排列的 7 座洪武、永乐时期葫芦形窑遗迹。葫芦形窑由窑前工作面、窑门、火膛、前窑室、后窑室、护窑墙等组成。窑床前低后高，倾斜度 8°~10°。整体斜长(不含窑前工作面)10 米余，前窑室宽 3.2~3.78 米，后窑室宽 1.8~2.5 米[①]。图 3.25 为

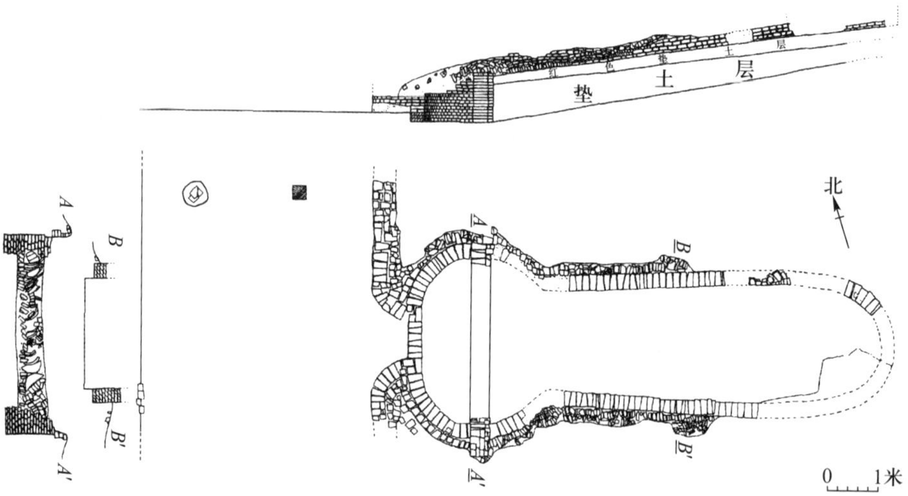

图 3.25　明官窑洪武、永乐时期葫芦形窑遗迹测绘图[②]

① 参见刘新园、权奎山、李一平等:《江西景德镇明清御窑遗址发掘简报》,《文物》2007 年第 5 期,第 4~47 页。

② 刘新园、权奎山、李一平等:《江西景德镇明清御窑遗址发掘简报》,《文物》2007 年第 5 期,第 4~47 页。

04JYIY6 葫芦形窑（M1）的平面测绘图，窑斜长 9.3 米、倾斜度 8°。其中，前窑室长 2.5 米、宽 3.3 米，后窑室长 6.8 米、宽 1.96~2.3 米。出土瓷器绝大多数为高温铜红釉和釉里红，少数为紫金釉等[①]。

2005 年对景德镇丽阳乡彭家村瓷器山进行发掘，发现明代宣德至天顺时期葫芦形窑 1 座（M2），图 3.26 为其平面测绘图。窑炉由窑前工作面、窑门、火膛、窑床、窑尾、窑壁、护窑墙等组成。窑炉残长 11 米，其中窑床斜长 9.6 米。前窑室长 1.63 米，最宽处约 3.6 米，窑床倾斜度 4°；后窑室长 7.16 米，最宽处约 3.4 米，前部较陡后部渐缓，倾斜度分别为 13° 和 6°；两室束腰处宽 1.98 米。窑尾圆收，未见烟囱迹象。出土有青花、白釉、仿哥釉、仿龙泉釉、紫金釉瓷器等[②]。

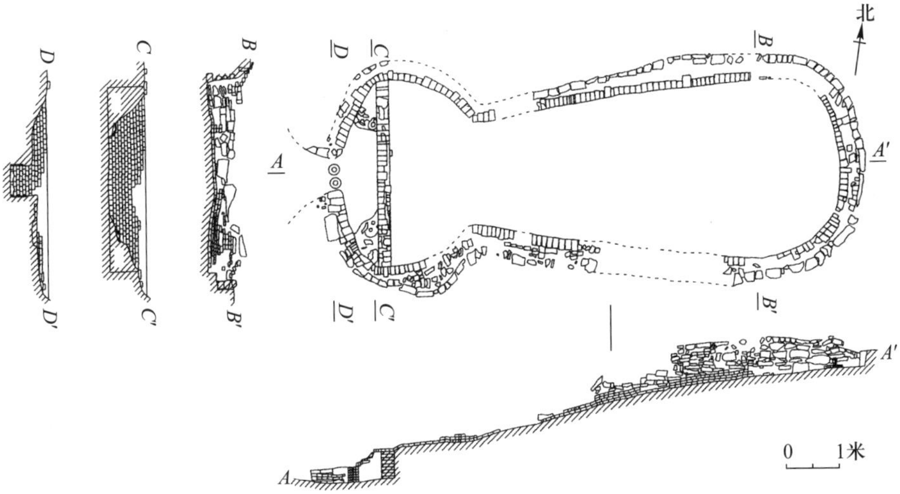

图 3.26 丽阳瓷器山明宣德至天顺时期葫芦形窑遗迹测绘图[③]

1972 年发现并清理湖田乌鱼岭东边明代成化弘治时期葫芦形窑遗迹 1 座（M3）。平面测绘图如图 3.27 所示，窑炉由窑前工作面、窑门、火膛、窑床、窑尾、窑壁、护窑墙等组成。窑炉残长 8.4 米，窑床长 7.06 米。前窑室长 2.2 米、宽 1.9~3.7 米，后窑室长 4.86 米、宽 1.9~3.0 米，窑床倾斜度 4° ~10°。出土大量明早中期青花瓷器[④]。

---

① 参见刘新园、权奎山、李一平等：《江西景德镇明清御窑遗址发掘简报》，《文物》2007 年第 5 期，第 4~47 页。王上海：《从景德镇制瓷工艺的发展谈葫芦形窑的演变》，《文物》2007 年第 3 期，第 62~67 页。

② 参见王上海：《从景德镇制瓷工艺的发展谈葫芦形窑的演变》，《文物》2007 年第 3 期，第 62~67 页。

③ 王上海、王光尧、余江安：《江西景德镇丽阳瓷器山明代窑址发掘简报》，《文物》2007 年第 3 期，第 17~33 页。

④ 参见江西省文物考古研究所、景德镇民窑博物馆：《景德镇湖田窑址：1988—1999 年考古发掘报告 》，文物出版社 2007 年版，第 45 页。刘新园：《景德镇湖田窑考察纪要》，《文物》1980 年第 11 期，第 39~49 页。

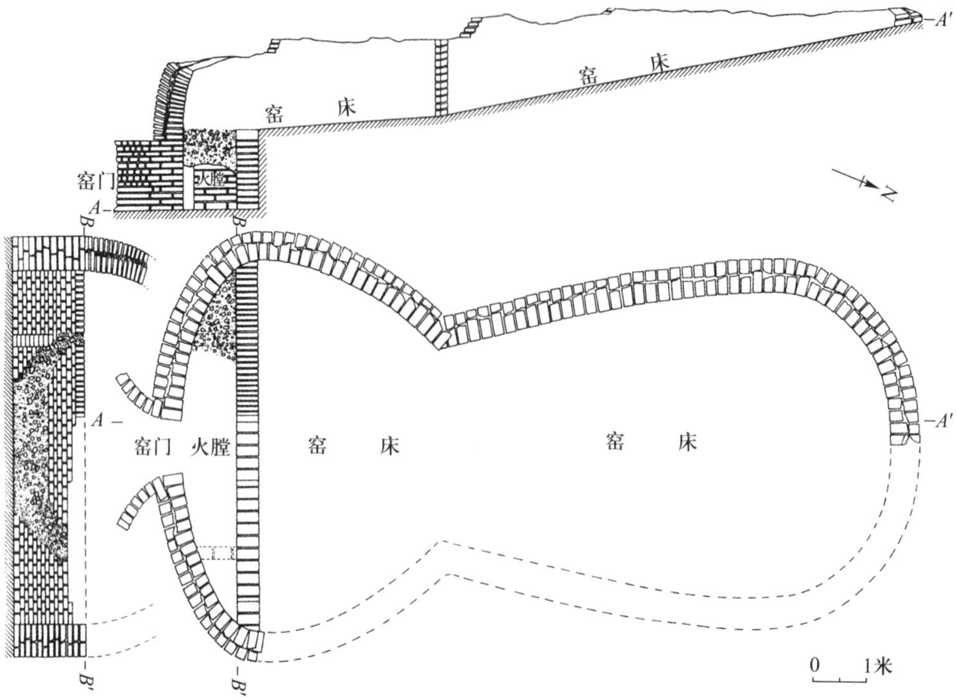

图 3.27 湖田明成化、弘治时期葫芦形窑遗迹测绘图[①]

2002—2003 年对景德镇吕湖二级公路途经南河南岸的湖田窑址进行抢救性发掘，发现明中晚期（正德）葫芦形窑遗迹（M4，现已被景德镇市公路部门强行回填作为公路路基）。窑炉保存完好，轮廓清晰，图 3.28 为该葫芦形窑平面实景图。窑全长 8.4 米，前窑室近圆形，长 3.2 米、宽 3.7 米，后窑室平面近椭圆形，长 3.9 米、宽 2.9 米，束腰处宽 2.1 米，窑床倾斜度 3°。窑尾平面垫沙仍清晰可见，未见烟囱平地起现象[②]。

以上窑址发掘的葫芦形窑遗迹在时间上刚好相互衔接，贯穿整个明朝时代，形成一个完整的演变序列。通过其相互对比，可以反映出明代葫芦形窑发展和演变的过程。尤其 M2、M3、M4 窑炉遗迹的发现，其复原图印证了《天工开物·陶埏》对葫芦形窑炉形制的记载，也弥补了其对烟囱位置记载的不足（见图 3.29）。葫芦形窑独立烟囱的出现，是古代窑

① 江西省文物考古研究所、景德镇民窑博物馆：《景德镇湖田窑址：1988—1999 年考古发掘报告》，文物出版社 2007 年版，第 46 页。

② 参见王上海：《从景德镇制瓷工艺的发展谈葫芦形窑的演变》，《文物》2007 年第 3 期，第 62~67 页。余家栋：《熊熊燃烧的千年窑火——历代名窑》，见《手铲下的文明：江西重大考古发现》，江西人民出版社 2004 年版，第 402 页。

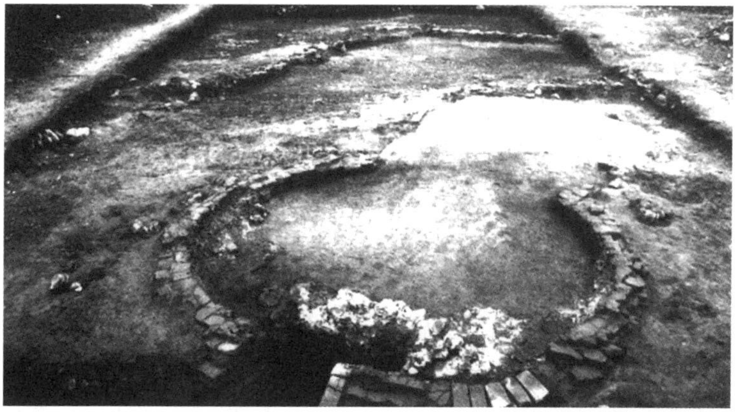

图 3.28 湖田明中晚期葫芦形窑遗迹平面实景图[①]

炉结构的重大改革,是窑炉发展史上的伟大创举,具有重要意义[②]。而由于葫芦形窑遗迹的上部均已损毁,我们只能从《天工开物·陶埏》中一窥其貌:"其窑上空十二圆眼,名曰天窗。火以十二时辰为足。先发门火十个时,火力从下攻上,然后天窗掷柴烧两时,火力从上透下。"[③]从中可知,窑体上部有 12 个圆眼,用于烧成后期掷柴以增强火力,但烟囱的高度及大小等仍不清楚。

图 3.29 《天工开物·陶埏》中葫芦形窑图[④]

通过以上明代葫芦形窑的对比,其窑体的变化具体为:窑室长度从 9 米多缩短到 7 米多;前窑室长度先从 2.5 米减到 1.63 米再增到 3.2 米,宽度从 3.3 米逐渐增到 3.7 米;后窑室长度先从 6.8 米增到 7.16 米再减到 3.9 米,宽度从 2.3 米增到 3.4 米再减到 2.9 米;窑床倾斜度从 8° 降到 3°,但中间出现分段倾斜现象。总体而言,明代葫芦形窑的变化幅度不大,相对变化较大的在于窑室总长度、后窑室长度及倾斜度。但若与元末刚出现的葫芦形

① 余家栋:《熊熊燃烧的千年窑火——历代名窑》,见《手铲下的文明:江西重大考古发现》,江西人民出版社 2004 年版,第 102 页。

② 参见刘新园:《景德镇珠山出土的明初与永乐官窑瓷器之研究》,《鸿禧文物》1996 年创刊号,第 1~40 页。

③ [明]宋应星:《天工开物》卷七《陶埏》,转引自熊寥、熊微:《中国陶瓷古籍集成》,上海文化出版社 2006 年版,第 209 页。

④ [明]宋应星:《天工开物》,转引自熊寥、熊微:《中国陶瓷古籍集成》,上海文化出版社 2006 年版,第 42~56 页。

窑相比，明代葫芦形窑总体长度从20多米缩短至7米至9余米，后窑室长度从16米多降至4米至7余米，窑床倾斜度从12°~15°降至3°~8°，变化幅度巨大。这体现出葫芦形窑发展演变的两大阶段：其一，从元末到明早期葫芦形窑的革命性变化；其二，明宣德之后葫芦形窑的缓慢变化。同时，也反映出了这两种变化不同的主导力量和特性。

从元末到明早期葫芦形窑的革命性变化，是指元末葫芦形窑向明早期洪武、永乐时期葫芦形窑M1的转变。这一变化是由明代官窑主导的，变化幅度巨大，具有革命性。明代在元代设立浮梁瓷局的基础上，于洪武二年（1369年）直接在景德镇建立官窑——御器厂，并设立专门的督陶官，为朝廷烧制精品瓷器①，并统治管理景德镇瓷业生产。朝廷不仅将制瓷工匠强行编入"匠籍"，垄断最熟练的技术，还实行强制的劳役制，垄断优质原料作为御土，控制青花色料为官窑专用。因此，具有如此特性的官窑在建立御器厂时，必然经过周密的规划与设计，如作坊的大小、布局、位置，窑房、窑炉的设计及安放等。那么明早期官窑使用的葫芦形窑，则应是在认识到元末葫芦形窑比龙窑较易控制烧成速率及烧成气氛、容易保温等优点的基础上，集中技术力量，结合馒头窑的技术优点，对现有葫芦形窑重新设计和规划的结果。窑炉越短，相对越容易控制气氛和温度。官窑生产不计成本，精益求精，因此，大幅缩短葫芦形窑烧成温度偏低的后窑室是合情合理的。

明洪武、永乐时期官窑7座葫芦形窑，出土瓷器绝大部分为铜红釉和釉里红，少数为紫金釉和黑釉等。加上青花瓷器，基本上涵盖了明洪武、永乐时期官窑的主要瓷器种类。从其烧制的产品可看出，主要为高温釉瓷，相对单一，必然不能充分合理利用窑炉窑位，使该时期葫芦形窑的烧成率和利用率降低，造成生产成本的相对增加和生产效率的降低。而如果再次采用缩短窑室的方法来改善窑炉，就不如直接采用具有成熟技术的馒头窑。基于此，宣德官窑烧造和活动主要区域从珠山北麓更换到珠山南麓后，便新建并使用了馒头窑烧制瓷器②。洪武、永乐时期御器厂排放整齐的7座葫芦形窑，也就成了明官窑使用的最后几座葫芦形窑。

景德镇明官窑的建立，促进了景德镇整体制瓷技术的提高。改革后的官窑葫芦形窑及烧成技术逐渐为民窑所掌握，并且也更适合商品经济下逐渐呈现官民竞市局面的民窑大生产。

明宣德之后葫芦形窑的缓慢变化，即指在官窑葫芦形窑的基础上，民窑在使用及实践的过程中，根据窑炉特性慢慢调整窑炉结构，逐渐使其更合理的变化过程。此变化过程没有超然的领导力量，只是众多民窑窑主及窑工在实际生产过程中，总结烧窑经验，发现窑炉不足，然后从各自角度，与筑窑工匠魏氏等一起逐步改善窑炉结构。因此，M1、M2、M3、

① 参见刘新园：《景德镇珠山出土的明初与永乐官窑瓷器之研究》，《鸿禧文物》1996年创刊号，第1~40页。

② 参见刘新园、权奎山、李一平：《江西景德镇市明清御窑遗址2004年的发掘》，《考古》2005年第7期，第35~41页。

M4 葫芦形窑在不同部位的变化上就表现出一定的分散性。明宣德之后葫芦形窑的发展演变,与元代龙窑的发展及向葫芦形窑的演变一样,进程缓慢。这正符合了封建社会技术发展的自然规律。

② 明代景德镇馒头窑。2004 年对明官窑遗址发掘时,在珠山南麓区域发现形制、结构相同,大小相近的 15 座嘉靖至万历时期馒头窑遗迹。或叠压或打破(改建重修),最多的有 3 座窑炉相互叠压、打破。最上面一层有 8 座窑炉,整齐地排列在一起。馒头窑由窑前工作面、窑门、火膛、窑室、烟道、排烟孔、烟囱、护窑墙等组成,规模较小,全长(不含窑前工作面)约 4 米,窑室宽 2~2.2 米①。如图 3.30 为 04JYIIY14 馒头窑(M5)平面测绘图,窑室长 1.38 米、宽 2.02 米。排烟孔共有 6 个,在后壁下面排成一排,左右两个略大,排烟孔前连接一烟道。出土瓷器种类繁多。

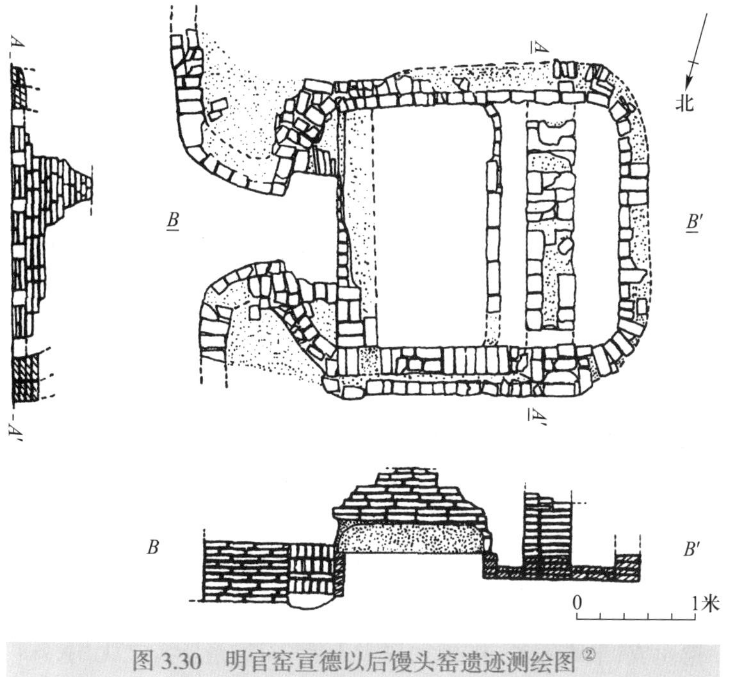

图 3.30　明官窑宣德以后馒头窑遗迹测绘图②

如上所述,明代官窑最终选择使用馒头窑是官窑发展需求的必然结果。但明代御器厂的馒头窑与北方馒头窑及景德镇五代馒头窑相比,窑体较小,窑床长度变化最大,仅有 1.38 米,窑床面积大约为 2.8 平方米。这主要是因为馒头窑烟囱较矮,抽力较小,窑室后部

① 参见刘新园、权奎山、李一平等:《江西景德镇明清御窑遗址发掘简报》,《文物》2007 年第 5 期,第 4~47 页。

② 刘新园、权奎山、李一平等:《江西景德镇明清御窑遗址发掘简报》,《文物》2007 年第 5 期,第 4~47 页。

存在温度较低的缺点，因此，官窑馒头窑便缩短了窑室的长度，以求窑内温度均匀。在官窑发现的馒头窑中，有的窑炉烧得很严重，壁内侧挂满了厚厚的"窑汗"；有的则烧得很轻，壁内侧没有"窑汗"生成。这显然不是偶然出现的，《景德镇陶录》载：明代御器厂"为窑式六，曰青窑、曰龙缸窑、曰风火窑、曰色窑、曰爁熿窑、曰匣窑"[①]，说明明代御器厂的窑炉已有了合理的"分工"[②]。有"窑汗"的馒头窑应是专烧高温小件器物的"青窑"，无"窑汗"的馒头窑应是专烧低温颜色釉的"色窑"[③]。这种窑炉"分工"也是明官窑力求使窑炉烧成温度均匀的原因之一。

明代民窑也有使用馒头窑。1997 年在基建过程中，在湖田窑遗址中心地带乌鱼岭山上发现一座明代成化、弘治时期馒头窑（M6），平面测绘图如图 3.31 所示。窑全长 4.3 米、宽 3.6~4.2 米，窑床长 1.94 米、宽 2.5~2.72 米，前高后低，倾斜度为 7°。窑尾有排烟孔 6 个，后烟囱 2 个。出土器物 90% 为素面白釉高足杯，只有少量青花瓷器[④]。

根据考古发掘和史料记载，明代民窑甚少使用馒头窑。位于湖田窑中心位置的 M6 馒头窑是目前发现的唯一一座明代民窑所用馒头窑，窑床面积是明官窑 M5 馒头窑的两倍，体现出民窑制瓷的特点。从出土器物主要为素面白釉高足杯，可以看出该窑应是为了追随明官窑古彩的生产而建立，体现了馒头窑窑体小、使用灵活的特点。

由此，葫芦形窑和馒头窑在明代各领风骚。葫芦形窑主要为民窑所用，适应瓷业大生产，烧制各种瓷器。馒头窑主要为官窑所用，烧制精品瓷器及各种色釉瓷器。

（4）制品的处理

官窑生产的不惜工本，不仅表现在选用最好的工匠、最好的设备上，更表现在对烧成后瓷器的拣选上。官窑对烧造的御用瓷器的拣选要求非常严格，有一点点缺陷、瑕疵者都不能解运进京给皇帝使用。于是在烧成的御用瓷器中便出现了数量众多的落选瓷器，也称次色瓷器。明代次色瓷器的数量没有文献具体记载，无从查证。但可从考古发掘出土资料和文献记载中了解部分情况。1982—1994 年景德镇市陶瓷考古研究所在官窑遗址范围内清理、发掘出土明代洪武至嘉靖朝的次色瓷器碎片"竟有十数吨，若干亿片"。当时圆形器的供御率还高一些，方形器的供御率极低。明代王世懋在《二酉委谭》中记载："方物即至小，亦须手捻而成，最难完整，供御大率十不能一二，余皆置之无用，殊可惜也。"[⑤] 清代

① ［清］蓝浦：《景德镇陶录》卷一《图说》，转引自熊寥、熊微：《中国陶瓷古籍集成》，京都书业堂光绪十七年本。

② 参见刘新园、权奎山、李一平：《江西景德镇市明清御窑遗址 2004 年的发掘》，《考古》2005 年第 7 期，第 35~41 页。

③ 参见刘新园、权奎山、李一平：《江西景德镇市明清御窑遗址 2004 年的发掘》，《考古》2005 年第 7 期，第 35~41 页。

④ 参见江西省文物考古研究所、景德镇民窑博物馆：《景德镇湖田窑址：1988—1999 年考古发掘报告》，文物出版社 2007 年版，第 44 页。

⑤ 转引自权奎山：《江西景德镇明清御器（窑）厂落选御用瓷器处理的考察》，《文物》2005 年第 5 期，第 54~63 页。

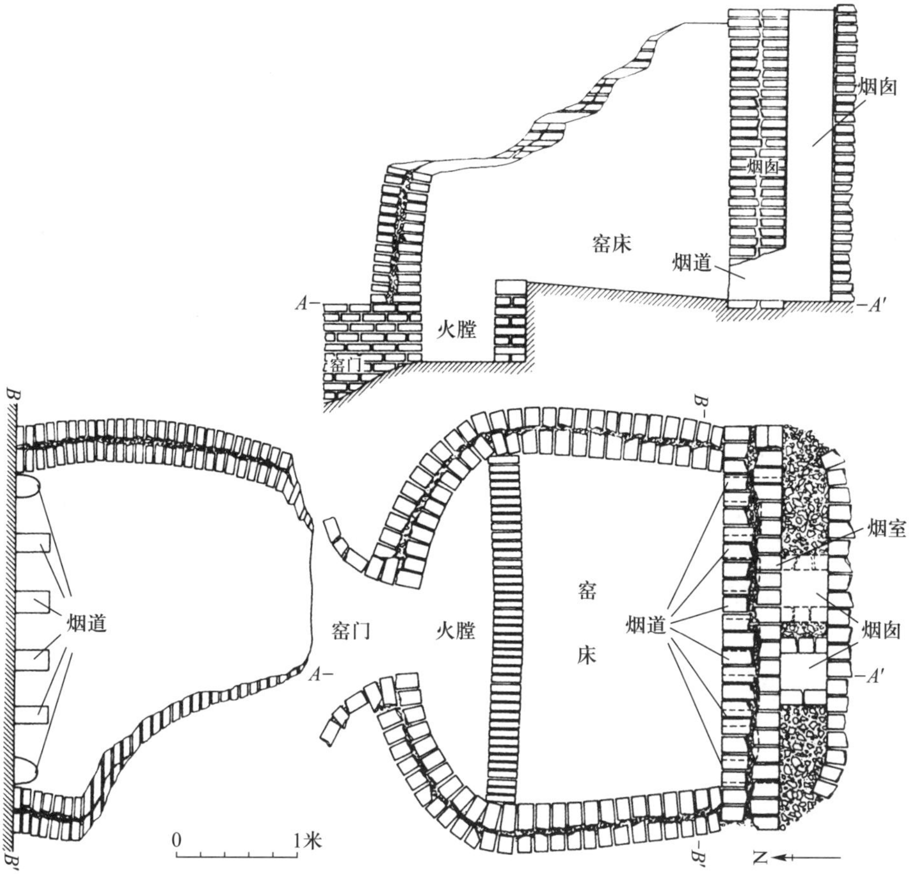

图 3.31　湖田明成化、弘治时期馒头窑遗迹测绘图[①]

所烧造的御用瓷器也“不能保其件件全美，每岁每窑均有选落之件，计次色脚货及破损等数，几与全美之件数相等，此项瓷器必须落选，不敢上供御用”。选落之件“几与全美之件数相等”，这应该仅是平均数，有的年份还达不到这个比例[②]。由此可见官窑器的生产成本之高。然而，官窑对这些落选瓷器是如何处理的呢？其处理方式对瓷业技术发展有何影响呢？

明代官窑对次色瓷器的处理方式，从御器厂遗址考古发掘出土资料看，大多都是将其打碎掩埋在御器厂内。迄今为止，已在御器厂遗址内出土了大量明代洪武、永乐、宣德、正

① 江西省文物考古研究所、景德镇民窑博物馆：《景德镇湖田窑址：1988—1999 年考古发掘报告》，文物出版社 2007 年版，第 44 页。

② 参见权奎山：《江西景德镇明清御器（窑）厂落选御用瓷器处理的考察》，《文物》2005 年第 5 期，第 54~63 页。

统、成化、弘治、正德、嘉靖朝的次色瓷器碎片。未发现隆庆朝次色瓷器碎片，万历朝发现的数量极少[①]。《江西省大志·陶书》中记载："按逐年存贮器皿，堆积日多，库役皂快乘机盗窃，董事者且拣择馈送，是以公家之物，徒济贪鄙之私。隆庆五年春，蒙抚院议行将存留器皿，委官查解折俸。因验得东、西库房存贮各器，体质粗粝，花色暗黑，类多不堪。近年如此，远可类推。节经建议发卖或兑民窑，迄无成兑者，非此之故欤？然官去吏更，册籍漫然可考。今议将烧造附余次堪器皿，攒造文册，一样三本，二本新旧厂官交执，一本给库了收查。庶数目明而稽考严，少杜窃取移那之弊云。"[②] 由此可知，明代隆庆、万历朝御器厂对次色瓷器是存贮于库房，登记造册，而非打碎掩埋了。而明末天启、崇祯朝御器厂已停烧或基本停烧[③]，也就基本没有次色瓷器了。

清代御窑厂对次色瓷器的处理方式又有所变通，这从唐英在乾隆八年（1743 年）二月二十日的《请定次色瓷器变价之例以杜民窑冒滥折》中可以看出："窃奴才于雍正六年奉差江西，监造瓷器，自十月内到厂，即查得有次色脚货一项，系落选之件。从前监造之员，以此项瓷器向无解交之例，随散贮厂署，听人匠使用，破损遗失，致烧成之器皿与原造之坯胎，所有数目俱无从查核。……奴才辗转思维，实不便遗存在外，以蹈亵慢不敬之咎。随呈商总管年希尧，将此次色脚货，按年酌估价值，造成黄册，于每年大运之时一并呈进，交贮内府。有可以变价者，即在京变价；有可供赏赐者，即留备赏用。自奴才到厂之后，于雍正七年为始迄今，总属如此办理。今于乾隆七年十二月十二日接到养心殿造办处来文，内有传奉本年六月二十三日谕旨：'嗣后脚货，不必来京，即在本处变价。'……奴才愚昧之见，请将此选落之黄器、五爪龙等件照旧酌估价值，以备查核，仍附运进京，或备内廷添补副余，或供赏赐之用，似可以尊体制而防亵越。至如余外选落之款釉花样等件，凡属官造，向亦在查禁之列，不许民窑书款仿造。然于国家之制度等威，尚无关涉，似不妨在外变价。奴才请将此项次色脚货，仍按年估计造册，呈明内务府。俟核复到日，听商民人等之便，有愿领销者，许其随外变价，仍不许窑户影射伪造，以杜滥觞壅滞，则此选落之无关定制者既易销售，而黄器、五爪龙之选落者亦得所用，不致流布民间，以滋亵越矣。朱批：'黄器如所请行。五爪龙者，外边常有，仍照原议行。'"[④] 可见，雍正六年（1728 年）及其以前，即唐英任督陶官之前，次色瓷器散存在御窑厂内，厂内人员和工匠们可以任意使用，以致有的破损，有的遗失，与明代隆庆、万历时期非常相似。雍正七年（1729 年）至乾隆七

① 参见权奎山：《江西景德镇明清御器（窑）厂落选御用瓷器处理的考察》，《文物》2005 年第 5 期，第 54~63 页。

② ［明］王宗沐：《江西省大志》卷七《陶书》，明万历二十五年本。

③ 参见刘新园：《景德镇瓷窑遗址的调查与中国陶瓷史上的几个相关问题》，见《景德镇出土陶瓷》，香港冯平山博物馆 1992 年版。

④ ［清］唐英：《请定次色瓷器变价之例以杜民窑冒滥折》，转引自熊寥、熊微：《中国陶瓷古籍集成》，上海文化出版社 2006 年版，第 106 页。

年(1742 年),是将次色瓷器按年酌情估价,登记造册,交内务府储存,或在京城销售,或用于赏赐。乾隆七年(1742 年)以后,除黄器仍交内务府外,其余次色瓷器直接在当地变价销售[①]。

总之,明清官窑次色瓷器的处理方式,大体可以分为四个阶段:明洪武至嘉靖时期的打碎掩埋阶段、明隆庆至清雍正六年(1728 年)的存贮于库房阶段、雍正七年(1729 年)至乾隆七年(1742 年)的交内务府处置阶段,以及乾隆七年(1742 年)以后的在景德镇变价销售阶段。

① 明洪武至嘉靖时期的打碎掩埋阶段。在此阶段,正是明朝极力维护皇权的时期,而御用瓷器一定程度上是皇权的象征,臣庶不能珍藏、擅用,民窑更不能仿造[②]。因此,为防止次色瓷器外泄,采用打碎掩埋的方式就是最简单、实用、保险的做法了。《明实录·宣宗实录》中记载,宣德二年(1427 年)十二月癸亥,督陶宦官张善在京城被斩首,其两条罪状之一即是"所造御用瓷器多以分馈其同列"[③],可见明朝对御用瓷器的管理控制之严格。同时,次色瓷器这样的处理方式,使民窑工匠难以得见官窑瓷器的全貌,延缓了官窑制瓷技术的外传及民窑制瓷技术的提高。

② 明隆庆至清雍正六年(1728 年)的存贮于库房阶段。此阶段明官窑已实行"官搭民烧"制度。民窑烧造御用瓷器,可以窥其瓷器全部,因此将官窑次色瓷器打碎掩埋的意义就很小了。而此时在没有更好的办法处理这些次色瓷器时,也只能临时存贮于库房内,以待处理了。因此,"听人匠使用,破损遗失"便为常事,这样的方式,有助于民窑较系统地学习官窑制瓷技术,加快民窑业的发展。

③ 雍正七年(1729 年)至乾隆七年(1742 年)的交内务府处置阶段。此阶段,已是官民窑互相影响、相互促进、共同发展、官民竞市的阶段。次色瓷器交内务府在京销售,或用于赏赐的处理方式,可以使民窑合法合理地得到官窑瓷器,对于进一步学习官窑的成型技术、装饰技术等具有重要的促进作用。

④ 乾隆七年(1742 年)以后的在景德镇变价销售阶段。此阶段是官民窑瓷业及制瓷技术达到封建社会顶峰的繁荣时期。官窑次色瓷器在景德镇变价销售的具体方式,可从唐英《请定次色瓷器变价之例以杜民窑冒滥折》中得知:"听商民人等之便,有愿领销者,许其随处变价。"[④] 也就是说,次色瓷器的销售是完全的市场行为,不带有官府强制手段。因此,为避免明代"节经建议发卖或兑民窑,迄无成兑者",官窑次色瓷器的质

---

① 参见权奎山:《江西景德镇明清御器(窑)厂落选御用瓷器处理的考察》,《文物》2005 年第 5 期,第 54~63 页。

② 参见权奎山:《江西景德镇明清御器(窑)厂落选御用瓷器处理的考察》,《文物》2005 年第 5 期,第 54~63 页。

③ 转引自权奎山:《江西景德镇明清御器(窑)厂落选御用瓷器处理的考察》,《文物》2005 年第 5 期,第 54~63 页。

④ [清]唐英:《请定次色瓷器变价之例以杜民窑冒滥折》,转引自熊寥、熊微:《中国陶瓷古籍集成》,上海文化出版社 2006 年版,第 106 页。

量就成为关键问题，为使次色瓷器易于销售，官窑就不得不大力提高其整体制瓷水平。官窑次色瓷器在景德镇变价销售，使其直接进入民间，使民窑仿官窑瓷成为了合法的存在，掀起了民窑仿官窑瓷的空前热潮，对民窑制瓷技术的进步和瓷业技术传播具有重要作用，官民窑瓷艺也出现了显著的趋同特色。在过去，民窑也有仿官窑瓷者，但主要仿历代官窑瓷，而少仿当代官窑瓷[①]。总之，此方式的实行，有利于推动官民窑技术的共同发展和进步。

4. 技术分工对瓷业技术的影响

明代景德镇陶瓷御器厂建立以前，景德镇陶瓷是以家庭手工作坊的模式生产。蒋祈在《陶记》中记载了当时景德镇地区宋元时期瓷业生产的情况："陶甿食工，不受艺佣，埽赁窑主，以相附合。""陶工、匣工、土工之有其局，利坯、车坯、釉坯之有其法，印花、画花、雕花之有其技。秩然规制，各不相紊。"说明陶民以作坯为生，不接受雇佣，他们向窑主租赁窑位烧造，窑主和陶民的这种关系叫做"褃"，他们各自独立，但又互相依存。当时陶坯生产中已有着初步的技术分工。即制坯业中分成三个主要生产门类：原料开采、制匣、制坯，它们各有不同的工作场所。而制坯又有车坯、利坯、釉坯的分工；装饰则有印花、画花、雕花三种技术。这就是家庭手工作坊的初步分工形式，这样的小作坊，最少只需七八人便能完成全部工艺[②]。而元后期，景德镇瓷胎瓷石加高岭土"二元配方"的出现及青花瓷的烧制成功，使景德镇的制瓷技术获得较大进步。而青花瓷的烧制对生产技术有较高的要求，并且需要釉下绘画装饰工匠，因而其出现进一步加强了社会分工和技术分工，为景德镇手工工场的出现打下了基础。

随着社会生产力及景德镇制瓷技术的提高，景德镇在技术上已有能力组成较大规模的制瓷手工作坊，但资金微薄的民窑无力承担，而以整个国家税收为后盾的皇家，为满足其高质量瓷器的需求，建立专为皇室烧造瓷器的手工工场也就成为顺理成章的事。在此背景下，明代景德镇官窑御器厂应运而生。官窑御器厂占地 45 万平方米，房屋按一定规划建造，是典型的封建官办手工工场[③]。《江西省大志·陶书》中记载了明代御器厂的布局和功能："御器厂中为堂（正厅三），后为轩（穿堂一）、为寝（后堂三）。寝后高阜为亭（扁曰兀然，今改为纪绩）。堂之旁为东西序（各厢房三），东南有门（三），堂之左为官署（大门三、厅堂三、东西廊房六），堂之前为仪门（三）、为鼓楼（三）、为东西大库房（各六、内外库八），为作（二十三）：曰大碗作（房七间、小泥房七间）、曰酒盅作（房三间）、曰碟作（房八间、小泥房四间）、曰盘作（房七间、小泥房四间）、曰盅作（房

① 参见江春和：《论清乾隆官窑瓷"次色变价"与瓷艺大发展》，《中国陶瓷》2011 年第 5 期，第 43~45 页。

② 参见萧放：《宋至清前期景德镇的形成和发展概述》，《江西社会科学》1987 年第 3 期，第 98~101 页。

③ 参见余勐、邬德慧：《论官窑对景德镇瓷业发展的贡献》，《中国陶瓷》2004 年第 6 期，第 55~56、59 页。

七间、小泥房四间)、曰印作(房十间、小泥房四间)、曰锥龙作(房一间)、曰画作(房一间)、曰写字作(房一间)、曰色作(房七间)、曰匣作(房三十三间)、曰泥水作(房一间)、曰大木作(房五间)、曰小木作(房五间)、曰船木作(房二间)、曰铁作(房四间)、曰竹作(房二间)、曰漆作(房三间)、曰索作(房一间)、曰桶作(房一间)、曰染作(房一间)、曰东碓作(四十六乘)、曰西碓作(一十六乘)……厂之西为宫馆,东为九江道,为窑(六):曰风火窑、曰色窑、曰大小燫熿窑(连色窑共二十座)、曰大龙缸窑(十六座)、曰匣窑、曰青窑(四十四座)。厂内神祠三(曰帝、曰仙陶、曰五显)。厂外神祠一(曰师主)。井二(一在南门内,一在锥龙作)。为厂二(曰船柴厂,屋十间;曰火柴厂,屋九间)。放柴房(八十七)……"[①] 这是明代中期御器厂的规模。初设时规模相对较小,分工也没有如此详细和明确。如窑仅 20 座,宣德时才增至 58 座,明中后期最多时达 80 座。这种技术分工的出现,促进了官窑手工工场的诞生,提高了工匠的技术水平和对单项工艺的熟练程度,大大提高了瓷器的生产效率和合格率。同时,官窑手工工场的发展,又促进了景德镇陶瓷生产的集中化、城镇化,形成了以官窑手工业为中心的官民窑陶瓷生产格局,使景德镇发展成为全国的制瓷中心。

随着景德镇制瓷业的发展,在明后期民窑业逐渐出现了制瓷手工工场,并且民窑以行业的形式进行大分工。有专门生产高质量的细瓷器并为宫廷烧造钦限瓷器的官古器户,较次于官古器户的有假官古器户、上古器户和中古器户。还有釉古器户、小古器户、常古器户、粗器户、冒器户、子法器户、脱胎器户、大琢器户、洋器户、雕镶户、定单器户、仿古器户、填白器户、碎器户、紫金器户等。陶瓷生产服务业又分为柴户、搓户、匣户、砖户、白土户、青料户、篾户、木匠户、桶匠户、铁匠户、修模户、盘车户、乳钵荡口户、打篮户、炼灰户、锁刀户等。而制瓷工艺也细化至极,"共计一坯之力,过手七十二,方克成器"。如"上釉工有蘸上者,有吹上者",彩之工则可分为"乳颜料工、画样工、绘事工、配色工、填彩工、烧炉工"。"画者,止学画而不学染;染者,止学染而不学画,所以一其手而不分其心。"[②] 可见工匠均专注于某一项工序的操作。这样的分工合作促进了民窑制瓷技术的发展,为"官搭民烧"方式的出现奠定了基础,并出现了如崔公窑、壶公窑等民间名窑,同时促进了景德镇瓷业的大发展。

基于景德镇民窑业的发展及行业和技术分工合作的日益完善,清官窑在实行"尽搭民烧"之后,御窑厂中许多陶瓷生产的"服务作"逐渐取消,转而依托于民窑的制瓷服务业,如前节"清代'官搭民烧'方式"中所述,御窑厂内只有成型、彩绘、施釉、烧炉等作坊。官窑的发展逐渐与民窑互融,互相促进,共同发展,呈现出"官民竞市"的局面,使景德镇的

① [明]王宗沐:《江西省大志》卷七《陶书》,"廨厅"条,明万历二十五年本。

② [清]唐英:《陶冶图说》,转引自熊寥、熊微:《中国陶瓷古籍集成》,上海文化出版社 2006 年版,第 303 页。

制瓷业走向辉煌。在明清时期景德镇形成的这种制瓷技术的分工合作生产模式一直沿用至今。

三、皇权对瓷业技术的影响

陶瓷官窑建立的目的，首先是为皇帝服务，其次是整个宫廷。实际上，皇帝是“官窑工厂”的实际掌权人，而朝廷是“官窑工厂”的设计部门。因此，官窑瓷器的生产，必然直接或间接地受到皇帝本人的影响。例如，皇帝御批的官样、皇帝本人对瓷器的喜欢程度、皇帝治理国家所倡导的社会文化等都对瓷器的生产及发展产生关键的影响。

（一）官样制度

明清时期景德镇官窑生产瓷器必须按照官府颁布的式样、规格、尺寸进行生产，这种官府颁布的式样就是官样。官样具有规范器物形制、保证器物质量的作用①。同时，官样架起了皇帝与陶瓷工匠之间沟通的桥梁，皇帝的审美情趣能直接通过官样传递给工匠。对于发出的官样，无论官窑能否完成烧造，最终要全部收回，用以作为验收标准的同时确保皇家用瓷的唯一性。这就是官样制度，是皇帝直接掌握生产的方法之一。

明代官窑生产，“凡器之成，必有依准”②。《明会典》记载：“洪武二十六年定，凡烧造供用器皿等物，须定夺样制，计算人工物料。如果数多，起取人匠赴京，置窑兴工。或数少，行移饶、处等府烧造”，“宣德八年尚膳监题准，烧造龙凤瓷器，差本部官一员，关出该监式样，往饶州府烧造各样瓷器四十四万三千五百件”③。明代前期的洪武、永乐及宣德时期，由工部负责设计好制瓷官样后奏请皇帝。而宣德后期，制瓷官样的设计已转交内府的尚膳监。从正统朝开始，制瓷官样的设计权已基本上转移到内府手里④。如谢肇淛的《五杂组》卷十二中记载：“唯饶州景德镇所造，遍行天下。每岁内府颁一式度，纪年号于下。”⑤而《明英宗实录》卷四十九正统九年（1444年）五月丁卯条记载：“江西饶州府造青花白地花插，瑕莹不堪。太监王振言于上，遣锦衣卫指挥杖其提督官，仍敕内官赍样，赴饶州更造之。”明确指出了按内官设计的瓷样改造⑥。由于宦官是最接近皇帝的人之一，熟知皇帝的兴趣爱好，因此由他们来设计制瓷官样，可以在瓷器的品种、样式、纹饰、色彩等方面直接体现出皇帝的喜好或要求，容易符合皇帝的心意，改动较少。

---

① 参见杨莉莎：《晚清官样与大雅斋瓷器艺术风格初探》，景德镇陶瓷学院硕士学位论文2010年。

② 转引自彭涛：《明代宦官政治与景德镇的陶政》，《南方文物》2006年第2期，第114~121页。

③ 《明会典》卷一九四《工部十四》，“窑冶·陶器”条。

④ 参见彭涛：《明代宦官政治与景德镇的陶政》，《南方文物》2006年第2期，第114~121页。

⑤ ［明］谢肇淛：《五杂组》卷十二《物部四》，转引自熊寥、熊微：《中国陶瓷古籍集成》，上海文化出版社2006年版，第190页。

⑥ 参见彭涛：《明代宦官政治与景德镇的陶政》，《南方文物》2006年第2期，第114~121页。

清代官窑瓷器生产是于康熙十九年(1680年)真正复兴的,根据《在园杂志》和《清史稿》的记载,清康熙时,时任刑部主事并供奉于内廷的刘源参酌古式、更赋新意,制得瓷样数百种,呈给康熙皇帝,使御窑在短期内品种及数量大增,这是目前见于记载的最早清宫官样[①]。而最迟在雍正朝,官样制度便成为定制。雍正朝《大清会典事例》中记载:"凡上用瓷器,照内颁式样数目,行江西饶州府烧造解送。""凡坛、庙、陵寝需用祭器,照太常寺图式、颜色、数目,颁发江西烧造解部。"

清代瓷器官样有瓷器实物样、旋制木样、画样三种。瓷器实物样是把清皇宫中收藏的前朝瓷器名瓷,或当时烧造出来且皇帝非常满意的瓷器为样,发往景德镇御窑厂照样烧造的方式。清雍正、乾隆两位皇帝都喜好仿古瓷,并经常下旨要求御窑厂瓷器实物为样仿制历代瓷器名品。清宫档案记载,雍正七年(1729年)四月"三十日,郎中海望持出成窑宝烧红龙白地碗一件、成窑红龙白地酒圆一件。奉旨:将此二件交年希尧照样烧造"。乾隆十八年(1753年)五月"二十一日,太监胡世杰交嘉窑青花白地茶钟一件,传旨交江西照样烧造十一件"[②]。乾隆《记事档》记载乾隆十八年(1753年)十一月二十五日:"首领张玉传旨:照烧过御制诗茶吊样款再烧造八对。要红花红字白地茶吊四对、青花青字白地茶吊四对。"[③]

旋制木样是指由内务府广木作、小器作根据皇帝的旨意用木料做出瓷器的器形,发往景德镇御窑厂作为制瓷依据的方式。如雍正四年(1726年)九月:"二十五日,郎中海望持出青花白地大磁瓶一件。奉旨:此瓶款式好,花纹平常,……照此样收小,旋木样……准时,交年希尧烧造磁器。"雍正十年(1732年)记载:"着寄信与年希尧,将霁红、霁青、均窑、汝窑小花盆、水连(奁)烧造些来。先做木样呈览,朕看准时再发去烧造。"[④]从中可知,旋制木样均是根据皇帝的要求进行尺寸修改和校准后,再发送御窑厂的。因此,在器型方面,旋制木样比瓷器实物更能直观地体现皇帝的意志和审美意趣。

画样是内府画师根据皇帝旨意在纸上绘制出瓷器的器型及装饰纹样,发往景德镇御窑厂作为烧造依据的方式。这是清代制瓷官样的主要方式。该方式更能体现出皇帝对瓷器装饰纹样及技法的要求。图3.32为同治皇帝大婚用瓷百蝶碗画样,画样上明确绘出了此款瓷器的底色、百蝶纹样及色彩,并标明了按此花样烧造的几种器型及尺寸[⑤]。

在清代,即使是各代都要大量生产的,器型和纹样在整个清代都通行的,以日用瓷器为主的瓷器,御窑厂仍不能循制自行烧造,其数目、样式必须以内府所传旨意为据。在清

① 参见黄利初:《谈清代宫廷瓷器画样对粉彩工笔花鸟画的影响》,《高岭论坛》2011年第3期,第95页。
② 参见杨莉莎:《晚清官样与大雅斋瓷器艺术风格初探》,景德镇陶瓷学院硕士学位论文2010年。
③ 参见郭玉昆:《官样与清宫御瓷——故宫藏清代同治光绪御定瓷样及瓷器展》,《收藏家》2007年第10期,第3~11页。
④ 参见杨莉莎:《晚清官样与大雅斋瓷器艺术风格初探》,景德镇陶瓷学院硕士学位论文2010年。
⑤ 参见杨莉莎:《晚清官样与大雅斋瓷器艺术风格初探》,景德镇陶瓷学院硕士学位论文2010年。

代档案中称这样的瓷器为大运瓷器。其中很多器型和纹样在清代两百多年间几乎没有变化。如图 3.33、图 3.34 分别为光绪款青花缠枝莲纹盖罐的图样及相合的器物[①]。

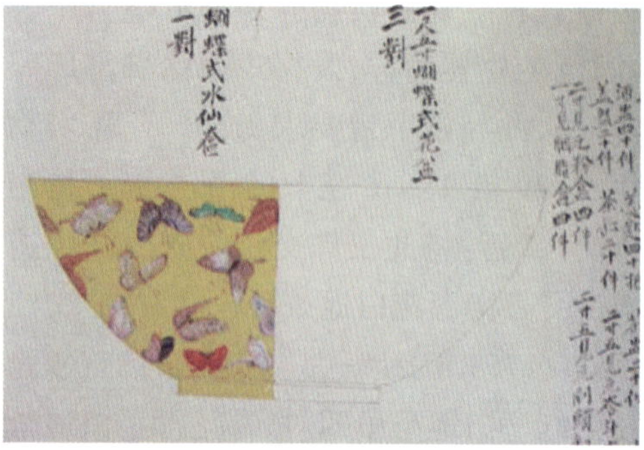

图 3.32　清同治皇帝大婚用瓷百蝶碗画样[②]

图 3.33　清光绪款青花缠枝莲纹盖罐图样[③]

图 3.34　清光绪款青花缠枝莲纹盖罐[④]

① 参见王光尧:《从故宫藏清代制瓷官样看中国古代官样制度——清代御窑厂研究之二》,《故宫博物院院刊》2006 年第 6 期,第 6~29 页。

② 杨莉莎:《晚清官样与大雅斋瓷器艺术风格初探》,景德镇陶瓷学院硕士学位论文 2010 年。

③ 王光尧:《从故宫藏清代制瓷官样看中国古代官样制度——清代御窑厂研究之二》,《故宫博物院院刊》2006 年第 6 期,第 6~29 页。

④ 王光尧:《从故宫藏清代制瓷官样看中国古代官样制度——清代御窑厂研究之二》,《故宫博物院院刊》2006 年第 6 期,第 6~29 页。

总之，瓷器官样是朝廷为管理瓷器质量且满足皇帝需求而颁布的标准和规范，直接引导了景德镇官窑制瓷的发展方向，并在极大程度上促进了景德镇官窑制瓷技术的进步。如清前期御窑仿历代官窑名瓷，这是皇帝直接对御窑提出的任务要求，官窑必须克服各种困难，研究各种官窑名瓷的制瓷技术，尽可能地完成任务。乾隆时唐英为仿制宋钧瓷，曾派人直接到钧窑学习钧瓷的制瓷技术。最终，清御窑出色地完成了仿古瓷任务，并在此基础上，开创了郎窑红、吹青、法青等许多新瓷品种，提高和拓展了景德镇御窑的制瓷技术。

官窑也有因为官样极度不合理而出现不可能完成的情况。最典型的就是同治十三年(1874年)秋，清廷传饬九江关烧造大雅斋瓷器和粉彩仙鹤、梅花鹿的事件[①]。九江关监督沈保靖以秋冬不能烧造等为由报请江西巡抚刘坤一，刘坤一上奏清朝廷："据九江关监督沈保靖详称，……同治十三年三月三十日，据太监刘得印交下画鱼缸、花盆、花瓶纸样十五件，合牌花盆、水仙盆样十八件。……统限于本年九月内呈进。……同日，又承准札开同治十三年四月十五日总管太监孟忠吉交下画仙鹤样三件，梅鹿纸样三件，传旨：著照仙鹤样三件分雌雄形式烧造二十对，照梅鹿纸样三件分雌雄形式烧造二十对，鹤鹿俱带山子。传交九江关监督烧造，钦此。……烧造瓷器向系二月春融开工，八月收工，一交冬令，水寒土冻不能制造胚胎，并不能加以彩画。又查制造瓷器，先用泥土做成白坯，另用沙土匣钵装盛入窑，猛火烧炼三日夜，以满窑红透为度，出窑候冷再加彩画，又入小炉用炭火烧炼一日夜始成器皿。又查景德镇厂署御窑，乾隆年间即已塌毁，数十年来，均系附于民窑搭烧，而民窑均不甚大。窑门按瓷尺仅宽二尺四寸，瓷尺只合营造尺八折。匣体过此尺寸即不能进窑。此烧瓷器之大概情形也。该监督于接奉传办前项各色瓷器，当即传集各工匠看视。据称黄单内各项花色均能烧造，惟二尺六寸鱼缸及仙鹤、梅鹿恐难如式造办。该监督饬将鹤鹿两项照样试烧白坯，讵连烧数对歪斜曲折、眉目不分，盖由身重脚高，颈又长细，上下轻重不匀，一经窑火烧炼，遂致倾侧团缩。复饬将头、足与身分段拆烧而接合，又不能泯无痕迹。其二尺六寸鱼缸，口面较大，限于窑门窄小，当饬厂匠先照窑门大小试烧，不意连烧白坯数件，亦皆歪斜裂口。因兵燹之后，从前名匠类皆流亡，现在工匠俱后学新手，造作法度诸多失传，今令造此十余年未办之件，俱形束手。且本年奉文较迟，转瞬即交冬令，不能制坯加彩，实已赶办不及。惟有详情奏恳，暂候来年二月春融开工，招集名手工匠，博采制造成法，督饬敬谨设法烧造。"[②]从中可以看出，刘坤一上奏朝廷时详细列出了不能完成烧造的客观原因及技术原因：一是命令下发的时间太晚，错过了瓷器烧造的季节，无法从事烧造；二是御窑厂已"尽搭民烧"，而民窑窑炉门口较窄小，无法承烧所要求的大件器皿；三

① 参见王光尧：《从故宫藏清代制瓷官样看中国古代官样制度——清代御窑厂研究之二》，《故宫博物院院刊》2006年第6期，第6~29页。

② 转引自王光尧：《从故宫藏清代制瓷官样看中国古代官样制度——清代御窑厂研究之二》，《故宫博物院院刊》2006年第6期，第6~29页。

是仙鹤和梅花鹿设计不合理，如图 3.35 为仙鹤和梅花鹿的制瓷官样；四是当时许多制瓷工艺已失传，工匠均为后学新手，制造十余年没有做过的特大器件，技术水平不够。朝廷在接到奏报后，只能同意延期烧造大批量“大雅斋”款瓷器，而不再烧造设计不合理的仙鹤和梅花鹿，并收回仙鹤、梅花鹿官样。这件事也反映了官样的设计者不了解瓷器的生产状况，只按皇帝的喜好设计制瓷官样，因此设计出来的官样往往在生产中出现难于烧成的情况。

图 3.35　清同治仙鹤、梅花鹿官样[①]

对于技术上难以完成烧造的制瓷官样，也有由于朝廷和督陶官的强力压迫等，工匠最终克服困难，完成烧造的情况，这在客观上也促进了当时景德镇官窑制瓷技术的进步。如“龙缸降发体式，底阔肚凸，多致堕裂；五彩缸样重，过火色多惊碎；三层方匣等样式巧异，也一时难造”。对于这样的瓷器，工匠只能研究制瓷原理，提高制瓷技术，以完成任务。又如明宣德龙缸巨器的烧制，极为难成，而朝廷烧造的命令又屡降不止，以致怨声载道、百工受累，最终以童宾舍身投火的结局完成了烧造[②]。可惜的是这一烧瓷技术自宣德后就失传了。

---

① 王光尧：《从故宫藏清代制瓷官样看中国古代官样制度——清代御窑厂研究之二》，《故宫博物院院刊》2006 年第 6 期，第 6~29 页。

② 参见彭涛：《明代宦官政治与景德镇的陶政》，《南方文物》2006 年第 2 期，第 114~121 页。

瓷器官样除了使皇帝个人的意图得以贯彻外，还使宫廷画院画工的笔墨通过瓷器纹样，向制瓷工匠传递了文人画的时代信息和风尚，引导着景德镇官窑绘画技法的走向。这正是明代晚期以后瓷器纹样能紧随文人画风而呈现出时代变化的重要原因之一[①]。同时也说明了官窑是没有生产自主权的，无论是器型还是纹样，均要经过皇帝的认可才能制造。如乾隆时唐英在《恭进御制诗瓶及自拟新样瓷器奏折》称："奴才自旧年十月内以及本年三月，与今在厂节次，拟造得之新样……恐未能适用、上合圣意……故所有新样，皆奴才自出工本，试造进呈，仰祈裁定。如有适用，应行照式制造者，嗣后当与奉发各瓷一体，钦遵造办。"由此可知，就算是督陶官员自己创新研发的新瓷品种，都要进呈皇帝审定，且研发费用不能擅用官款。明代永乐、宣德时期的瓷器年款样本都出自沈度之手，是目前所知文人影响瓷器款式的最早例证。

（二）皇帝对瓷器的钟爱

皇帝本人对瓷器的钟爱程度直接关系到许多瓷器品种及制瓷技术的产生和发展。

明代闻名于世的永乐"甜白瓷"的烧制与永乐帝对白瓷的特殊喜爱息息相关。景德镇明代御窑遗址发掘中，永乐前期地层中，98% 以上的出土物是白瓷碎片。《明太宗实录》中记载："回回结牙思进玉碗，上不受，命礼部赐钞遣还。谓尚书郑赐曰：'朕朝夕所用中国瓷器，洁素莹然，甚适于心，不必此也。况此物今府库亦有之，但朕自不用。'""洁素莹然"之器，即指白瓷器。由此可知，永乐皇帝对白瓷的钟爱甚至超过珠宝玉器[②]。

明宣德青花瓷的辉煌成就离不开宣德皇帝对艺术的追求。宣德皇帝名朱瞻基，史称"太平天子"，在位10年，全力发展生产，提倡艺术创作，使社会经济、文化有了长足的发展。当时绘画、书法以及瓷器、铜器、漆器等各种艺术都取得了辉煌成就，并对后世产生了深远影响。

宣德皇帝在书画方面的才艺可与宋徽宗媲美，明钱谦益在《列朝诗集小传》中评价其："帝游戏翰墨，点染写生，遂与宣和争胜。"宣德皇帝还以恢复北宋徽宗宣和书院为目标，引入许多当时的书画名家入宫在仁智殿及武英殿供职，即后人所说的"宣德画院"，形成了南宋风骨的画风。此种画风自然也促成了明初宫廷艺术的风格，并为宣德青花瓷的发展提供了可以借鉴的艺术蓝本。并且，宣德皇帝对书法具有极高造诣，他的楷书宗法颜真卿，风骨隽秀，笔意清新。宣德青花瓷的款识与宣德皇帝的楷书风格十分接近，或许当年就是以宣德帝亲笔所书为蓝本[③]。

---

① 参见王光尧：《从故宫藏清代制瓷官样看中国古代官样制度——清代御窑厂研究之二》，《故宫博物院院刊》2006年第6期，第6~29页。

② 参见刘炜：《永乐皇帝与"甜白瓷"》，《收藏家》1994年第4期，第30~32页。

③ 参见刘炜：《宣德青花瓷器与宣德皇帝》，《收藏家》1998年第4期，第52~53页。

"空白期"瓷业的衰落虽然主要与当时社会的动荡，政局变换，天灾人祸有关[①]，但皇帝本身不钟情于瓷器也是原因之一。如景泰皇帝独爱景泰蓝（铜胎掐丝珐琅器）。景泰蓝经过永乐、宣德时期的发展，制作技术已成熟，到景泰时期迎来了其发展的黄金时代，宫廷中所有御用陈设器多用景泰蓝制作，其艺术精湛，品类繁多[②]。而钴料又是景泰蓝中蓝彩珐琅料的原料之一，因此，景泰时期，上等的钴料等昂贵色料主要用于景泰蓝的制作，而非瓷器制作，这也是景德镇瓷业在景泰时期继续没落的原因之一[③]。

成化斗彩产生的直接原因是成化帝热衷艺术，精于绘事，欣赏小巧细致的工艺品。明人何良俊《四友斋丛说》中记载："我朝列圣，宣庙（宣德）、宪庙（成化）、孝宗（弘治）皆善画，宸章晖焕，盖皆在能妙之间矣。"[④]器型小巧的斗彩器，画意高雅，彩饰精美，与成化帝的性格与审美精趣非常吻合。因此斗彩瓷是由具有高深艺术修养的成化帝亲自倡导或"命令殿中书院人遗画也"[⑤]。

弘治皇帝喜爱素色，反映于瓷器上则是传世实物绝大多数色泽素净。有史料记载，弘治十五年（1502 年）三月"己亥，先是有旨，自正月初一至十二月二十七日，但遇御膳进素日期，俱令光禄寺禁屠，户科给事徐昂等因言今一岁之中禁屠断宰者凡一百一十一日……"由此可知，弘治十五年（1502 年）一年内御膳进素日期可达 111 天，而且关于"进素在祖宗朝本无故事，惟皇上好生之德出自天性，故爱惜物命，至于如此"，说明弘治皇帝早有食素习惯，御膳食素也是常事，而越到后期可能食素日期越多。而食素所需器皿必然要与所盛食物相适应，色调也必然要和谐。因此，弘治一朝多素色瓷器[⑥]。

清代康乾盛世，康熙、雍正、乾隆三位皇帝均聪颖善学，具有高深的汉文水平，诗词书法俱佳，喜爱艺术，尤以陶瓷为最。康熙十九年（1680 年）景德镇官窑正式恢复生产，并且康熙皇帝亲自选派督陶官，制瓷业得到迅速发展，在规模和工艺技术上都有了很多创造和革新。康熙皇帝崇尚古器，因此，此时期的景德镇官窑偏重于仿古瓷的研究，"臧窑"和"郎窑"的主要成就也是烧制了各种不同的仿古瓷及在此基础上研制出的新品种。

雍正皇帝则仰慕宋人的含蓄淡雅之风，追求"涵养一心之冲虚灵妙，使无所累，与天地太和元气浑然"境界。雍正时期的瓷器一改康熙时浑厚古拙的器型特点，呈现轻巧俊秀之貌。器型可与以纤细秀丽著称的明永乐、成化瓷器相提并论，其各部分之间比例协调，素

---

① 参见张静：《明代空白期景德镇制瓷研究》，景德镇陶瓷学院硕士学位论文 2010 年。

② 参见王升虎：《珐琅彩艺术的源与流》，《景德镇陶瓷》2000 年第 4 期，第 26~29 页。李彤彤：《乾隆朝宫廷景泰蓝初步研究》，复旦大学硕士学位论文 2010 年。

③ 参见方李莉：《景德镇民窑》，人民美术出版社 2002 年版，第 60 页。

④ 转引自刘炜：《明成化皇帝与成化斗彩瓷器》，《收藏家》1995 年第 10 期，第 44~46 页。

⑤ 参见赵宏：《斗彩考》，《陶瓷研究》1994 年第 4 期，第 214~216 页。

⑥ 参见陆明华：《明弘治景德镇官窑瓷业的衰落》，《景德镇陶瓷》1986 年第 2 期，第 53~56 页。

有“线条美”之誉，确有“增一分则拙，减一分则陋”之感。此时期的官窑瓷器成型技术可谓炉火纯青[①]。雍正皇帝还是一位励精图治、锐意革新的帝王。雍正帝在位期间很少出宫寻访，日常生活基本上以皇宫为中心。为了使宫廷生活更加丰富多彩，创造出更多更完美精致的观赏器物，他对官窑瓷器生产达到了“事必躬亲”的过问程度。雍正希望皇宫中的用物能达到样式统一的标准，因此，他对于器物的造型、釉色、花样、用途，都有具体而明确的要求，可谓不厌其烦。这也使得雍正时期的瓷器，无论是器型、釉彩，还是纹饰等方面，无论是仿古还是创新，都取得了前所未有的成就[②]。

乾隆皇帝是位风雅的封建帝王，喜文善武，崇尚奢华，嗜古成癖，好大喜功，他对于书画、诗词以及各类工艺品的爱好，均达到了狂热的程度，对瓷器尤为钟爱。如《陶人心语》卷六《恭纪御制诗碑后敬赋小诗识事》中记载：“先是臣英曾造轿瓶，仰蒙鉴赏，特以有画无题，故制诗颁发，命脱之瓶上。”在乾隆时期许多瓷器上都写、刻有御题诗及闲章款，其中多为咏瓷诗句，可以看出乾隆皇帝对瓷器的偏爱与重视。乾隆帝的倡导和影响一定程度上刺激了制瓷技术的创新。为了迎合乾隆皇帝的喜好，唐英和老格等专门主持、试制和创新新样供奉，烧造奇技精巧的器物以供皇上，如转心瓶、交泰瓶等，而惟妙惟肖、精巧之至的仿生瓷也是在这样的客观条件下得以发展和兴盛的。此外，乾隆皇帝对其他种类工艺品的爱好，对制瓷技术的发展也产生了重要的影响。如乾隆皇帝对青铜器的喜爱，推动了瓷器仿青铜器的发展，并使仿青铜器瓷器风靡一时[③]。

乾隆皇帝由于对瓷器的特别钟爱，而对制瓷的要求格外严格，刻意求精。宫廷所需御品，经常传旨预做样品，乾隆皇帝满意后才能大量烧制。同时，御窑厂如未完成或制作的瓷器不合旨意，便要受到申斥或惩罚。《唐英奏折》的“乾隆六年”“乾隆十三年”“乾隆十五年”条中记载，“因乾隆元、二年所烧造瓷器釉水花纹远逊从前，又破损过多，责令赔补二千一百六十四两五钱三厘三丝五忽三微”，“将这次呈进瓷器钱、粮不准报销，着伊赔补”，“选出釉水不全等瓷器，不准报销，着伊赔补”[④]。乾隆皇帝对制瓷的严格要求、刻意求精，对制瓷业的发展起到了一定的促进作用，使景德镇的制瓷工艺技术精益求精。如乾隆七年(1742年)五月，太监高玉传旨唐英烧“成对的鹤、鹿”，“烧时，鹤俱要对面，其鹿脖要直的”，这样的器形烧制难度极大，在唐英的精心设计和操持下，最终烧造成功。唐英对此的得意之情，溢于言表，还特意赋诗四首致庆，其中一首曰：“头角出陶成，春游琼岛中，绣

---

① 参见杨莉莎：《晚清官样与大雅斋瓷器艺术风格初探》，景德镇陶瓷学院硕士学位论文2010年。高丰：《中国器物艺术论》，山西教育出版社2001年版。

② 参见孙悦：《“榷陶”唐英与清代官窑》，中国艺术研究院硕士学位论文2010年，第56~57页。

③ 参见李霞：《清代乾隆仿生瓷初步研究》，吉林大学硕士学位论文2010年。

④ 转引自李霞：《清代乾隆仿生瓷初步研究》，吉林大学硕士学位论文2010年。

衣随玉辇，鸣已兆秋风。”①

(三) 治国策略及皇权倡导下的社会文化

明朝建立之后，革除元代制度的许多陋习，建立适应社会发展的新秩序、新政令，加快了明代前期经济的恢复和发展，使全国的手工业技术得到进一步提高。而明中期开始，许多皇帝及官员贪图享乐，如成化和正德皇帝，纵情声色，荒淫无度，宠用宦官，朝政腐败。他们需要各种精美的器具及陈设品，这种情况对部分手工业，如制瓷业，提出了更高的要求，促进了技术的发展和进步。而弘治皇帝、嘉靖皇帝治国策略又各不相同，对景德镇制瓷业的影响也大相径庭。弘治朝政令清明，制瓷业却衰落。嘉靖皇帝崇道教治国，同时追求长生，景德镇陶瓷器型、装饰等均受到了道教文化的重要影响。

弘治时期，相比以前的成化时期及以后的正德时期，景德镇陶瓷官窑的生产是处于衰落的一个时期。这是由弘治皇帝孝宗朱祐樘的治国方针决定的。

孝宗朱祐樘是一位政治上比较清明的皇帝，其统治时期被誉为“弘治中兴”。《明史》对其赞颂备至：“明有天下，传世十六，太祖成祖而外，可称者仁宗、宣宗、孝宗而已，仁宣之际，国势初张，纲纪修立，淳朴未漓。至成化以来号为太平无事，而晏安则易耽怠玩，富盛则渐启骄奢，孝宗独能恭俭有制，勤政爱民，兢兢于保泰持盈之道，用使朝序清宁，民物康阜。”由此可知，孝宗是一位比较懂得治世之道的开明君主。他任用贤臣，采纳忠言，勤于治理，裁抑宦官，并提倡节俭，与民休息。其中最突出的一点是“俭”。如《明孝宗实录》弘治三年(1490年)十一月甲寅：“内阁大学士刘吉等言：……近来工役繁兴与军民困苦，如沙河桥自成化十四年被水冲坏……又如江西磁器，内府所收计亦足用，今又无故差内官烧造、未免扰人……乞将沙河桥南海子做工军士尽放回营休息，烧造磁器内官停止不差……上曰：灾变叠见，朕深忧惧，思图消复惟在恤民，今卿言天寒军士久劳，工役及烧造内官骚扰地方，诚宜停止，江西烧造磁器，内官不必差。”

弘治皇帝执政的十八年中，对监烧瓷器宦官的遣召，谕旨减烧是十分频繁的，其间仅罢免、召回烧造宦官的次数就至少有五六次，而减烧、蠲免的事例也时常发生，以前的朝代也有这种撤而复遣、遣而复罢的做法，但在弘治时期明显增多，并且别的朝代一般是由于监烧者不力，导致烧造质量下降而遭朝廷训斥或贬谪，而弘治朝则是由于宦官“骚扰百姓”等原因造成。这种情况，对御器厂的正常生产影响较大，因此，烧造产量剧减，取消了多种品种，质量也呈下降趋势。《明史·食货志》在记录正德朝瓷器时统计：“自弘治以来，烧造未完者三十余万件。”计划内有三十余万件瓷器没有烧造，这主要是由于朝廷采取了诸多限制措施后，逐渐拖欠积压的。弘治时期，减烧景德镇瓷器仅是“减措施”中的一项，他经常“禁内府加派供御物料”“罢营造器物”“减供御物品”“减光禄寺供应”等，另外还不断

① 参见张宁、张敏：《乾隆皇帝与督陶官唐英(下)》，《收藏家》2006年第9期，第67~70页。

实行“免各地灾税粮”“赈灾民”“闭银坑”“免织造”等措施。由此“朝序清宁,民物康阜”,臣民欢欣,朝野鼓舞。当然这是相对前后朝昏庸的成化、正德而言。因此,在弘治皇帝的治国方针下,景德镇御器厂瓷器生产走下坡路乃是势所必然,顺理成章之事[①]。

出于政治考虑,明王朝逐渐提高道教地位,借道德教化大众达到安定社会、佐国治民的目的。嘉靖时期,由于嘉靖皇帝信奉道教,并且希望长生不老,更是大幅提高道教地位。道教政策的实行对制瓷业产生了较大的影响。嘉靖朝烧造了数量庞大的具有道教风格的瓷器,流传至今的亦有许多[②]。

嘉靖皇帝信奉道教,溢行斋醮,因此,嘉靖朝瓷器中有相当一部分是祭祀用器。如《明史·食货志》中记载嘉靖三十七年(1558年):“遣官之江西,造内殿醮坛瓷器三万,后添设饶州通判,专管御器厂烧造。”[③]这一时期出现了大量的形体高大之器、仿青铜礼器,及异形瓷器,有八方、六方、四方、长方及方斗形等,其中方斗杯是嘉靖时期最具代表性的器物,并且仅此时期有。嘉靖时期瓷器的装饰也多具道教色彩,八仙人物纹饰及八仙所用器物纹饰、八卦纹饰、符箓纹饰、云鹤纹、道教人物塑像、具有道教色彩的佛教纹饰等,还有为嘉靖皇帝祈福求祥的寿字纹及婴戏纹等。据不完全统计,仅在青花一类瓷器中,婴戏纹图案所占比例就超过1/10[④]。另外,葫芦瓶,因“葫芦”与“福禄”谐音,并且葫芦瓶是盛装仙丹的器皿,故而在嘉靖时期最为盛行。嘉靖时期葫芦瓶造型最为丰富,有上下圆形、上圆下方形、四方形、六方形、八方形以及多棱形等。品种有青花、五彩、蓝釉、黄釉、白釉、哥釉等,数量繁多,品种丰富,造型精美,并配以各种吉祥图案,如八仙、八宝、八卦、云鹤、缠枝莲花、松竹梅、福禄寿等。总之,由于嘉靖皇帝崇信道教,对景德镇官窑瓷器的生产产生了重大影响,使这一时期的瓷器具有鲜明的特点。

清朝推翻明朝建立新政权之后,实行新政,进一步缓和阶级矛盾,在对待手工业和商业的问题上,打破了重农抑商的传统,推行了一些有利其发展的经济政策,开创了历史上盛名的“康乾盛世”。

清朝的皇帝虽然出身少数民族,但积极吸纳汉文化,以汉文化治国。康熙皇帝崇尚儒学,尤其是程朱理学。康熙十六年(1677年)十二月,他在御制《日讲四书解义序》中,明确宣布清廷要将治统与道统合一,以儒家学说为治国之本。康熙三十年(1691年)之后,广开科举,弘扬儒家文化,提倡尊孔,因此瓷器上开始大量地书写诗文词赋,著名的有《圣主得贤臣赋》《出师表》《赤壁赋》等,纯粹用书法在瓷器上进行装饰,在此前是很少见的[⑤]。

---

① 参见陆明华:《明弘治景德镇官窑瓷业的衰落》,《景德镇陶瓷》1986年第2期,第53~56页。

② 参见喻堰田:《嘉靖崇道研究》,西北师范大学硕士学位论文2010年。

③ 参见刘伟:《嘉靖道教纹饰瓷器》,《收藏家》2002年第7期,第40~44页。

④ 参见刘伟:《嘉靖道教纹饰瓷器》,《收藏家》2002年第7期,第40~44页。

⑤ 参见李莹:《清代康熙朝制瓷业发展述评》,内蒙古大学硕士学位论文2010年。

在绘画中采用国画的表现手法,画面、题字、印章结合在一起,使其装饰更具有文人意境,也开创了一种新的装饰手法。同时,朝廷大力宣扬忠君爱国思想,如《三国演义》《水浒传》《岳飞传》《昭君出塞》等故事题材大量出现在官窑瓷器的装饰中。朝廷还利用版画印刷便利的特点,绘刻印行了许多具有"教化"作用的"殿版"版画作品。而这些作品经常被民窑表现在当时的青花瓷和五彩瓷中,其中最有影响力和在瓷器装饰中表现得最多的,是当时的宫廷画家焦秉贞绘制的劝勉农桑、奖励耕织的《耕织图》①。图 3.36 就是乾隆时期墨彩《耕织图》瓷板书。

图 3.36 清乾隆墨彩《耕织图》瓷板书②

在朝廷这种崇儒重道的治国策略指导下,当时社会上兴起了一股持久而深入的复古潮流,导致了古文物收藏风的出现。并且这种尚古潮流不仅局限于文人商贾,在民间一样广泛流行。因此,古董市场和仿古市场应运而生③。景德镇瓷器生产无论官窑还是民窑也都掀起了一股仿古风,大量仿制前朝各名窑瓷器,继承和发展了前朝名窑制瓷技术。

康熙在位时,强化君权专政。因其年幼继承帝位,所以国家大事的决断权在四位辅政大臣手中。富有野心的鳌拜渐渐独揽大权,十分专横,无视康熙。康熙为收回权力,成功设计擒杀了鳌拜。之后,康熙在治理国家时,逐渐加强皇权统治,实行君权专政。康熙十六年(1677 年),设立了以南书房为核心的政治制度。《清圣祖实录》中记载其所言:"天下大小事务,皆朕一身亲理,无可旁贷。若将要务分任于人,则断不可行。"

康熙时期对皇权专制的加强贯彻于清代前中期。这一现象在制瓷业中也有重要体现,表现在瓷器款式的"年制"向"御窑"的转变。这是中华帝制权力结构中的"御政"意识在陶政上的渗透,也表现为一种抽象的权力向具体物质的缓慢控制过程。

从现存康熙官窑瓷器可以看出,落"年制"款识的主要是在景德镇御窑厂制作的"部限"官窑瓷。该类瓷使用范围较宽,包括赏赉、宫内日用及观赏等;而落"御制"款识的则仅限宫内造办处制作的画珐琅器;造办处制作的瓷胎画珐琅属于新兴技术,是一个小集团在宫廷内部的工艺试验,与御窑厂制作的官窑瓷相比,难度大、成本高,相对更珍贵,受到康熙皇帝的高度重视,"康熙御制"也只有非常之作才准许落款,因此,康熙时期落

① 参见方李莉:《景德镇民窑》,人民美术出版社 2002 年版,第 117~118 页。

② 故宫博物院官方网站,http://www.dpm.org.cn。

③ 参见方李莉:《景德镇民窑》,人民美术出版社 2002 年版,第 103~119 页。

图 3.37 康熙瓷器的“年制”款与“御制”款[①]

“御制”款器物在制作水准上明显优于“年制”款，使用级别也较“年制”款要高。图 3.37 为康熙瓷器的“年制”款与“御制”款。雍正年间曾有“好的落款，不好的俱不必落款”的指示[②]。

“御制”与“年制”器物分别被皇帝赋予其不同等级的意义。“御制”款瓷器代表了瓷艺的高度成就并彰显出皇帝所拥有的特权。它是皇帝审美意趣及艺术主张的一个直接窗口，并成为皇帝对特权和财富炫耀的媒介。而“年制”款瓷器虽然也有以上含义，但由于其普遍性，流传广，从而使其等级及所具有的意义程度低于“御制”款瓷器[③]。也正是由于帝王赋予“御制”款瓷器的政治意义，才促进了珐琅彩瓷器及制瓷技术的迅速产生、发展和成熟。

清代康熙、雍正、乾隆三位皇帝统治时期，治世开明，还提倡中西艺术的交流和互融。而瓷器是文化和艺术的重要载体，自然受到西方艺术的影响。自明末清初开始，众多西方传教士来到中国传播宗教，同时也带来了西方的绘画技巧，康熙、雍正、乾隆皇帝对于西方的艺术均有着浓厚的兴趣，他们积极引入西方艺术家进入宫廷为皇室创作艺术作品，其中最著名的就是乾隆时期的画师郎世宁。郎世宁的作品深受强调明暗关系的西方绘画的影响。而当时的陶瓷彩绘装饰中，出现了大量模仿西方绘画题材的装饰，并开始出现模仿西方绘画透视画法的釉上彩装饰[④]。

---

① 故宫博物院官方网站，http://www.dpm.org.cn。

② 参见周思中:《官窑瓷款识中的“年制”与“御制”——权力对艺术的渗透与控制》，《紫禁城》2008 年第 3 期，第 154~167 页。

③ 参见周思中:《官窑瓷款识中的“年制”与“御制”——权力对艺术的渗透与控制》，《紫禁城》2008 年第 3 期，第 154~167 页。

④ 参见宁钢、孔铮祯:《清三代景德镇官窑瓷器设计思想研究》，《艺术百家》2008 年第 1 期，第 114~120 页。朱红霞:《简论康熙皇帝对西学的态度》，《临沂师范学院学报》2001 年第 5 期，第 54~55 页。

嘉庆皇帝继位后，把崇俭黜奢作为治国的重要内容，以期改变在“康乾盛世”较为平淡安宁的环境下滋长的贪图享乐、不思进取，骄奢淫逸、好逸恶劳的社会风气[①]。因此，嘉庆帝亲政不久就对呈进贡物之事颂谕，《清仁宗实录》中记载了此谕：“……禁呈贡物谕内阁……试思外省备办玉、铜、瓷、书画、插屏、挂屏等件，岂皆出自己资……况此等古玩，饥不可食，寒不可衣，直粪土之不若……国家百数十年来……内府所存，陈设物件，充牣骈罗，现在几于无可收贮之处。且所贡之物，断不胜大内所藏……九江之瓷器……原不外任土作贡之义，仍准按例进呈。所有如意、玉、铜、瓷、书画、挂屏、插屏等物，嗣后，概不准呈进……至各省盐政、织造、关差等，并无地方理民之责，其应交盈余银两现令户部查明。”[②]从中可知，嘉庆帝主观上紧缩财政，严查盈余银两，禁止上贡。并且由于内库陈设物件充盈，质量远优于后来者，从而无须上贡。景德镇瓷器虽仍在进贡之列，但仅烧造大运瓷器(日用瓷)，官窑瓷器烧造的规模和品种范围大为缩减，相应的官窑烧造费用也明显下降。如清《总管内务府现行则例》中记载：“嘉庆四年十月议覆准奏九江关烧造磁器，每年动支该关盈余项下银一万两，约用银七千两，余剩银两解交造办处，拟请嗣后该督每年烧造瓷器，统计以五千两为率，其余节省银两亦交造办处。”[③]至此，景德镇官窑瓷器的生产步入明显的衰落期。

嘉庆时期，由于内库瓷器充盈，需求降低，为节省开支，再度裁减瓷器的烧造费用。如清《总管内务府现行则例》中记载：“嘉庆十一年十一月奉旨，现在库存各款瓷器甚多。自明年为始，九江关呈进大运瓷器，著减半烧造，务须拣上好精细瓷器呈进，钦此。”“十五年十二月奉旨九江关，十六年分烧盘、碗、盅、碟，著暂行停止烧造，改烧瓷砖等项，酌缴覆要价，不得过二千五百两之数，俟将来需用盘、碗、盅、碟时再行照例烧造，钦此。”[④]至此，景德镇御窑厂生产费用仅为乾隆时期的1/4。嘉庆时期官窑瓷器的生产无论从质量、数量和品种都急速下降，相比一般的民窑瓷业已无多少优势可言，该时期的官窑瓷器被后人视为一般的“九江瓷”。因此，嘉庆时期是清代官窑瓷业的一个明显的转折点，此后官窑生产日益衰落。

---

① 参见钱潮：《试述清嘉道咸三朝官窑瓷器的生产——兼论清官窑衰落的确切年代》，《东南文化》1999年第4期，第105~107页。

② 转引自钱潮：《试述清嘉道咸三朝官窑瓷器的生产——兼论清官窑衰落的确切年代》，《东南文化》1999年第4期，第105~107页。

③ 转引自钱潮：《试述清嘉道咸三朝官窑瓷器的生产——兼论清官窑衰落的确切年代》，《东南文化》1999年第4期，第105~107页。

④ 转引自钱潮：《试述清嘉道咸三朝官窑瓷器的生产——兼论清官窑衰落的确切年代》，《东南文化》1999年第4期，第105~107页。

第二节　明清时期陶瓷官窑文化对区域经济的影响

自明初设立御器厂生产官窑瓷器以来，景德镇瓷器在与磁州窑、龙泉窑等众多窑口的竞争中，逐渐取得了绝对优势的地位。在一定程度上说，官窑的设立为景德镇瓷都地位的形成提供了无与伦比的前提条件，促进了景德镇区域经济的繁荣。而在另一方面，官窑对景德镇区域经济的影响是利弊双向的，在不同的时期表现得不一样。

明初在景德镇设立御器厂，作为一个封建官手工业组织，其管理必然是封建式的。表现在：其一，其产品不是商品，而是为了供应皇室贵族享用。虽然它是个生产组织，但它没有独立的经营权力。其二，为了满足皇室贵族的需要，所造器“玲珑奇巧”①，不惜工本。其三，由太监或者地方官吏用管理衙门的办法管理生产，使这一生产组织实际上成了官府衙门。因此，官窑瓷器的生产和管理属于封闭式的经济形态，其存在对景德镇城市经济发展带来的影响往往是利弊交织的。

御器厂的支配地位是景德镇城市经济的一大特点。御器厂在瓷业中的支配地位，通过它的行政体制得以强化。景德镇的御器厂与苏州、杭州、南京等地的官手工业不同。苏杭等城市也有丝织业的官手工业组织，明代中期也派中官督造，清代也归内务府统属，但这些城市的官手工业机构并不起政权机构的作用。景德镇则不然，它实际上是由御窑厂管理。景德镇虽然不是县治之所在，却直接受内廷控制；它既受地方管辖又受厂官管理。这样，窑户、工匠之于御窑厂不仅有“统治和从属的关系”，而且受其直接管理。景德镇的闭塞、小手工业者的经济地位和传统观念、行帮的把持等等，又有利于御窑厂的控制。景德镇是一座单一的手工业城市，具有城市经济的某些特征，但它并没有使镇民成为自由的人。御器厂这一封建官手工业组织起政权机构的作用，表明了这座城市对资本主义萌芽的成长和封建经济的分解所起的阻碍作用，并不逊于其他政治城市。

明初，御器厂集中人力和物力，在景德镇瓷业的恢复和发展过程中曾起过一定的积极作用。民窑与官窑不仅是服从和统治的关系，而且其技术力量也仰赖于官窑。明代后期，政权日益腐败，御器厂的管理虽然出现了新的趋向，但由于劳役制仍占主要地位，因而雇役经济的管理形式未能成为主要的管理形式。劳役经济的特征仍十分鲜明，尤其是太监

① 《明神宗实录》卷一四七，据广方言馆本补用嘉业堂本校，“中央研究院”历史语言研究所校印 1962 年版。

督陶时期更被强化。明代督陶“以中官莅其事”,太监以烧造的名义大肆挥霍。成化时,“其买办供给夫役之费,岁用银数千余两……已敌银器之价”[①],以后更有增无减。正德间,“烧造太监应办物料与供应役使之人,岁该银二万七千余两”[②]。万历初,潘相督陶,“相一出,必且红靭衙门,繁侈供帐;必且多带参随,另作一番威福”[③]。督陶太监的奢侈挥霍,意味着极大的浪费。随着明代后期政治的日趋腐败,管厂官吏贪污腐败,徇私舞弊,因而管理不善,效率低下,恶弊丛生。明代御器厂的生产原料费用据《江西省大志》记载为“料价”:“先年系布政司公帑支给,嘉靖二十五年烧造数倍十百,加派阖省,随粮带征银十二万两专备烧造,节年支尽。嘉靖三十三年,又加派银二万两,亦烧造支尽。自后,止于本司库帑银借支。然繁费岁巨万,如鱼缸及砖,则又不止是。公私方苦匮,鬻罪加赋之说始纷纷矣。”明代御器厂的费用加派对景德镇周边区域(甚至包括江西省)的地方财政都形成了沉重的经济负担。

御器厂作为一个封建官手工业组织,对当地的同一民营手工业施加统治和榨取,这是必然的,也是其职能之一;而封建的统治和从属关系又使民窑为御器厂承担一定的封建义务。明代前期民窑如何承担其封建义务?目前所能见到的史料还不多。清人唐英曾说:“前明遣官督造陶及中涓擅威福,张声势,以鱼肉斯民,一逢巨作,功不易成”,“民苦于捶楚”。清人的记述中也说景德镇“其业陶者”,“其实无一富户,执役最为劳苦,重以官府之制造,往往疲于供应”[④]。这虽然是就有明一代而言的,结合永乐时“饶民以烧瓷为业,故多官府造作之所”,“郡素苦役夫治陶”,以及宣德间烧造“劳民费物”等记述[⑤],亦可见明代前期民窑所承担劳役之重。服役的不仅有“本厂附近里仁、镇市及长乡三都”的窑户,还包括“远乡窑户”在内。御器厂停烧时民窑进供,烧造时执役,鲜明地反映了明代前期民窑“任土作贡”的劳役经济的特点。

明代在御器厂中服务的是封建性的官匠和人夫,他们与民窑的雇佣工匠根本不同,纯属封建徭役性质。御器厂不仅控制了最好的技术工匠和原料,其规模也为民窑所不及。随着明代后期商品经济的发展和御器厂雇役制的渐次成长,御器厂的管理有了某些变化。御器厂雇役工匠必须付给工值。至于原料,陶土虽来自官府的科买、派纳,但毕竟不是无偿地提供,而且后来官土价银也由每百斤银七分增至一钱,窑柴“一百斤直四分”[⑥]。青料的费用更大,“回青原非中国所有,应天一年而加至二万五千余两”,且“买之

---

① 《成化实录》卷二六三,“中央研究院”历史语言研究所校勘,上海书店 1982 年版。

② 唐龙:《停差烧造太监疏》,《明臣奏议》卷一六。

③ 《江西通志》卷四九《舆地略》,萧近高《参内监疏》,成文出版社 1989 年版。

④ 《浮梁陶政志》,商务印书馆 1937 年版。

⑤ 《江西通志》卷一三二《宦绩录·饶州府》,《宣德实录》卷七〇,成文出版社 1989 年版。

⑥ 清乾隆《浮梁县志》卷五《陶政》,清道光十二年刻本。

甚难”。可见工银原料已必须按时价采购，加之官吏中饱和各种流弊，使御器厂“每岁造为费累巨万”，致使江西“辄以陶故加赋”[①]。几十年间，官员们的谏疏连章累牍。与此同时，景德镇的民窑商品生产却达到了前所未有的高峰，其产品行销国内外。明代后期，政府财政愈趋困难。万历间“岁入仅四百万而岁出辄至四百五十万有奇”，“出浮于入”[②]，已到了“公私兼匮之时”[③]。御器厂烧造既逐年增加，岁解次限紧迫，费用乂“财力既绌，公私偕病”，至此，御器厂必须随匠役制度的演变改进管理，因而出现了雇役经济管理的趋向。

明代后期，在轮班匠和编役匠的怠工反抗下，御器厂为了完成烧造免致延期，“官搭民烧”遂由“一时之权法”成为制度，“到隆万时，厂器除厂内自烧官窑若干座外，余者已散搭民窑烧”[④]。明代后期的“官搭民烧”的表现形式有，“分派烧造”“定给民窑”“散搭民烧”三种。首先，派烧是一种封建义务，只要是景德镇以至浮梁境内的民窑都得承担，甚至“不能成器者”亦“责以必办，不能办则官窑悬高价以市之”[⑤]。其次，官窑派烧虽然估价付值，但在明代后期官窑付值是以“赏”的名义发给的，而且有的估值远低于官窑自行烧造的估值，如“大样瓷缸，每口原估价银五十八两八钱。二样瓷缸，每口原估价银五十两”。官窑定给民窑为“每大样缸一口给银二十三两，二样缸一口给银二十两”[⑥]。按照清代道光年间龙缸每尺造价计算，每缸的原料柴料约占造价的55%，工食银占造价23%[⑦]，似此明代大缸给赏银二十至三十两，只支付了官窑原估值中的工食费和少量原料费。再次，“有赏给银两定烧赔”的规定[⑧]，“定烧赔造”给民窑带来很重的负担。明代后期，御器厂一直处于“期限严迫，惧致后时”的紧迫状态中，据现有的资料统计，从嘉靖二十年（1541年）至三十八年（1559年），钦限瓷器达65万余件，隆庆朝钦限烧造10万余件，万历十年（1582年）至二十八年（1600年）钦限烧造70余万件，合计约150万件。[⑨]

虽然明代后期自嘉靖朝开始的“官搭民烧”制度在很大程度上给民窑带来了沉重的经济负担，但在另一方面，“官搭民烧”制度使得民窑在一定范围和程度上成为官窑的延续和补充形式。通过雇役制官窑可以雇募到所需要的高手、中手，他们的生产积极性高于轮

---

① ［明］王宗沐：《江西省大志》卷七《陶书》，明万历二十五年本。

② ［明］王德完：《稽财用匮竭之源酌营造缓急之务以光圣德以济时艰疏》，《明经世文编》卷四四四，中华书局1962年版。

③ ［明］赵志皋：《弭变修省疏》，《明臣奏议》卷三二，商务印书馆1935年版。

④ ［清］蓝浦：《景德镇陶录》卷十《陶录余论》，京都书业堂光绪十七年本。

⑤ 清乾隆《浮梁县志》卷五《陶政》，清道光十二年刻本。

⑥ ［明］王宗沐：《江西省大志》卷七《陶书》，明万历二十五年本。

⑦ 《内务府堂清册》，《工业类》，中国档案出版社2003年版。

⑧ ［清］蓝浦：《景德镇陶录》卷一〇《陶录余论》，京都书业堂光绪十七年本。

⑨ 参见梁森泰：《明清景德镇城市经济研究》，江西人民出版社1991年版。

班匠，编役雇役管理形式促使官窑注意提高烧造水平、节约费用。御器厂的管理也出现了变化，最明显的表现是在对劳动力和原料的使用上，特别是万历年间开始的次色瓷器的变卖，这些都有助于御器厂降低生产成本和保证烧造任务的完成。在御器厂实行雇役制，也就意味着对过去匠籍制度的改变，官匠通过雇役和缴纳税金的形式获得了更高的生产积极性，更由于官窑在明代瓷器生产过程中一直处于技术领先的地位，雇役制下的工匠由于获得了一定程度的“自由”，明晚期工匠们相对自由的流动使得官窑的技术不断流入民窑，明代后期景德镇民窑的大发展与官窑技术的转移存在不可分割的关系。例如，明代正德、嘉靖年间所使用的回青料技术，《江西省大志·陶书》中载：“陶用回青，本外国贡也。嘉靖中遇烧御器，奏发工部；行江西布政司贮库时给之。”青花若只用纯回青料，颜色幽青，散而不收，故往往需与国产料石子青配合使用。回青与石子青的配合比例，直接影响到青花的发色，《江西省大志·陶书》云：“回青淳，则色散而不收；石青多，则色沉而不亮。每两加石青一钱，谓之上青；四六分加，谓之中青；……中青用于设色，则笔路分明；上青用于混水，则颜色清亮；真青混在坯上，如灰色；石青多，则黑。”由于回青料价甚贵，民窑无从获取，为此在官窑生产中出现了“偷青者”，官窑不得不“设出入搜检之法，严民皂巡视之规”[①]。从回青料的这一实例看，明晚期官窑对民窑在技术和原料方面依然存在相对优势，景德镇官窑对民窑并非单方面的榨取，通过雇役制，民窑的工匠从官窑的生产过程中学习甚至“窃取”回青料的实例，说明明代后期民窑的大发展与官窑技术的转移不无关系。

清代御窑厂的管理体制存在一个变化的过程。清初，御窑厂延续了明晚期地方官巡守的体制，例如顺治十一年（1654 年）烧造龙缸，由饶守道和巡抚监督，是地方官督陶。顺治十六年（1659 年）烧造栏板由守道、工部理事官、工部郎中监督，则烧造又在工部统属之下[②]。康熙时期大量烧造官窑瓷器之时，动用的是江西地方财政正项收入的老路，见于《钦定总管内务府现行则例》的记载：“康熙十九年十月，遵旨派内务府官、工部官各一员，笔帖式各一员，动用江西藩库正项钱粮烧造成磁器，以供内用。所用钱粮由工部奏销。”[③]清代从康熙十九年（1680 年）开始烧造官窑瓷器，“至二十五年工竣，共烧成瓷器十五万二千件，动用江西省钱粮一万三百余两”[④]。从康熙十九年（1680 年）到二十五年（1686 年），若以七年计，每年烧造官窑瓷器共耗费江西省的正项资金 1 400 两有余；若以六年计，其费用则在 2 000 两以上。雍正二年（1724 年），内务府设养心殿造办处，“掌制造器用”。雍正四年

① ［明］王宗沐：《江西省大志》卷七《陶书》，“回青”条，转引自熊寥、熊微：《中国陶瓷古籍集成》，江西科学技术出版社 2000 年版，第 177 页。

② 清乾隆《浮梁县志》卷五《陶政》，清道光十二年刻本。

③ 《钦定总管内务府现行则例·广储司》卷一，“烧造磁器”。

④ 参见章乃炜：《清宫述闻》，紫禁城出版社 1990 年版，第 144 页。

(1726 年),“夏委内务府官一人烧造瓷器”。御厂归内务府统属,以后未予以变动。清代御窑厂的生产资金自雍正四年(1726 年)以后是从淮安、九江等关的关税收入中支出,而关税收入在清代归内务府管辖,和地方财政毫无关系,说明清代雍正四年以后御窑厂的生产费用出自内务府的帑金,与地方或中央财政无关。

相比于明代御器厂的管理体制,清代御窑厂在管理体制上更加灵活和规范化。更为重要的是,由于这种体制的变化以及督陶官本身水平的差异,清代御窑厂为景德镇区域经济的推动带来了更为积极的作用。从现存档册中可以看出,清代御窑厂烧造从瓷的胎骨粗细、式样到釉水颜色、落款,都由钦旨明定,充分表明了御窑厂是内务府官手工业的一个分支机构,控制至为严密。而随着民窑的发展和商品经济的融入,到雍正时,大多数省份的匠班银已摊入地丁,御窑厂的工匠人夫只能来自雇佣,清代御窑厂长期稳定地施行雇役经济管理形式,唐英被派协理御厂时,奉命“工匠疾苦宜恤,商户交易宜平”[①],全面稳定地在御窑厂施行雇役经济管理形式,价值规律在某种程度上发挥它的作用,围绕贯彻按工给值、按价支偿的原则,其主要内容有:建立比较完整的瓷务清册制度,窑工银的专项保证,雇役匠的全面实行,次色御器的变价,官搭民烧制的施行等。清代御窑厂实行的管理制度不但没有给景德镇地方区域经济带来负担,而且很大程度上通过本身技术的研发,特别是督陶官的努力创新,极大地推动了清代景德镇窑业技术和经济的繁荣。举例来说,最为著名的是雍、乾年间的督陶官唐英,在他先后榷陶的二十余年内,瓷器花式奇巧,质地精美,高低温颜色釉便多达数十种,“厂窑至此,集大成矣”[②]。唐窑的成就是景德镇陶工的结晶,其督造者唐英亦做出了他的贡献。唐英这样一位熟谙陶务的督陶官员,雍乾两朝长期留任,这是他得以成功的条件之一,而唐英成功的关键之一就在于他注意施行雇役经济的管理形式。其一,他长期刻苦钻研瓷艺,“与工匠同其食息者三年”。初时,他对制瓷“为有生所未见”,后来“于泥土、釉料、坯胎、窑火诸务研究探讨,往往得心应手”[③]。他还把景德镇长期以来的制瓷知识和经验予以全面总结,编成《陶冶图编次》。他在躬亲实践并上升为理论过程中取得了施行雇役经济管理的主动权。其二,他“赏勤儆怠,矜老恤孤”,注意“医药棺槥拯灾济患之事”,以发挥工匠的积极性。其三,他在管理中基本上做到采买按价,计工给值,并不因节钱粮而克减。雍正十三年(1735 年),窑户商铺所立的《唐公仁寿碑记》说:“大人采买物料,在在公平。”乾隆元、二(1736、1737 年)两年,因烧造的御器釉水花纹远逊以前且破损过多,有核减工价物价之议。为此唐英奏明:“若欲援此以为定例,恐于制

① [清]唐英:《陶务叙略》,转引自熊寥、熊微:《中国陶瓷古籍集成》,上海文化出版社 2006 年版。

② [清]蓝浦:《景德镇陶录》卷五《景德镇历代窑考》,京都书业堂光绪十七年本。

③ 清乾隆《浮梁县志》卷五《陶政》,清道光十二年刻本。

造、民情多所掣肘”，因而“未能遵改”。他强调，“一应工价、饭食、泥土、釉料，俱照民间时价公平采买”，使“毫无当官科派之累”[1]。乾隆时人裘日修也说，御厂“给缗与市肆等，民乐趋之”[2]。官价与民价等，按价采买，计工给值。其效果，乾隆时人朱琰曾简要地总结说：“内府按时给值，与市贾适均，运器亦不预地方，一切不妨碍吏政事，官民称便。所造益精。”[3]雇役经济管理形式的施行提高了官窑瓷器的烧造率，有利于景德镇民窑的发展，景德镇区域经济（陶瓷经济）也由此得到推动，这是清代官窑文化为景德镇地方经济所做出的贡献。

① 清乾隆《浮梁县志》卷五《陶政》，清道光十二年刻本。

② 清乾隆《浮梁县志·序》，清道光十二年刻本。

③ ［清］朱琰：《陶说·序》，转引自熊寥、熊微：《中国陶瓷古籍集成》，上海文化出版社2006年版，第317页。

第四章 中国明清时期陶瓷官窑文化的当代价值和反思

文化的发展具有历史的延续性，它以社会物质的发展为基础。新文化的产生不可能脱离旧文化。官窑的出现是我国古代制瓷业和陶瓷文化发展到一定阶段的产物，是与当时社会物质生产发展和社会制度的产生分不开的。明清官窑制度的产生和发展，既延续了历代官窑制度中的精华，又适应明清时代的发展而有了进一步的创新。它集中了民间制瓷行业和其他有关部门的优秀人才，质量上精益求精，是我国深厚历史文化传统的一朵奇葩，对促进陶瓷行业的发展和推动技术进步产生了一定的积极作用。

现阶段，我国正处于社会转型加速期，市场经济的迅猛发展和各种文化观念的不断交融碰撞对传统文化造成了深远的影响，需要我们以更宽广的理论视野、更大的胆魄发展先进文化。在新的历史条件下，如何传承、创新明清陶瓷官窑文化生生不息的万年薪火，吸收、借鉴其中的优秀元素，推动陶瓷行业更好地发展，就成为迫切需要解决的课题。

第一节　明清时期陶瓷官窑文化的实质

一、文化的内涵

"文化"一词，有着众多解释，中外学者已经从哲学、社会学、人类学、历史学、语言学等学科的角度对文化概念进行界定，虽然并没有统一的定义，但是都较为强调它是人类创造的一种社会现象和历史现象，是一种复杂的整体和整个的生活方式。1871年，英国学者爱德华·泰勒(E. Bernatt Tylor)提出："文化，或文明，就其广泛的民族学意义来说，是包括全部的知识、信仰、艺术、道德、法律、风俗以及作为社会成员的人所掌握和接受的任何其他的才能和习惯的复合体。"① 加拿大学者谢弗(D. Paul Schafer)认为："文化一般是指物种，特殊地是指人类观察和感知世界，把自己组织起来，处理自身事务，提高和丰富生活，以及把自己安置在世界上的那种方式。"谢弗进一步认为，一个特定社会的文化是由理念、审美方式和价值三个不同要素构成的，其中价值是最重要的②。梁启超先生也曾说："文化者，人类心能所开积出来之有价值的共业也。"③ 这种"共业"是我们所创造或有意识模仿的一切身心活动。梁漱溟先生则认为：文化并非别的，"不过是那一民族生活的样法"，而生活，"是

① [英]爱德华·泰勒：《原始文化：神话、哲学、宗教、语言、艺术和习俗发展之研究》，边树声译，广西师范大学出版社2005年版，第1页。

② 参见[加]D. 谢弗：《文化引导未来》，许春山、朱邦俊译，社会科学出版社2008年版，第65页。

③ 梁启超：《什么是文化》，《饮冰室合集》第5册《饮冰室文集》之三十九，中华书局1989年版，第98页。

那没尽的意欲(Will)和那不断的满足与不满足”[①]。

我们可以结合文化层次的不同特点,把文化划分为广义文化与狭义文化。广义文化是指人类所创造的一切东西,它着眼于人类社会与自然界的本质区别,是人类在社会历史发展中所创造的物质文明和精神文明的总和,它包括本质上和形式上的文化。文化的本质是指思想、意志、情感、价值、信仰、知识、经验、能力等人的主观世界活动,这是观念形态的文化,也是我们通常所说的狭义上的文化。观念形态的文化可以通过多种形式来表现,其中最常见的有物质文化、精神成果文化、制度文化和行为文化。物质文化是指人化了的自然和物质产品等物质文明,它是可见的显性文化,是观念形态文化的物化;精神成果文化和制度文化属于不可见的隐性文化,其中,精神成果文化在这里特别指包括典籍、语言、文字、哲学、文学、艺术、科学、宗教、道德等形式表现出来的人的主观世界的活动成果。行为文化则是指人的生活方式或生活的样法,它是人们在生产和生活中表现出来的行为模式和行为态度。

我们研究文化也就是要揭示出蕴含在物质、精神、制度和行为等形式中的文化本质,即某一群体的思想、意志、情感、价值、信仰、知识、经验、能力等观念形态的文化,其中世界观和价值观是文化本质的核心。

文化的形式必然反映了文化的本质,而文化的本质必然要通过文化的形式来表现,因此,物质产品、精神产品、制度规范以及行为方式必然反映了观念形态的文化,受观念形态文化的支配,而观念形态的文化必然要采取或物质产品、或精神产品、或制度规范、或行为方式等形式来表现,并通过这些形式使文化得以传承与发展,本质与形式缺一不可。

二、制度文化

为了自身生存和发展的需要,人类必须过群居生活。群居生活需要一定的组织单位,形成一定的制度规则,以规范人类的各种社会行为。这种活动形成了群体的制度文化,即群体或组织创设的各种社会规范,它反映的是人类在物质和精神生产过程中的社会关系。

社会成员创造、认同、学习、获得、交流和传播文化必须依靠一定的制度规则,而这些制度规则也必然反映了文化的价值理念和内容。从人类学、社会学或历史学等角度来看,一方面,人类必然会把群居生活过程中的主观世界活动和行为加以规范化、制度化,界定、约束、鼓励或规范群体和个体的思想及其行为,以维持整个群体的生存和发展,因此,群体的价值观必然会转为群体的行为规范,观念形态的文化相应地会采取或风俗习惯、或伦理道德、或法律制度的形式,并通过这些社会规范形式而得以传承;另一方面,一定的制度也必然表达了一定的观念形态文化、风俗习惯、伦理道德和制度规则,它们必然反映了人的

---

① 梁漱溟:《东西文化及其哲学》,上海人民出版社 2006 年版,第 31 页。

主观世界活动，体现了群体的思想、意志、情感、价值、信仰、知识、经验、能力，它们意味着个体对群体价值观的认同并依据共同的价值观而采取相应的行动。

人类的行为文化受思想观念、价值信仰、经验能力等观念形态文化的支配，同时，它又是一种群体的、社会的共同行为，因而，人类的行为文化必然产生和形成习俗、规则、法律等制度文化；当制度文化产生和形成之后，又会使观念形态文化、行为文化通过制度因素转化成为物质文化。制度规范必然反映了文化的思想、意志、情感、价值、理念、信仰、知识、经验、能力等内容，而当文化的这些内容体现为规范或规则时，它必然采取或礼俗、或风俗、或习惯、或制度条文的形式，从制度文化角度来看，没有文化的制度是不存在的，没有制度的文化也是不存在的。

制度文化由三个部分构成：一是由群体的价值观念、道德伦理、风俗习惯、经验、知识与能力等形成的内核部分，它是制度文化的精神层面，具有主导性、稳定性和持久性；二是由群体在政治、经济、文化和社会活动中形成的法律规范或制度构成的外层部分，它是制度文化的制度层面，具有目的性、规范性和指导性；三是由机构、组织、设备、信息及其传输方式等构成的辅助部分，它是制度文化的机制层面，其功能是保障或调节前两个层次之间的相互作用，使制度文化形成一个有机整体。制度层面和机制层面是研究制度文化，是通过对社会的法律制度、政治制度、经济制度、民间礼仪风俗、人与人之间的各种关系准则、组织机构以及信息传输方式等方面的研究，揭示或阐述制度文化的基本核心，即其内在的情感意志、价值观念、道德伦理和思维方法等内容。

三、明清陶瓷官窑文化概述

陶瓷文化一直以来都是中国人的骄傲，从它的身上可以看到中国历史的变迁和文化的堆积。陶瓷官窑文化作为我国灿烂悠久文化传统的重要组成部分，集中反映了当时社会的主流思想、意志、情感、价值、信仰、知识、经验、能力。特别是明清时期的官窑，作为中国瓷器发展史上的顶峰，对今天的中国瓷业依然有着重大影响。明清官窑实质上是一种由官府组织的生产制度，因而明清官窑文化的研究实质上是一种制度文化的研究。在制度文化的研究中，既有对精神层面的研究，又有对制度机制层面的研究。当具体到对明清官窑文化的研究时，还涉及官窑制度下的官窑器物文化的研究。官窑制度下生产的器物自然反映或体现了其文化的基本特征。由此分析，明清官窑文化研究的是凝结在明清官窑器物和明清官窑制度里的精神世界活动。

中国明清官窑制度是古代自然经济、皇权专制条件下出现的特殊产物，是与当时的社会物质生产发展和社会制度的产生分不开的，是一种超经济的文化现象。明清官窑制度是以皇帝专权为主导的政策运行，是封建特权的派生物，它有自身严格的内涵，并有与民窑存在根本不同的特殊属性。“普天之下，莫非王土；率土之滨，莫非王臣。”中央和地方的政策均惟帝王是从，以保障帝王对御用瓷的专享权为最高准则。明清两朝的一项基本政策就是禁止民窑生产御用瓷器，违令者严惩不贷。例如，针对当时御用瓷存在的私自生产或赠送官员或卖给外国商人、使臣的现象，明正统三年(1438 年)十二月乙丑“命都察院出榜，禁江西瓷器窑场烧造官样青花白地瓷器于各处货卖及馈送官员之家。违者正犯处死，全家谪戍口外”①。正统十二年(1447 年)十二月甲戌又颁布禁令：“禁江西饶州府私造黄、紫、红、绿、青、蓝、白地青花等瓷器。命都察院榜谕其处，有敢仍冒前禁者，首犯凌迟处死，籍其家赀，丁男充军边卫，知而不以告者连坐。”② 明代多派太监前往景德镇御器厂督陶，然而，太监多贪赃枉法，滋扰地方，虐待陶工，“善往饶州监造磁器，贪黩酷虐下人不堪，所造御用磁器多以分馈其同列，事闻，上命斩于都市枭首以徇”③。太监张善被杀且挂首示众，如此严厉的惩罚看上去似乎是因为“贪黩酷虐下人不堪”，但是，如果我们联系明代社会出现的逐“利”弃“义”的社会风尚这一大背景，那么，张善被诛的唯一原因只能是他把御用瓷器赠送给官员。万历朝太监潘相督陶时曾导致陶工们砸器毁厂这一严重后果，也没有如张善般斩首示众：“万历初，内侍潘相监陶务，好兴作，僭侈拟宸内，厂事委于官吏。下不堪命，人情汹涌，台省交章纠相，遂撤回京，终明之世，中涓弗遣。”④ 因此，张善触犯了帝王对御用瓷的专享权，是对帝王权威的极大威胁，这才是被诛的原因。清代吸取了明代对御器厂管理的经验教训，派官员而不是太监前往景德镇御窑厂督陶。清代督陶官对督陶一职尽心尽责，出现了“郎窑”“年窑”“唐窑”等名窑和名瓷。

明清官窑文化以明清时期的物质生产条件为基础，受明清政治、经济、文化、社会风尚等活动的影响和制约，因此，在器物创制的生产实践中逐步形成的官窑文化，自然由于所处的时代背景、地理环境、历史文化、民族风俗的不同而表现出其独有的魅力与光彩，从窑场的生产布局、原材料管理到工种分工、工艺流程的管理，从产品的设计、样品的试验、批量生产到质量控制、销售模式的管理，从官员的委派、工匠的使用、成本的控制到人员的奖惩制度、相关的保障制度的管理等，明清官窑制度都呈现出其独特的运行模式，表征出其独特的文化色彩，而这种文化特色又深深扎根于明清时代的政治、经济、文化和社会风尚的氛围中，扎根于中国几千年的文明历史进程中。

明清官窑文化不仅是我国古代文化的传承者，更重要的是，它还是我国古代文化的创新者。明清官窑文化的创新，体现在制度创新、工艺创新、器物创新等多个方面。例如，清人唐英在景德镇督陶时，不仅身体力行，悉心钻研陶瓷生产业务，而且还进一步对瓷器生

---

① 《明英宗实录》卷四九，据广方言馆本补用嘉业堂本校，“中央研究院”历史语言研究所校印 1962 年版。

② 《明英宗实录》卷一百六十一，据广方言馆本补用嘉业堂本校，“中央研究院”历史语言研究所校印 1962 年版。

③ 《明宣宗实录》卷三十四，“宣德二年十二月癸亥内官张善伏诛”，据广方言馆本补用嘉业堂本校，“中央研究院”历史语言研究所校印 1962 年版。

④ 《浮梁县志·陶政篇》卷八，清道光十二年刻本。

产工艺从理论上进行了科学总结，先后编写了《陶务叙略》《陶冶图说》《陶成纪事》等，使唐窑瓷器的制作水平和制作质量都达到了前所未有的高度，在装饰技法、造型设计、制瓷技术等方面都取得了集大成的成就。正是有了这种创新意识和创新能力，明清官窑制度不断地适应时代的发展和变化，明清时期官窑器物在品种、造型、装饰、款识等方面不断地推陈出新，成为我国古代陶瓷生产在数量和质量上都达到历史的最高峰时期。

第二节 明清时期官窑文化的优秀元素

明清官窑制度作为社会发展到一定历史阶段的特殊产物，是与当时的自然经济、皇权专制分不开的，是一种超经济的文化现象。从历史长河来看，它对于资本主义生产关系萌芽的生长起着根本的阻碍作用，作为封建制度下的明清官窑自然摆脱不了这种封建时代的烙印，官窑手工工场制度也难以发展为具有资本主义性质的陶瓷大工业。但是，我们应该看到，明清官窑毕竟是中国陶瓷工业发展的历史顶峰，其蕴含的以创新为核心的价值体系、追求完美的精品意识、组织严密的管理制度、精致的分工和协作，对促进陶瓷行业的发展和推动技术进步产生了一定的积极作用。

一、以创新为核心的价值体系

明清官窑文化的价值，是指官窑文化对创设这一文化的当事人的有用性，即它使官府特别是帝王对精品瓷的需求得以实现，而要不断满足这种需求，就必须精益求精，推陈出新，对影响精品瓷生产的方方面面进行革新，因而渐渐地形成了以创新为核心的价值体系。

“创新”概念是由美籍奥地利经济学家约瑟夫·熊彼特于 1912 年在《经济发展理论》一书中正式提出来的，并从经济学角度把创新看成是“建立一种新的生产函数”，即“生产要素的重新组合”，把一种从来没有的关于生产要素与生产条件的“新组合”引入生产体系中，以获得潜在的超额利润的过程。由此，熊彼特进而提出了创新的五种表现形式：生产一种新的产品或一种产品的新的特性；采用一种新的生产方法或新的工艺；开辟一个新的市场；开拓或利用原材料或半制成品的一种新的供给来源；实现一种新的组织方法，例如造成一种垄断地位或打破一种垄断地位。研究者进一步把它归纳为五种创新，即产品创新、技术创新、市场创新、资源配置创新、组织创新或制度创新。熊彼特为我们建立起现代市场经济的创新理论。

明清时期我国社会是以自给自足的小农经济为主的社会，而现代社会则是以市场经济为主，两者性质完全不一样，如果我们以市场经济的创新理论为标准来衡量明清官窑制度，那么这一制度必然存在不符合标准的地方，例如，它不具有市场性，没有利润也不追求利润。撇开这点由于社会性质不同而造成的差异，明清官窑制度依然有着创新的多种表现形式，这种创新价值观在那个时代具有合理性和先进性，无疑也具有超时代性。

（一）制瓷创新之艰难与意义

无论在明代，还是在清代，陶业的创新都是一个艰难的过程。

在明代就有督陶官为造新器而逼得窑工以身投火的记载：“有神童姓，为本地窑民。前明制造龙缸，连岁弗成。中使严督，窑民苦累。神跃身窑突中，捐生而缸成。司事者怜而奇之，于厂署内建祠祀焉，号曰风火仙。”①

在清代，唐英在重修《浮梁县志》序中以另一种方式描述了明朝创新之艰难：“一逢巨作，功不易成，致重臣数临，邮驿骚动，令疲于奔走，民苦于箠楚，卒之大耗帑藏之金，重困闾阎之力，而于巨作迄无成。遂使饶郡数邑，供应不遑，而浮邑之吏民更不堪命。是害在陶而实在浮矣。”② 实际上，清代陶业创新也是艰难的，“重臣数临”，“吏民不堪命”，与明代也有一比：“国朝顺治十一年，奉旨烧造龙缸，径面三尺五寸，墙厚三寸，底厚五寸，高二尺五寸。每烧出窑，或塌或裂。自十一年起，至十四年缸造二百余口，无一成器。经饶守道董显忠、王天眷、王瑛，巡南道安世□，巡抚部院郎廷佐、张朝璘，俱临监督，终不克成。顺治十六年奉旨烧造栏板，阔二尺五寸，高三尺，厚如龙缸。经守道张思明、工部理事官噶巴、工部郎中王日藻监督烧造，亦不成，官民咸惧。”③

王国维认为，要成就大事业、大学问必须经过三种境界：“昨夜西风凋碧树。独上高楼，望尽天涯路。”此第一境。“衣带渐宽终不悔，为伊消得人憔悴。”此第二境。“众里寻他千百度，蓦然回首，那人却在灯火阑珊处。”此第三境④。王国维的思想也可用于描述创新的心路历程：新的发明和创造并不是一帆风顺的，从无到有，总会历经艰辛。然而，明清社会专制下的工匠，由于地位低下，他们在生产新品种、创制新工艺的过程中，不仅要承受来自创新过程中的这种艰辛，而且还要承受来自政治上的歧视、经济上的剥削和身体上的惩罚，这种重压势必会严重影响到新思想的诞生，导致创新根基的削弱和创新效率的降低。而每当统治者体恤工匠、不断调整官窑制度的运行机制时，工匠们的积极性被极大地调动起来，新产品、新工艺则会大量地涌现出来，古代工匠的智慧和才能则得以充分展现。

明清官窑制度是一种严格按需生产的方式。御窑厂按照帝王需要进行生产。自宋元以来，各地工匠渐渐汇集景德镇，明清御窑厂集中了当时国内最好的工匠，促进了各地名

① 《浮梁县志·陶政篇》卷八，清道光十二年刻本。

② ［清］唐英：《重修〈浮梁县志〉序》，《浮梁县志》，清乾隆四十八年刻本。

③ 《浮梁县志》卷四，清康熙十年刻本。

④ 姚柯夫编：《〈人间词话〉及评论汇编》，书目文献出版社 1983 年版，第 11 页。

窑制瓷技术的交融与创新;御器窑厂占有最好的瓷土和青料;设计式样出自内廷,代表了当时设计的最高水平。御窑的创作,一次次地推动了景德镇陶瓷生产的创新和发展,引领着时尚的潮流。一件件精美绝伦的御瓷,不仅让我们感受到那高超的制作技艺和时代的社会气息,而且还以它特有的方式记录了中国人独有的那份文化和思想底蕴,是中华文明的一种重要象征。

(二) 制度创新

明清官窑在制度上的最大创新在于设置了御窑厂,有专门的官员督理御窑厂的生产,有专门的部门负责御瓷的验收与管理,有一整套的政治运行机制为其顺利生产保驾护航。御窑厂有雄厚的资金做后盾,甚至可以说是完全不计成本的投入,为新工艺、新产品的试验提供了充足的资金保障,这是民窑无法比拟的。御窑制度的创立,不仅在官窑制度上是一大创举,而且它还在陶务方面进行了一系列的改革,不断创新运行机制。终其五百余年的历史,虽然中间几度停顿生产,也存在着诸多的弊端,甚至有些弊端是其社会性质使然而无法克服,但是,在它的专制制度范围内,明清王朝会对御窑厂的运行机制不断地进行调整与革新。

1. 匠役制度的改革

元代设立的匠籍制是一种工奴制,在籍匠人及其子孙不得脱籍,除获得政府给予的定粮外,必须为官营手工作坊无偿服役,因此,这些匠人又被称为“官匠”。明初沿袭了元代的匠籍制。“凡立户收籍,洪武二年令,凡各自漏口脱户之人,许赴所在官司出着,与免本罪,收籍当差。凡军、民、医、匠、阴阳诸色户,许各以原报抄籍为定,不许妄行变乱,违者治罪,仍从原籍。三年,令户部榜谕天下军民,凡有未占籍而不就役者,许自首,军拨卫所、民归有司、匠隶工部。”[①] 随着明朝政治的稳定,经济逐步繁荣起来,匠籍制的弊端日益明显,明统治者对此进行了改革,匠人可以通过纳“班匠银”的方式来代替为官府服役,工匠们的生产积极性和创造性被调动起来了,到成化、弘治、正德时期,随着统治者对高档消费品需求的不断增长,御器厂工匠们创造出大量的绝世精品瓷器。清王朝对匠籍制则进一步改革,废除了明代的以银代役方法,实行雇佣制。“悉罢向饶属夫役、额征。凡工匠、物料动支正项,销算公帑,俱按工给值。”[②] 这种具有资本主义性质的生产关系,其先进性给匠人们带来了极大的利惠,清人蓝浦描述了工匠日益高涨的生产积极性和创造性:“国家惠工给值,供役无扰,民安而物阜,工勤而器良,镇人日以盛,镇陶日以精,莫不奋兴鼓舞。”[③]

---

① [明]申时行等修,赵用贤等纂:万历《大明会典·户部六·户口总数》卷十九,见《续修四库全书·史部·政事类》卷七九二,上海古籍出版社 1995 年版。

② [清]蓝浦:《景德镇陶录》卷二《国朝御窑厂恭记》,京都书业堂光绪十七年本。

③ [清]蓝浦:《景德镇陶录》序,京都书业堂光绪十七年本。

匠役制度的改革，真正触及了封建社会的生产关系。在封建社会框架内，实行一种促使它灭亡的生产关系，我们说，这是时代发展使然，也体现了统治者具有的务实和创新精神。

2. 督陶官制度的设立与改革

如何处理御窑厂与地方政府的关系一直是明清官窑制度的一项重要内容。明代皇帝以中官（太监）督陶可以说是在两者关系处理上的一大败笔。清代吸取明代中官督陶的失败教训，设置督陶官制度。督陶官一般由内务府官员或地方高官充任，他们大都由皇帝选派，并由皇帝直接负责领导。首先，由于官制的特殊性和任职者与皇帝的特殊关系，在一定程度上可以杜绝一般官吏常见的诸如贪污、浪费、低效、劣质等陋习。清康熙、雍正、乾隆时期，几任督陶官都为精品御瓷的烧造做出了重大贡献。例如，康熙二十年（1681 年），臧应选以工部郎中驻御窑厂督造，所制瓷器，多循宣成法度，诸色兼备，世称“臧窑”。康熙四十四年（1705 年），朗廷极督抚江西，监理窑政，专窑烧造，独出心裁，器皆精美，称“郎窑”。雍正四年（1726 年），年希尧以内务府总管奉命兼督景德镇御窑厂总理，物力富裕，工事精良，称“年窑”。次年，年希尧任景德镇御窑厂督理官。雍正六年（1728 年），唐英以内务府员外郎奉命驻厂协理瓷务，年希尧仍为总理，遥管厂事。乾隆六年（1741 年），唐英继年希尧任总理，总管瓷务。英之所造者，世称“唐窑”。①

其次，督陶官量力而行督理陶务，且与地方政府权责明确。例如，清顺治十一年（1654 年），下旨烧造龙缸、栏板等器。差工部理事官噶某、郎中王某监督烧造，久而不成。经督抚张朝璘具疏停止。康熙十年（1671 年），烧造祭器等项。俱估值销算正项钱粮，并未派征。陶成分限解京。至康熙十九年（1680 年）九月间，奉旨烧造御器，差总管内务府广储司郎中徐廷弼等四臣，驻厂督造，每制成之器，实估价值，陆续进呈御览。凡工匠物料动支正项钱粮，按项给发，至于运费等项，并不贻累地方，经画多方，官民称便②。督陶官这种量力而行的原则，从某种方面来看，为陶工们提供了良好的创新氛围，并可以节省试制新产品的成本。与地方政府关系的正确处理，也为御窑厂创造了一个良好的治安环境。

再次，督陶官能发展成为技术专家，进行专业化管理。御窑厂最伟大的督陶官唐英身上充分展现了这一优良品质。唐英于雍正六年（1728 年），“奉差督陶江右”。为了解陶瓷制作，不辱使命，“用杜门，谢交游，聚精会神，苦心竭力与工匠同其食息者三年。抵九年辛亥，于物料火候生克变化之理，虽不敢谓全知，颇有得于抽添变通之道。向之唯诺于工匠意旨者，今可出其意旨唯诺夫工匠矣。因于泥土、釉料、坯胎、窑火诸务，研究探讨，往往得心应手。至于赏勤儆怠，矜老恤孤与夫医药棺椁拯灾济患之事，则又仰皇仁寓赈借贷于

① 参见浮梁方志委：《浮梁县志》“大事记”，中国方志出版社 1999 年版。

② ［清］吴允嘉：《浮梁陶政志》，《学海类编》第四十八册，安晁氏木活字本景印 1920 年版。

造作中之圣意,此微末小臣尽力宣劳之职也"[1]。精通工艺使唐英能进行精细化的专业管理,唐英于乾隆四年(1739年)六月二十五日的奏折中请示赴窑厂专理陶务而由九江知府照管九江关务,充分表明他对窑务的精通和对制瓷规律的把握。窑厂诸务"其最关紧要之时,在春则于二、三两月,秋则于八、九等月。盖二、三月间,当开工之始,所有器皿,各样俱须定准。至调停釉水、配搭颜料,皆于此时料理。其八、九月之候,风日高燥,于坯胎火候均为合宜,正当陶成各器之时。拣选讲究,尤在熟谙之人亲身经理。今奴才管理九江关务,原为就近窑厂,可以及时照看。除今岁三月间,奴才在厂亲自办理外,拟于八月内届窑工正盛之时,奴才再行赴厂以经理其事。惟是关、厂往返,兼之拣选讲究,须厂数天,计以半月为率。在关务日有标单、收兑、放关诸事,势必需员经管,方免疏虞。奴才伏念关署紧傍府城,若奴才赴厂之日,得委九江府知府就近暂为照管,彼此俱无废事,而于厂务、关务亦均有裨益"[2]。技术专家身份的督陶官,无论在管理理念上,还是在管理运行上,都充分展现出它的先进性和现代性。

最后,对督陶官制度本身也适时地进行改革。对督陶官的监督管理由明代的惩处到清代的经济处罚,开始注意到了对经济成本的控制,其做法更符合商品经济发展的趋势。它可以促使督陶官由不计成本到注意创新的效率,为统治者节省资金。就全局比较利益而言,统治者在制瓷上的创新效率提高,民众受到的盘剥相对就会减少一些。

3. "官搭民烧"办法的推行

为防止民窑仿制御窑器物,明清政府除了采用政治法律手段明文禁止民窑仿制烧造外,为保障其技术上的垄断地位,对民窑还实行保密制度。为防止淘汰下来的御供产品流入市场,严禁御窑厂人员私自处理御窑器物,残次品一律打碎掩埋。随着匠籍制的改革与取消,民窑得到快速发展。瓷器是明清贸易的一种主要物品,也是明清政府对外贸易和赏赐的主要物品。明清官窑生产难以满足这种大量的需求,于是官府开始采取把钦限任务分派给民窑生产的方法。"本厂凡遇部限瓷器,照常烧造,不预散窑。惟钦限瓷器,数多,限逼,一时凑办不及,则分派散窑,择其堪用者凑解,固一时之权法也。"[3]民窑完工后,瓷器要由御器厂来挑选,不合格的要重新烧造,完不成任务的要以高价买官窑器物以充数。即使付给民窑的工价也是极为低廉的。这种制度的创新,缓解了或解决了供需之间的矛盾,却由于督陶中官的种种盘剥,给民窑带来了极大困境。

清代在自愿的基础上采取"官搭民烧"的办法,官窑与民窑之间的关系转向单纯的经济关系,民窑顿时走出困境。"厂器尽搭烧民窑,照数给值,无役派赔累也。"[4]清朝顺治年

---

① 熊寥、熊微:《中国陶瓷古籍集成》,"瓷务事宜示谕稿序",上海文化出版社2006年版,第293页。

② 北京故宫宫中朱批奏折。

③ [明]王宗沐纂,陆万垓增修:《江西省大志》卷七《陶书续补》卷七,"窑制"条,明万历二十五年本。

④ [清]蓝浦:《景德镇陶录》卷十《陶录余论》,京都书业堂光绪十七年本。

间，御窑厂负责制坯成型以及器物绘制，烧制则由民窑完成。民窑户烧造成功，则御窑厂按市价给工；烧损器物，则要照价赔偿，因此，他们总是为官窑器物提供最好的窑位烧制。康熙十九年（1680年）后，“官搭民烧”制成为固定的制度。“官搭民烧”制要成为一项成功制度，关键在于御窑厂管厂官员的设置。明人王宗沐对此有着精辟的论述：“官匠因循，管厂之官乃以散之民窑，历岁相仍，民窑赔偿，习以为常。凡此皆本厂之宿弊。欲举之而难悉，欲革而难尽去也。为今之计，欲革弊，莫要择官，欲择官，尤在于专任。乞敕吏部将吉安府推官裁去一员，于本府添设推官一员，即以原委官之衙舍人役，令其驻扎本厂，专理窑政，厘革奸弊，务于进士出身者除补，以为铨规，不许抚按上司别项差委事下。抚按官勘议行。布政司查议未报。”[①] 遗憾的是，王宗沐的主张没有得到实现。清代则完善了王宗沐的主张，设置了督陶官制度，在其社会制度范围内，官搭民烧制妥善地解决了官窑与民窑之间的关系，大量官窑瓷器的生产为清代民窑业的发展提供了巨大的空间，双方技术得以广泛交流，景德镇瓷业的创新达到了一个新的境界。

4. 生产制度方面的改革

在生产组织方面，明清官窑有着大量的革新。这些革新涉及众多方面，措施也更为具体、细致，一一列举实难做到，这里仅就几个方面加以简要梳理。

(1) 统治者对御窑厂的生产极为重视，一些帝王对瓷器艺术十分爱好

康熙对西洋科技和艺术的爱好，促进了珐琅彩料的进口及其在瓷质胚胎上的使用，出现了瓷胎画珐琅器，而珐琅彩制作工艺对粉彩瓷器的创制有直接的影响。雍正、乾隆也非常爱好瓷器，直接干预瓷器的生产，瓷器的平面设计样式是按照帝王需要进行，其立体模型要呈送御览，瓷器上的彩画也要经皇帝御览过，因而帝王也决定了制瓷新工艺和新品种的创制。更为重要的，帝王对制瓷工艺的重视，能鼓舞士气，激励创新。例如，乾隆七年(1742年)，乾隆为瓷瓶题字，令御窑厂欢欣鼓舞：“臣英曾造轿瓶，仰蒙鉴赏，特以有画无题，故制诗颁发，命脱之瓶上。臣英用是仍回厂署，偕同事臣老格竭蹶攒办。时当岁寒，例停工作，众工一经鸠集，欢忭兮来，阅十有七日而成完器十二件，恭赍以献。臣英伏念我国家一切政治，莫不迈古起今，悉本宸衷之准则，日理万机，圣躬亦甚劳矣。乃埏埴细务，竟得上邀天藻流辉，煌然四十字，如日丽天，如云出岫，不啻造化肖物，岂三唐两宋咏物即事之音韵所敢比拟者哉。英一微末小臣，承乏陶务，以一器之微，荷蒙睿制称嘉，跪读之下，俨如瞻仰天颜，感悚交集。瓶既告成，爰敬勒琬琰，建亭于厂署珠山之巅，以从众工恢张旷典之请，并永纪圣天子神明天纵，超轶千古，而优渥鼓励，又能使众工感激从事，以昭子来之盛，固不独臣英臣老格敬铭夙夜，以图报称，即后之领节踵事于此者，必且观瞻舞蹈，竭愚输忠，

① ［明］王宗沐：《江西省大志》卷七《陶书》，“设官”条，转引自熊寥、熊微：《中国陶瓷古籍集成》，江西科学技术出版社2000年版，第176页。

以分万世之荣于无尽也。”[①] 最高统治者的重视，一方面能激发御窑厂官员和工匠对工作的热情，使他们更为勤勉地工作，另一方面能了解御窑厂的实际困难，在管理思想上和管理制度上进行相应的变革。

(2) 管理思想的变革，注重民生

丰富的水系虽然是景德镇制瓷的天然优良条件，但却也是水灾频发的原因。明代中官督窑，役务繁重，政事苛刻，不仅有童宾投炉自焚而死之事，更有激起景德镇民众愤怒而起捣毁御器厂之变。此外，创新也需要技术作为支持，如果不具备条件而一味地要满足要求，势必会加重对工匠的压迫，激发矛盾。从自然条件、管理以及制瓷工艺三方面因素来看，统治者都需要适时地调整管理思想，以民生为本。清人吴允嘉对景德镇陶工的劳苦有着深刻认识，要求官员体恤百姓之艰苦，民众珍惜所用瓷器：“景德镇一隅之地，四方商贾贩瓷器者，萃集于斯。其从陶者，亦不皆土著也。庐舍稠密，烟火相望，其实无一富户。执役最为劳苦。重以官府之制造，往往疲于供应。盖民以陶利，亦以陶病，久矣。余游西江，有客从事于陶者。为余述其原委。颇详且悉。因撮其大要，著为斯编。守土之官，自能轸恤民艰。以苏其困。亦欲使世之用瓷者，知人力所由尽，物产所由来。真所谓一器而百工聚焉。慎毋玩忽视之也。”[②]

统治者体恤民情，一是减少过多的烧造任务乃至停止烧造。弘治三年（1490 年）十一月甲辰日，内阁大学士刘吉等上奏时谈到御器厂烧造：“又如江西磁器，内府所收，计亦足用，今又无故差内官烧造，未免扰人。”孝宗皇帝听后，曰：“灾变叠见，朕深忧惧，思图消复，惟在恤民。今卿等言，……烧造内官骚扰地方，诚宜停止，……江西烧造磁器，内官不必差，庶副朕畏天恤民之意。”[③] 清顺治八年（1651 年）也曾停止烧造，“时江西进额造龙碗，奉旨：朕方思节用，与民休息。烧造龙碗，自江西解京，动用人夫，苦累驿递，造此何益？以后永行停止”[④]。历史文献中有大量关于减少烧造任务和停止烧造的记载。

二是政治上不歧视、经济上不盘剥工匠。匠籍制的废除使工匠获得人身自由。经济上，工匠和商人也逐渐获得公平待遇。例如，雍正六年（1728 年）唐英奉旨督监江西窑务，雍正帝给他下旨：“工匠疾苦宜恤，商户交易宜平。”[⑤] 乾隆时期，“一应工价、饭食、泥土、釉料，俱照民间时价公平采买，毫无当官科派之累。再众工婚丧、劝赏以及医药、置产之用，并在

---

① 熊寥、熊微：《中国陶瓷古籍集成》，上海文化出版社 2006 年版，第 129 页。

② ［清］吴允嘉《浮梁陶政志》，见［清］曹溶辑，陶越增订：《学海类编》第四十八册，上海涵芬楼据道光十一年安晁氏木活字本景印 1920 年版。

③ 《明孝宗实录》卷四十五，据广方言馆本补用嘉业堂本校，“中央研究院”历史语言研究所校印 1962 年版。

④ 清乾隆官修《清朝文献通考》卷三十九《国用考一》，万有文库本，浙江古籍出版社 2000 年版。

⑤ 清光绪《江西通志·陶政》。

于内"[①]。我们知道，民众中蕴藏着巨大的创造力。他们既是生产革新的创造者，也是社会革新的创造者。关注民生，为他们提供一个舒适的生活环境，以利益为驱动，用制度加以引导，用法律加以保障，那么，民众的智慧将会得到极大的发挥，他们无限的创造力就会被激发出来。明清统治者管理思想的变革及其实行的政策和措施，部分地解除了束缚在工匠身上的枷锁，为创新带来了更多的动力。然而，遗憾的是，社会制度的局限使它并没有走得多远，法治缺失也导致政策常因朝代和帝王的更替而出现更多人治的结果。

三是人事制度上任人唯贤唯能。明清御窑厂在人事管理上也有不少革新。例如，唐英在景德镇督陶时间近30年，是任职时间最长的督陶官。督陶期间，他悉心钻研陶务，亲力亲为，不仅制瓷经验极为丰富，而且还从理论上对制瓷工艺进行科学总结，成为成绩最显著的督陶官。俗话说，"一个好汉三个帮"，唐英的成就离不开他知人善任的人事管理能力。按乾隆朝惯例，协造官协助督陶官负责"买办物料并钱粮出入"一事，协造官三年一换。唐英督陶期间多次在奏折中要求继续留下协造官老格。在唐英眼中，老格不仅熟谙制瓷工艺，精通陶务，而且办事认真、公正，深得工匠认可，"在厂三年，为人安静，办事谨饬，不但烧造钱粮经手无误，而于造作事宜亦渐致娴熟，在窑厂实有裨益，况与止司置买钱粮之笔帖式不同"。老格对于管理九江关税并兼理督陶官的唐英来说，无疑是不可缺失的一双明眼。唐英之后的督陶官惠色、尤拔世、海福等也十分器重和依赖老格。乾隆时期，老格协助多任督陶官，协造时间达二十多年，老格对于乾隆御瓷的烧制有着不可或缺的贡献。

四是资金方面进一步改革，使窑工工价有了稳定的保障。明代人夫工价由当地政府开支。例如，嘉靖朝，"陶夫原派饶州千户所，每年四季征解运。匠雇役银三十三两六钱"。上工夫和砂土夫由鄱阳、余干、乐平、浮梁、万年、安仁、德兴七县分派，共付银三千八百九十余两，由"各县追解，本府验发"。这种方式易造成"包泊冒领"之弊。陆运资、杠箱费俱由饶州府财政支付[②]。召募各作、各窑工匠也在"料价内支给"，[③]料价是由地方财政开支的。庞大的烧造任务使地方财政难以承受。清代御窑厂资金改由关盈余项下动支，窑工银的来源也由关盈余项下开支，从而减轻了地方财政负担。"乾隆五年（1740年），奏准江西烧造瓷器，动用九江关税银。"[④]据记载，乾隆朝"向例每年于关税项下，动支银一万两，为烧造窑器之用，各年实用银七八千余两不等。又给发窑厂工价，俱用市平市色，按照库银，每两扣银八分，已敷市间平色。核计二项，每年约共节省银二千余两，解交造办处充

① 《浮梁县志》，清乾隆四十八年刻本。

② ［明］王宗沐：《江西省大志》卷七《陶书》，"人夫"条，"解运"条，转引自熊寥、熊微：《中国陶瓷古籍集成》，江西科学技术出版社2000年版，第175、182页。

③ ［明］王宗沐纂，陆万垓增修：《江西省大志》卷七《陶书续补》，"匠役"条，明万历二十五年本。

④ 《钦定大清会典则例·广储司》卷一百五十九，《钦定四库全书·史部十三》，文渊阁藏本。

公。此项每两扣银八分之处，诚非木榜所载，但历任俱如此办理"[1]。御窑厂所雇各作头目，"俱给工价，于九江关道款内开报"[2]。雇佣制的实行以及窑工银动支关税，经费有稳定的保证。这一财政来源变化使御窑厂内外环境得以稳定。

(3) 陶瓷制作的标准化

标准化生产是现代工业生产的基本形式，它经历了机械化、电子化和信息化三个阶段。然而，明清官窑却做到了手工基础上的标准化。

陶瓷制作是一个工序极其复杂的过程，清督陶官唐英把制瓷过程依序归纳为如下：采石制泥、淘炼泥土、炼灰配釉、制造匣钵、圆器修模、圆器拉坯、琢器做坯、采取青料、拣选青料、印坯乳料、圆器青花、制画琢器、蘸釉吹釉、旋坯挖足、成坯入窑、烧坯开窑、圆琢洋彩、明炉暗炉、束草装桶、祀神酬愿。如此复杂的过程，要想提高工作效率，就必须进行精细的工种分工。古代制瓷工艺发展到明清时，在工种分工上极为精致，例如，清代蓝浦在《景德镇陶录》一书中列举的陶户工种类就有：淘泥工、拉坯工、印坯工、镟坯工、画坯工、舂灰工、合釉工、上釉工、挑槎工、抬坯工、装坯工、满掇工、烧窑工、开窑工、乳料工、舂料工、砂土工、彩之工。烧窑工又有三分：事溜火者、事紧火者、事沟火者；彩工又有乳颜料工、画样工、绘事工、配色工、填彩工、烧炉工的区分。熟能生巧，精益求精，精细的分工以及长期重复的操作势必使工匠在动作上协调、准确，在用料上精确、合理，从而形成结果的一致性。此外，管理者也为工匠提供标准化的生产样品，例如，我们前面谈到的关于青料用料标准的确定，尽管它是为了解决青料在使用和管理中出现的问题，但从另一方面也反映了官员对御窑厂定量化管理的需求，这种需求反过来会要求工匠在操作上进一步规范、准确。这是一种经验式的标准化，其结果与机械化条件下的标准化还有很大差距，不仅在质量上，而且在效率上。因此，发明生产工具以实现标准化也就成为提高质量和效率自身的要求。明人陆万垓在《江西省大志》中记载了督陶官发明木天平以解决生产中的问题："坯土实用数：大样鱼缸，每只约用官土百八十斤、余干不（音墩）土百三十斤、坯屑五十斤、石末一升、石斛纸五十张、釉土五十斤、炼灰三十斤造成。缸坯约重二百斤。二样鱼缸，……缸坯约重一百五十斤。大样瓷缸，……缸坯约重一百二十斤。……查得各作造坯，原出工匠臆度，致令厚薄不等，轻重顿殊。近该处饶州府通判方叔酉管厂设造木天平，分与各匠作，类称由是，器皿大小轻重适匀，无有厚薄轻重之不同矣。"[3]

尽管明清官窑的标准化生产还处于经验性阶段，无法与现代标准化生产相比拟，但是，当我们看到那一件件如此一致的精美瓷器时，我们惊叹于工匠们那鬼斧神工的技艺，

① 《清实录·高宗纯皇帝实录》卷一〇六九，中华书局影印本 1987 年版。
② ［清］蓝浦：《景德镇陶录》卷二《国朝御窑厂恭记》，京都书业堂光绪十七年本。
③ ［明］王宗沐纂，陆万垓增修：《江西省大志》卷七《陶书续补》，"砂土"条，明万历二十五年本。

心中顿生出无限崇敬之情。

组织和制度上的每一次革新，都使景德镇御窑厂的技术创新和产品创新获得了无限的生机。

（三）制作工艺创新

明清官窑在制作工艺上的创新力度和创新范围都是明朝以前任何朝代所无法相比的，它几乎包括陶瓷制作工艺的各个方面，涌现出大量的崭新工艺。尽管明清时期还没有实现专利制度，但是，我们仍然可以从现代专利的分类视角对此进行分析，它有助于我们更清楚地看到明清官窑在工艺创新上所取得的骄人成就。

我国专利分为三种：发明专利、实用新型专利和外观设计专利。根据我国《专利法》中的相关定义，发明专利是指对产品、方法或者其改进所提出的新的技术方案；实用新型专利是指对产品的形状、构造或者其结合所提出的适于实用的新的技术方案；外观设计专利是指对产品的形状、图案或者其结合以及色彩与形状、图案的结合所作出的富有美感并适于工业应用的新设计。发明专利和实用新型专利属于技术发明，相比而言，实用新型专利在技术发明程度上较低一些，属于较简单、改进性的技术发明，又称“小发明”，他们保护的是专利人的技术思想。而外观设计专利保护的是专利人的美术思想，它注重的是专利人对产品外观所作出的富于艺术性和美感的创造。明清官窑在陶瓷制作工艺上的创新内容显然包括这三个方面，其中有技术发明，包括发明和实用新型发明，也有外观设计的创新。

明清官窑制作工艺上的创新，除属于外观设计上的创新外，都可以纳入技术发明范围。明清时期，我国窑业中心在江西景德镇，优秀的传统工艺在这里不断得到总结与创新，引进的青料、工艺也在这里不断被吸取和借鉴。例如，加入国外青料元素而绘制的明清青花瓷色泽新颖；用铜胎画珐琅工艺成功地创制了瓷胎画珐琅，在此基础上又进一步烧造成功康熙粉彩瓷，等等，制瓷工艺如雨后春笋般不断地涌现出来。历经一千多年的制瓷发展，此时的景德镇已经成为一座名副其实的创新型城镇。整个明清时期，景德镇的制瓷工艺都在不断地翻新，从坯料制作到成型，从色釉料技术到窑炉与炼制技术，从装饰技法到生产工具，几乎在制瓷工艺的各个方面都有所创新，甚至有重大突破。由于篇幅所限，本章对它的分析只是列举一些事例粗略地涉及青花瓷烧造时青料的配制及其提炼工艺部分的发明。

青花瓷是以含氧化钴的钴土矿为原料，在瓷坯上绘制纹饰后施以一层透明釉，经高温还原焰而烧成的。钴料烧成后呈现蓝色。因此，含氧化钴的青料就成为青花瓷呈色的机理。我国古代的青花瓷是用天然的钴土矿作为着色剂的，不同产地的钴土矿中其氧化钴、氧化锰和氧化铁的含量和比例是不等的，而氧化锰和氧化铁含量多则青花会产生发黑、发紫、发灰现象，因此，使用不同产地的青料其成色效果就大不一样。青花瓷是明清官窑生产的主要产品，也是对入贡国的回赠礼品，明清对青花瓷的需求量十分巨大，在长期的生产实践中，工匠们逐步掌握了青花瓷的呈色机理，青料配制技术趋于成熟。明永乐、宣德时期的官窑青花瓷用的是当时进口的苏麻离青，它是郑和从伊斯兰地区带回来的。苏麻离青属于低锰高铁类钴料，与含锰多的国产青料不同，其烧造出来的瓷器青色浓艳而有黑铁斑，而明中期使用江西乐平出产的陂塘青（也叫平等青），其烧造出来的瓷器则青色淡雅。嘉靖二十年，乐平与景德镇两地民众因工值纠纷发生斗殴格杀事件，导致陂塘青断供[①]。回青成为嘉靖青花瓷器的主要原料，据万历《明会典》“土鲁番”条记载，“嘉靖三十三年进贡回回青三百一十斤八两”，但是，回青并不是单独使用，而是与瑞州出产的石子青配制后再用，两者之间配制的比例不同则会产生不同的色泽效果：“按验青法：回青淳则色散而不收；石青加多则色沉而不亮。每两加石青一钱，谓之上青，四六分加谓之中青。算青者止记回青数，而不及石青也。中青用以设色，则笔路分明。上青用以混水，则颜色青亮。真青混在坯上，如灰色，然石青多则黑，真青澄底，匠愦不得匿，则堆画堆混，则器亮而不清如黴墨色。”[②] 正是由于成功地掌握了恰当的配料比例，嘉靖青花瓷显然浓重鲜艳，它没有永乐、宣德青花那种黑铁斑，也不会产生正德时单用石子青出现的那种黑灰色调，且又比成化时所用陂塘青要显得浓艳。这种青料配制工艺上的创新使嘉靖青花瓷得到世人很好的评价。

此外，青料的炼制工艺也产生了新的变革，由水洗法工艺发展为煅烧法工艺。嘉靖三十五年（1556 年）的《江西省大志》记述了回青料水洗法工艺的两道工序：“敲青”和“淘青”。首先，“敲青”：“首用锤碎，内朱砂斑者为上青，有银星者为中青，每斤可得青三两。”其次，“淘青”：“敲青后，取其奇零锁碎碾碎，入注水中，用磁石引杂石，真青沉淀，每斤可得五六钱。”[③] 以水淘洗青料，并用磁石吸去青花料中的杂质。经水洗法后的青料钴、铁、锰等成分明显提高，特别是钴的比例大幅提高，这些成分对呈色十分有利。但是，陶用回青，出自国外，这在当时是极不方便的。从工艺上使国内产青料达到回青效果，用我们今天的话来说，就是生产一种替代产品，也就成为青花瓷生产中的迫切需要。经过多年的努力，工匠们成功地发明了煅烧法，初刊于明崇祯十年（1637 年）的《天工开物》记载了用煅烧法工艺炼制青花料的工序：“凡画碗青料总一味无名异漆匠煎油，亦用以收火色。此物不生深土，浮生地面，深者挖下三尺即止，各直省皆有之。亦辨认上料、中料、下料，用时先将炭火丛红煅过。上者出火成翠毛色，中者微青，下者近土褐。上者每斤煅出只得七两，中、下

---

① 《明世宗实录》卷二百五十，“嘉靖二十年六月辛酉日初江西乐平县民尝佣工于浮梁”，据广方言馆本补用嘉业堂本校，“中央研究院”历史语言研究所校印 1962 年版。

② ［明］王宗沐：《江西省大志》卷七《陶书》，“回青”条，转引自熊寥、熊微：《中国陶瓷古籍集成》，江西科学技术出版社 2000 年版，第 177 页。

③ ［明］王宗沐：《江西省大志》卷七《陶书》，“回青”条，转引自熊寥、熊微：《中国陶瓷古籍集成》，江西科学技术出版社 2000 年版，第 177 页。

者以次缩减。”“凡饶镇所用，以衢、信两郡山中者为上料，名曰浙料。上高诸邑者为中，丰城诸处者为下也。凡使料煅过之后，以乳钵极研其钵底留粗，不转釉，然后调画水。调研时色如皂，入火则成青碧色。”[①] 相比水洗法，经火煅烧后的青花料能除去一些挥发性物质，钴含量提高，铁、锰含量下降，更有利于青花呈色。御器厂使用的青料是国产的，产自浙江、江西等地，这些国产青料经过煅烧后其青花呈色鲜艳亮丽，能达到使用回青的效果。对青料性能和青花呈色机理的掌握，为后来青花瓷的发展奠定了基础，被誉为“青花五彩”的康熙青花瓷是工匠们利用青料的浓淡制造出不同深浅的色调，使青花瓷呈现出多彩的效果。

我国一些学者对明朝这一提炼青料工艺的重大革新进行了研究和实验，发现明末清初民窑出现大量发色亮丽的青花瓷，正是得益于此。周仁等曾对景德镇传统生产工艺进行调查，得到了一批旧存的上等珠明料，用旧法拣选以后发现，其钴、铁、锰等成分明显提高，特别是钴的比例大幅提高。陈尧成等对浙江江山青料进行了煅烧测试，发现煅烧以后的青料中氧化钴的含量有了较大的增加，同时，锰钴比、铁钴比明显下降，说明了火煅对青花发色要比水洗更为有益。上海博物馆实验室的何文权和熊樱菲对一些 17 世纪瓷器上的青花进行了测试，发现所用青料多为高锰的国产钴土矿，青花色泽亮丽的瓷器，其锰钴比、铁钴比明显较低，而锰钴比、铁钴比高的青花瓷器所呈现的色泽则明显灰暗。这些实验证明了文献记载的可信性[②]。

除制瓷工艺发明外，明清官窑在外观设计上也涌现出大量的创新，这些创新又迅速地生产出大量新颖的陶瓷器物。

（四）陶瓷器物创新

一种陶瓷新工艺、新装饰、新材料的出现，相应地必然会产生新的陶瓷器物。此外，一种新思想，一种审美变化，甚至是一种新的文化因素的介入，都可能会导致设计观念的变化，从而生产出一种新型的陶瓷器物。技术创新的目的是为了能生产出满足市场需要的新产品。明清官窑技术创新的最直接成果是新产品层出不穷地出现，从另一个角度看，这些新产品的出现也标志着新技术的成就，有的明清官窑器在中国陶瓷发展史上具有里程碑式的地位。我们可以从这些新产品创新的源头上把它们分成以下几类。

1. 采用新工艺出现的新器物

例如，明清彩瓷的发明。釉上彩瓷是在已烧成的白瓷釉面上彩绘，然后再经第二次烧造，使彩料烧结在釉面上。《景德镇陶录》对这一烧制工艺进行了描述：“白瓷加彩后，复须烧炼，以固颜色。爰有明暗炉之制。小器则用明炉，口门向外，周围炭火，置铁轮其下，托以铁叉，以钩拨轮使转，以匀火气。大件则用暗炉，高三尺余，周围夹层贮炭火，下留风眼，

① ［明］宋应星：《天工开物》，中国社会出版社 2004 年版，第 284 页。

② 参见梁宪华、翁连溪编：《中国地方志中的陶瓷史料》“序言”，学苑出版社 2008 年版，第 20~21 页。

将瓷器贮于炉，人执圆板以避火气，炉顶泥封，烧一昼夜为度。”① “其制用桶匣为炉，腹间匣五六寸许，环砌窑以卫匣。砖之内为纳炭藏炎之路。大概形如太极足开八门，即八卦炉也。有中、小数种，入彩瓷匣中泥封，其顶开一火眼，视瓷色之生熟，周围燃炭炙之，火遍于匣而内瓷渐红，则彩色变动，斯为炉熟之候。烧法：必须溜火缓烧，渐次上顶，更无惊裂泛红之病。炉忌潮所冲，着色即剥落矣。计烧一日乃成。有满炉工、烧炉工。近有明炉一种，出自西洋。其制用匣横卧，围砖炙炭先烧匣红，而后用车盘置瓷盘上旋转，渐次进入匣中，俟瓷色变，即出炉，用它匣覆之。俟瓷冷透，揭匣出焉。此法只可用烧脱胎小件，且资人力费事，尤多坼裂之患。”②（烧炉形态见图 4.1）

图 4.1　烧炉（载于《景德镇陶录》）

烧造工艺是彩瓷最重要的一环，温度过高则有些颜料会流动，温度过低则釉面颜色灰暗，因此，火温的控制是能否烧造成功的关键。

由于釉上彩瓷是在 800℃左右的炉子上烧制，它离不开低温色料的发明。《南窑笔记》中记载了这一内容：“彩色有矾红，用皂矾炼者，以陈为佳；黄色用石末铅粉，入矾红少许配成；用铅粉、石末入铜花为绿色；铅粉、石末入青料则成紫色；翠色则以京翠为上，广翠次之。……今之洋色，则有胭脂红、羌水红，皆用赤金与水晶料配成，价甚贵。其洋绿、洋黄、洋白、翡翠等色，俱人言硝粉、石末、硼砂，各项炼就，其鲜明娇艳，迥异常色。”③ 丰富多彩的色料是彩瓷生产的基本条件。

① ［清］蓝浦:《景德镇陶录》卷一《图说》，“烧炉”条，京都书业堂光绪十七年本。
② ［清］《南窑笔记》，“釉炉”条，广西师范大学出版社 2012 年版。
③ ［清］《南窑笔记》，“彩色”条，广西师范大学出版社 2012 年版。

明清工匠还把釉上多彩工艺与釉下青花工艺结合起来，发明了斗彩瓷。明成化时期的斗彩工艺成就在当时就获得极高的赞誉，有价值十万之说[①]（见图4.2）。

图4.2 明成化斗彩鸡缸杯（台北故宫博物院藏）

清康熙、雍正、乾隆三朝是官窑制瓷工艺的高峰期，这一时期创制了很多新的彩釉品种瓷器，例如粉彩、珐琅彩、釉下三彩、墨彩、各种单色釉及杂色釉等，这些品种如群星般璀璨，令人目不暇接而又赏心悦目。

2. 采用新装饰手法出现的新器物

例如，除烧制工艺的发明和低温色料的配制外，彩瓷还需要在釉面上绘画，它需要新的装饰手法。明代以前瓷器的装饰手法主要是刻、划、印等手法。由于釉上颜料十分丰富，明清官窑器装饰手法转为彩绘为主。《南窑笔记》记述了三种彩绘的装饰技法："成正嘉万俱有斗彩、五彩、填彩三种。先于坯上用青料画花鸟半体，复入彩料凑其全体，名曰斗彩。填者，青料双勾花鸟人物之类于坯胎，成后复入彩炉，填入五色，名曰填彩。其五彩则素瓷纯用彩料画填出者是也。"[②]彩绘瓷所用的料笔要笔头尖细，便于画点；顶端的笔毛要齐整，便于勾勒粗线和细线；笔肚要挺且圆，富于弹性，便于蘸料后储料和操作。其工艺流程是将设计好的图稿印到瓷器上，然后用料笔勾线、绘画。此外，彩瓷生产还必须掌握颜料的用法。"圆琢白器，五彩绘画，摹仿洋彩，须将各种颜料研细调合，必熟谙颜色火候之性，以眼明心细手准为佳。其用颜料法有三：一用芸香油，一用胶水，一用清水，盖油便于渲染，胶便于搨抹，而清水调色则便于堆填。"[③]绘画纹饰的内容更加丰富多彩，人物、动物、花鸟鱼虫、植物、山水等都可入画，题材十分广泛。画面也极具中国画韵味，写意、写实的均有，各种风格争相斗艳。

3. 采用新材料出现的新器物

明代官窑青花瓷的钴土青料产自多地，有进口的"苏麻离青"和回青，有产自江西乐平县的"陂塘青"、上高县的"石子青"等，并且还有把回青与石子青混合使用的，用这些不同的钴土青料烧成后的青花色彩也就有一些不同。清人程哲在谈到明代几朝青花器特征时

① ［清］程哲：《窑器说》，"神宗时尚食，御前成杯一双，已值钱十万"，见《生活博物丛书·器物珍玩编》，上海古籍出版社1993年版，第106页。

② ［清］《南窑笔记》，"彩色"条，广西师范大学出版社2012年版。

③ ［清］蓝浦：《景德镇陶录》卷一《图说》，"彩器"条，京都书业堂光绪十七年本。

说:“永尚厚,成尚薄。宣青尚淡,嘉青尚浓。成青为苏渤泥青,宣青名麻叶青。”[①] 当然这只是粗略地归纳出的一般特征,即使是同一朝早中晚不同时期的青花瓷其呈色也会有不同,而其中某一阶段与另一朝青花器的特征可能一致。如果仅从青花呈色上去分析器物属于哪朝,那么出错的可能性是有的。

大致上来说,明永乐、宣德时期的青花瓷采用的是当时进口的一种被称为“苏麻离青”的钴土矿青料。因这种青料锰含量低、铁含量高,经过氧化还原焰烧造后,发色呈现出浓艳的青蓝色,色料凝聚厚处会留有黑色结晶斑点,使釉面有种别致的点缀效果,用手抚摸有凹凸不平感。

成化时期的青花瓷以胎薄、釉白、青色淡雅为主要特征。

正德时期的青料采自江西乐平的“陂塘青”,其青花呈色不如永乐宣德时期的浓艳,也不如成化时期的幽雅,后期与回青混合使用,效果甚佳,烧成后其青花成色则柔和、淡雅。

嘉靖官窑青花瓷青料用回青和石子青按一定比例配制,其青花发色浓翠艳丽,蓝中透紫。

4. 因审美观的变化或一种新思想而出现的新器物

由于制瓷工艺的不断发明及其逐步成熟,到明清时期,瓷器已经成为一种新的绘画质材受到国人喜爱。瓷画家们完全可以根据自己的审美观结合釉下与釉上的装饰手法充分地表达其思想与情感。作为满足宫廷需要的御窑厂,帝王的审美喜好也就决定了一个时期器物的艺术追求与表现特征。例如,雍正帝十分喜欢水墨和青色山水,宫廷中有专门的画师为他提供画稿,并有专门为他画山水珐琅瓷器的画师,一件件精美的瓷器使雍正的审美趣味得以实现。例如,清雍正珐琅彩蓝料山水把壶(见图 4.3),把诗、画、书与制瓷工艺完美地结合在一起,题诗“树接南山近”“烟含北渚遥”分别有朱红印章“山高”“水长”与其内容相配合,腹部青色山水与隙地、盖面彩绘四季花卉的搭配,使壶显得清新而富丽。

图 4.3　清雍正珐琅彩蓝料山水把壶
(台北故宫博物院藏)

5. 因一种新文化因素出现的新器物

明清官窑除承担了为皇家生产御用瓷外,还承担了对外赠品瓷的生产,以及对国内少数民族地区的赏赐瓷的生产,这些赠品瓷或赏赐

① [清]程哲:《窑器说》,《生活博物丛书·器物珍玩编》,上海古籍出版社 1993 年版,第 106 页。

瓷的设计风格自然要吸取该地域的风土人情、人文宗教等文化因素，在造型、装饰、色彩等方面有了新的表现。例如，明清官窑时期赠予阿拉伯地区的青花瓷就吸收了西亚地区的文化因素(见图 4.4)，在造型和装饰内容上出现了新的变化，显然，它是为适应国外需要而制作的。

图 4.4　明正德青花阿拉伯文烛台(高 24.6 厘米，口径 6.7 厘米，足径 13 厘米。北京故宫博物院藏)

明清官窑文化的创新价值观，终于使明清官窑瓷器的烧制达到了历史最高峰。这种成就又以唐英督陶期间最有代表性。无论是在制作工艺水平上，还是在制瓷质量上；无论是在制瓷品种、造型上，还是在其艺术表现力上，唐窑都达到了前所未有的高度，被誉为集大成者。例如，唐窑瓷器装饰仅颜色釉就达 57 种，集历代名窑釉色之大成。“胪列诸色瓷釉，仿古采今，凡五十七种。……其釉色，有白、粉青、大绿、米色、玫瑰紫、海棠红、茄花紫、梅子青、骡肝、马肺、天蓝、霁红、霁青、鳝鱼黄、蛇皮绿、油绿、欧红、欧蓝、月白、翡翠、乌金、紫金诸种。”丰富的色彩使唐窑的艺术表现力极强，“山水人物花鸟写意之笔，青绿渲染之制，四时远近之景”无所不有，艺术水平极高。唐窑瓷器品种众多，“有浇黄、浇紫、浇绿、填白、描金、青花、水墨、五彩、锥花、拱花、抹金、抹银等诸名”。此外，“自宋大观、明永乐、宣德、成化、嘉靖、万历诸官窑，及哥窑、定窑、均窑、龙泉窑、宜兴窑、西洋、东洋诸器，皆有仿制”①。对诸名窑瓷器的仿制也使唐窑在造型设计上推陈出新，“从古礼器尊鼎卤爵之款制，到瓜瓠花果象生之作”②，应有尽有。

二、追求完美的精品意识

官窑设立后，官窑的生产以满足皇室的需求为目的，以“不计工本，刻意求精”为宗旨，垄断所有的上等青料和优质瓷土，采用超经济的强制手段，“拘获高匠”，占用当时最熟练的制瓷工匠，实施轮班匠制，由官府出资、派官督陶，为宫廷烧制瓷器。如乾隆七年(1742 年)五月，太监高玉传旨唐英烧“成对的鹤、鹿”，“烧时，鹤俱要对面，其鹿脖要直的”，这样的器型烧制难度极大，在唐英的精心设计和操持下，最终烧造成功。唐英对此的得意之情，溢于言表，还特意赋诗四首致庆，其中一首曰：“头角出陶成，春游琼岛中，绣衣随玉辇，鸣

① 《清史稿》卷五百零五，艺术四，“唐英”条，转引自熊寥、熊微：《中国陶瓷古籍集成》，上海文化出版社 2006 年版。

② 江思清主编，颜石麟补充整理：《中国的瓷器》(修订版)，轻工业出版社 1983 年版。

已兆秋风。”[①]

官窑生产的不惜工本，不仅表现在选用最好的工匠、最好的设备上，更表现在对烧成后瓷器的拣选上，官窑瓷器不仅要严格按设计生产，而且产品质量精益求精，于是在烧成的御用瓷器中便出现了数量众多的落选瓷器（也称次色瓷器）。“从陶城记事碑记载来看，每岁惯例烧造：圆器的上色品为一万六七千件，其落选之次色有六七万件，可得合格品与次品的比数约为1∶4，而琢器上色品岁例为二千余件，尚有落选次色二三千件，合格品与次品的比数约接近1∶1或1∶1.4，足见当时挑选程度之严”[②]。按照规定，落选瓷器须就地打碎重新烧造，官窑窑场大量的废品残片堆积，就是这种背景下的产物。当然，考虑到质量、成本等因素，对于不合格的残次品的处理，不同的朝代处理方式有所不同。明清官窑次色瓷器的处理方式，大体可以分为四个阶段：明洪武至嘉靖时期的打碎掩埋阶段，明隆庆至清雍正六年（1728年）的存贮于库房阶段，雍正七年（1729年）至乾隆七年（1742年）的交内务府处置阶段以及乾隆七年（1742年）以后的在景德镇变价销售阶段。明洪武至嘉靖时期是把残次品集中销毁成坑或成堆掩埋，这些坑的位置有在窑炉附近或远离窑炉两种，在窑炉附近的应该是出窑时对残次品的处理，远离窑炉则是对御用瓷器的二次筛选过程所致。清朝在处理残次品的做法上有沿袭明朝的可能，即在御窑厂的周围打碎集中填埋，但是这种不经济的方式到了雍正时期已经有了变化，对残次品加以利用，落选之残次品也像正品一样桶装解运京城，交给皇帝备赏赐用。如唐英写于雍正十三年（1735年）的《事宜纪略》碑文有所记载：“每岁秋冬二季雇觅船只、夫役，解送圆、琢器皿六百余桶。岁例盘碗盅碟等上色圆器，由二三寸口面以至二三尺口面者一万六七千件，其落选之次色有六七万件不等，一并装桶解京以备赏用。其瓶罍坛尊等上色琢器，由三四寸高以至于三四尺高大者亦岁例二千余件，尚有落选次色二三千件不等，一并装桶解京以备赏用。”

三、组织严密的管理制度

陶瓷艺术的创作过程纷繁复杂，科学有序的管理是保证作品成功的重要环节。纵观明清时期的官窑管理，有两个明显的特点：一是在制度上健全完备，做到有规可依；二是在运行机制上有序有力，严格执行制度规定，依规则做事，违规则必究。这对制瓷业的发展起到了一定的促进作用，使景德镇的制瓷工艺技术趋向精益求精。

特别要指出的是，朝廷专门设置的督陶官进行管理对陶瓷生产发挥了重要的作用。从文献记载看，陶官的设置最早可追溯到三国时期。到了明清时期，政府设立御窑厂，专门烧造宫廷用瓷，御窑生产只求精工，不计成本，且置官监烧，此时才出现真正意义上的只

① 参见张宁、张敏：《乾隆皇帝与督陶官唐英（下）》，《收藏家》2006年第9期。

② 王光尧：《中国古代官窑制度》，紫禁城出版社2004年版，第195页。

负责陶瓷生产管理的督陶官，因而明清两代御窑督陶官的作用更为突出和重要[①]。朝廷对督陶官的要求十分严格，明代景德镇官窑督陶官中有品官，也有宦官（太监），而且以宦官为主。相对而言，品官督陶要比宦官督陶有利于瓷业的发展，如洪武时期的段廷珪、永乐时期的郑弘、成化时期的周芳誉、何瓛、正德时期的刘勖等。清代康熙、雍正、乾隆三位皇帝选择督陶官时更加谨慎，要求也更加严格，如康熙时期的工部虞衡司郎中臧应选和江西巡抚郎廷极、雍正时期的督陶官年希尧、乾隆时期的督陶官唐英都是其中杰出的代表，他们本身都有较深的陶瓷艺术造诣和文化素养，都对陶瓷事业有着共同的爱好和情怀，对官窑生产的指导和管理也是行家里手，督陶时往往能兢兢业业，恪尽职守，出现了很多以督陶官员姓氏命名的官窑精品，例如"臧窑""郎窑""年窑""唐窑"等，这也是人们对督陶官及其卓越成就的最高褒奖[②]。乾隆时期，陶瓷生产的管理更为严格，除了苛刻的质量要求，严格的生产成本管理制度外，尤其体现在对督陶官的严格要求上，颇似今天的问责制。明清帝王对督陶官的管理有以下方式。一是治罪、惩处不称职的官员，如明宣德二年（1426年），内官张善因把"所造御用器，多以分馈其同列"，严重破坏了帝王对御用器的专有权威，被斩于闹市；二是经济惩处。清朝对御窑厂督陶官采用的方式大多是经济处罚，为了促使督陶官降低成本、节省烧造资金，有时即使像唐英这样的人也会动辄受罚，如乾隆八年（1743年）《唐英奏折》："六月和硕怡亲王、果毅公讷亲、内大臣海望来文：因乾隆元、二年（1736、1737年）所烧造瓷器釉水花纹远逊从前，又破损过多，责令赔补二千一百六十四两五钱三厘三丝五忽三微。"乾隆十三年（1748年）《记事档》："十一月二十八日，太监胡世杰传旨与怡亲王、德保：此次唐英呈进瓷器仍系旧样，为何不照所发新样烧造进呈？"将这次呈进瓷器钱粮不准报销，着伊赔补。结果这次烧造的467件瓷器所有的费用全部由唐英自掏腰包。乾隆十五年（1750年）《记事档》江西条：七月十二日，员外郎白世秀来说，太监胡世杰传旨："唐英上年所进磁器，入选出缺釉、毛边、足破甚多，明系尔离任将脚货选入上色，希图朦混，将选出釉水不全等磁器数目，不准报销，着伊赔偿。再传与回子知道，以后选上色磁器务要细心办理，不可疏忽。钦此。"[③]

四、精致的分工和协作

社会分工是社会生产发展到一定阶段的产物。制瓷工序固定化、精细化，不仅可以提高劳动生产率，而且还可以使工匠精益求精，有着自己独特的拿手活，从而提高产品的质量。

① 参见刘淼：《督陶官与清代前期御窑的成就》，《中国历史文物》2007年第2期，第52~58页。

② 参见刘淼：《清代官窑瓷业的技术成就与陶官制度》，《中国社会经济史研究》2008年第1期，第56~62页。

③ 参见王光尧：《中国古代官窑制度》，紫禁城出版社2004年版，第202页。

陶瓷制作是一个工序极其复杂的过程，清督陶官唐英把制瓷过程依序归纳为如下：采石制泥、淘炼泥土、炼灰配釉、制造匣钵、圆器修模、圆器拉坯、琢器做坯、采取青料、拣选青料、印坯乳料、圆器青花、制画琢器、蘸釉吹釉、旋坯挖足、成坯入窑、烧坯开窑、圆琢洋彩、明炉暗炉、束草装桶、祀神酬愿。如此复杂的过程，要想提高工作效率，就必须进行精细的社会分工。

明清官窑对陶作分工十分重视，也建立起十分精细的分工。如前所述明代御器厂以“作”为生产单位，根据制作种类分为二十三作。前文已有，此不赘述。精细科学的分工有助于提高劳动生产率，还可以对工匠区别待遇，使生产过程进入有序的竞争状态，从而减少混乱所带来的内耗。而陶瓷生产复杂的过程，需要不同工匠齐心协作才能完成。

第三节　明清陶瓷官窑文化的当代价值和反思

正如江泽民同志1995年在全国科学技术大会上所指出的：“创新是一个民族进步的灵魂，是一个国家兴旺发达的不竭动力。”明清陶瓷官窑文化的创新主要体现在三个方面：一是明清官窑器物的创新，其中包含有技术工艺的创新；二是明清官窑制度的创新，如王朝在对瓷器生产的管理制度方面；三是明清官窑价值观念中的创新意识和创新能力。正是有了这种创新意识和创新能力，明清官窑制度不断地适应时代的发展和变化，明清官窑器物在品种、造型、装饰、款识等方面不断地推陈出新，陶瓷产品的工艺和水平达到了历史的顶峰。

对于明清时期官窑文化的价值，学术界有不同的观点。一种观点认为，明清官窑的制作涉及皇帝、宫廷画师和匠人、地方官员、地方最杰出陶瓷工匠等，是中华民族社会各阶层的集体智慧的结晶，是中国陶瓷文化最杰出代表之一；另一种观点认为，明清时期官窑是建立在自然经济基础上的，受专制王权控制并为其服务的，有一整套的政治运行机制为其顺利生产保驾护航，王朝有雄厚的资金做后盾，不追求利润，甚至可以说是完全不计成本的投入，因此它不具有市场性，在一定程度上阻碍了资本主义的萌芽。

今天，我们审视明清时期官窑文化的价值，必须运用历史分析法，辩证地看待当时古代官窑所处的社会、政治、经济、文化历史条件以及它在推动陶瓷行业发展的作用，任何怀疑、轻视甚至全盘否定官窑的看法都是错误的。以今天市场经济、政治民主的方式来看待古代自然经济、专制王权下的产物，无疑是有失公允的，也不符合历史唯物主义的观点。其实，撇开社会性质不同而造成的差异，明清官窑制度依然有着创新的多种表现形式，这种创新价值观在那个时代具有合理性和先进性，也具有超时代性。在明清时期，官窑创造了难以计数的前所未有的精品艺术瓷品种，特别是乾隆时期达到锐意求新的鼎盛时期。

诚然，官窑的创新是有其局限性的，通常受控于宫廷和官府，但我们必须看到，官窑优秀工匠在能力上具有无可比拟的优势，使他们能够胜任宫廷或督陶官的各种奇思妙想，因此，这种创新是建立在高超技艺基础之上的，是官窑得以持续创新的源泉。明清官窑不拘一格、锐意创新的精神也是当代陶瓷行业最需要继承和学习的品质之一。

一、当代中国陶瓷行业的发展现状

（一）产品供给情况分析

改革开放三十多年来，我国陶瓷工业迅速发展，日用陶瓷、特种陶瓷、卫生陶瓷和陈设艺术陶瓷的发展都得到长足的进步，如今已成为世界上名副其实的陶瓷生产和消费大国，其生产规模多年来一直稳居世界第一。目前，中国生产的日用陶瓷产量占世界的70%左右，陈设艺术陶瓷产量是全球总产量的65%左右，建筑陶瓷产量也占世界总产量半壁江山，廉价的劳动力成本和资源优势使中国企业和产品的竞争力不断增强，中国在国际陶瓷市场中的地位不断提高[①]。

从产量上看，中国是世界陶瓷的最大生产国，约占世界份额的一半，随后是西班牙，意大利排第三。2010年陶瓷行业发展势头强劲，其中2010年1—11月中国卫生陶瓷产量为1.60亿件，同比增长24.84%；从月度增长来看，全年增长基本稳定，只是到了四季度产量增长出现了一定的降幅。而2010年1—11月中国日用陶瓷产量达235.7亿件，同比增长33.24%（见表4.1）[②]。

表4.1　中国陶瓷制品制造产品产量及增长情况

产品名称	单位	2009年1—11月		2010年1—11月	
		产量	同比	产量	同比
卫生陶瓷制品	件	128 346 939	13.91	160 222 808	24.84
日用陶瓷制品	万件	1 769 281	25.82	2 357 441	33.24

数据来源：国家统计局　银联信

2011年我国陶瓷工业依然保持了强劲的发展势头。据国家统计局数据显示，截至2011年11月，全国陶瓷砖生产量达80亿平方米，同比增长14.9%，销售超过3 000亿元，同比增长31%。我国生产卫生陶瓷制品1 820万件，同比增长42.20%。其中，生产炻瓷砖3 071万平方米，同比增长2.06%。全国炻瓷砖的产量达2.6亿平方米，同比增长22.10%。其中，福建省炻瓷砖的产量达2.1亿平方米，同比增长37.68%，占全国总产量的

① 参见《（2010—2011年）中国陶瓷行业年度授信政策指引研究报告》，http://doc88.com/p-9075141872306.html。

② 参见《（2010—2011年）中国陶瓷行业年度授信政策指引研究报告》，http://doc88.com/p-9075141872306.html。

82.70%。在卫生陶瓷方面，2011 年 1—11 月，全国卫生陶瓷制品的产量达 1.8 亿件，同比增长 17.17%。从各省市的产量来看，2011 年前 11 个月，全国卫生陶瓷制品生产的前三省市是河南、广东和河北，分别占总产量的 45.20%、16.53% 和 12.07%[①]。

目前我国陶瓷产业发展情况也存在一定的问题。对于建筑卫生陶瓷行业来说，由于多年来不断进行技术改造和创新工艺制造水平，产品质量得到了很大提高。例如机械化微压组合浇注成形技术的普遍采用、高压注浆成形新技术在一些企业的陆续使用等，基本上与国际接轨。但是，日用陶瓷行业多年来由于投入不足，自动化水平、机械化水平较低，导致了日用陶瓷行业劳动生产效率低下，原材料与能源消耗量大，产品成本高，产品质量档次和品质低，产品售价偏低，整体经济效益差[②]。

（二）产品需求情况分析

由于消费者在生活水平、文化背景、艺术欣赏程度等方面存在差异，进而对产品的需求也不完全相同，因此，市场上单一品种的生产与销售很难满足不同消费者的需求。据预测，未来陶瓷市场将发生一系列明显变化，其主要特点表现在：一是多元化，消费者要求产品质量高、功能全、花色多、造型新颖，产品要满足不同阶层、不同收入水平消费者追求精致、时尚生活的需求，促使产品朝着多元化趋势发展；二是个性化，个性化产品越来越受到人们的喜爱和欢迎，因此各个国家的陶瓷产品正在由大众化向个性化转变；三是绿色环保，消费者对于健康的关注度急剧提高，对于绿色、环保概念的陶瓷产品较为偏爱，陶瓷企业树立健康环保的品牌形象将会给产品带来更多的市场机会。

随着经济的发展和人们生活水平的提高，人们对陶瓷产品的要求层次会越来越高，高档次产品将成为今后陶瓷产品发展的主流。尽管国际陶瓷市场疲软，供大于求，但特、优、新、精产品仍供不应求，尤其是高档建筑陶瓷和卫生陶瓷。就中国来说，高档卫生陶瓷需求量占 15%~25%，每年平均约为 200 万 ~300 万件。目前，随着市场竞争的加剧，中、低档产品不再是市场竞争的主体，国际陶瓷生产国也正把生产的重心向有重大利益和竞争潜力的高档化陶瓷产品转移。未来国际陶瓷市场上艺术化也将成为消费市场的一个主要特点，艺术化陶瓷产品将普遍受到欢迎。

但是，调查数据显示，目前中国的陶瓷产品多集中在中、低档次，据统计，中国的建筑陶瓷和卫生陶瓷中 60%~70% 是中、低档产品，而日本的中、低档产品只占 20%，意大利的中、低档产品率更低，仅为 2%~4%。目前中国的陶瓷产品质量普遍较差，1999 年，中国陶瓷产品的一级品率为平均 50%，日本同期为 80%，意大利则高达 96%~98%。中国陶瓷产品在国际市场竞争中很难与国外产品进行竞争。

---

① 参见《2012 年中国陶瓷行业发展现状及趋势分析》，http://reportrc.com/baogao/jiancai/224219.html。

② 参见王同言：《浅谈我国日用陶瓷行业的现状及对策》，《陶瓷》2013 年第 10 期，第 9 页。

(三) 产品出口情况分析

陶瓷作为一种古老悠远的文化，近几年却受到了来自西方文化的冲击，外国的瓷器正在以它们时尚多变的形象对传统的陶瓷文化做出挑战，另外随着搪瓷等一些其他材质的日用品的出现，中国的传统陶瓷受到了前所未有的冲击。虽然中国是陶瓷生产大国，但由于缺乏知名品牌，特别是国际知名品牌，因而产品主要以价格优势进入国外中低档市场。

如表 4.2 所示，2010 年 1—11 月，中国陶瓷出口交货累计 348.337 亿元，大致与 2009 年持平。从国家统计局的数据来看，中国陶瓷业出口交货值占总行业产值的比重为 20.98%，海外需求作为中国陶瓷传统的市场之一，具有较为重要的作用。从 2010 年中国陶瓷的出口统计来看，从 2010 年上半年开始，中国陶瓷迎来了一个小暖春，这也为陶瓷产业 2011 年的发展打下了基础①。

表 4.2　2004—2010 年中国陶瓷制品制造出口情况统计表

报告期	出口交货值（千元）	出口交货值同比增长（%）	销售产值同比增长（%）	出口交货值 / 销售产值（%）
2004 年	19 224 593	27.32	34.26	32.98
2005 年	25 274 245	31.47	11.42	38.92
2006 年	28 117 155	11.25	6.15	40.79
2007 年 1—11 月	—	—	—	—
2008 年 1—11 月	29 602 464	—	—	28.08
2009 年 1—11 月	—	—	—	—
2010 年 1—11 月	34 833 747	—	—	20.98

数据来源：国家统计局　银联信

但是我们的陶瓷产品出口售价很低。日用陶瓷单件出口均价为 34.62 美分，而进口日用陶瓷单价则高达 4.90 美元，出口价格不到进口价格的十分之一。另一方面日用陶瓷企业竞争力不强，多数企业整体效益差，不少企业处于亏损的局面②。

(四) 陶瓷用矿物原料的使用现状、来源及等级——以景德镇为例

“以瓷而立，以瓷而名”的千年瓷都景德镇，其瓷业之所以能在宋元时期异军突起，在明清时期一枝独秀成为我国乃至世界的制瓷中心，与其丰富的瓷业资源条件是密不可分的。

景德镇位于江西省的东北部，东面与安徽休宁和本省的婺源、德兴相连，南邻万年，西

① 参见《(2010—2011 年) 中国陶瓷行业年度授信政策指引研究报告》，http://doc88.com/p-9075141872306.html。

② 参见王同言：《浅谈我国日用陶瓷行业的现状及对策》，《陶瓷》2013 年第 10 期，第 9 页。

面是鄱阳，北面靠着安徽的东至和祁门。景德镇城区坐落于群山环绕之中，昌江穿城而过，上溯祁门，下至鄱阳湖。景德镇属亚热带气候，气候温和湿润，春夏秋冬四季分明，自然条件优越。自然植被茂盛，盛产松木、杉木和毛竹等。而最为重要的是，景德镇所处山区地下富含瓷石、高岭土等优质制瓷原料，且储量巨大，为景德镇瓷器的生产奠定了基础，也使景德镇的瓷器达到了"白如玉、薄如纸、明如镜、声如磬"的水平，成为名闻天下的"瓷都"。但景德镇形成此盛名的同时也付出了巨大的矿产资源代价。众所周知，陶瓷生产行业是属于自然矿物资源消耗的大户。景德镇经过千年的陶瓷生产，其制瓷原料已经基本枯竭，成为国务院确定的第二批32个资源枯竭型城市之一。

目前，景德镇仍然是以陶瓷工业为主产业的城市，现有5 000多家陶瓷企业及作坊，并且随着陶瓷产业链条更加完整，陶瓷产业的复兴，陶瓷实现增加值占全市国内生产总值（GDP）的比重逐年提高，陶瓷矿物原料的消耗也进一步加剧。据统计我国陶瓷企业每年消耗的矿物原料可达3亿吨，除景德镇外，已有不少地方的陶瓷原料已近枯竭①。

景德镇盛产的矿物原料主要有高岭土、瓷石、釉果、釉灰（主要原料为石灰石）。表4.3为景德镇日用及建筑陶瓷行业可用矿物原料的储量、开采量及产地。从表4.3可知，景德镇优质高岭土早已枯竭，普通瓷土储量在150万吨左右，高温瓷石储量为240万吨左右，低温瓷石储量为1 000多万吨，釉果的储量有90万吨左右，石灰石储量有100万吨左右。根据景德镇陶源矿业的数据记录，釉果每年出产5 000吨左右，高温瓷石每年开采14万吨，其余高温瓷石主要使用贵溪瓷石、弋阳瓷石，低温瓷石在景德镇传统的日用陶瓷行业使用量极少，每年开采3万吨左右，而瓷土的开采量只有几千吨，属于个人开矿，提供给景德镇的小原料厂使用。

表4.3　景德镇日用及建筑陶瓷行业可用矿物原料的储量、开采量及产地

	储量（万吨）	开采量（万吨/年）	产地
明砂高岭	0	0	高岭村
瓷土（高岭土）	150	<0.1	朱家山、盛家墩、汤家坞等
高温瓷石	240	14	柳家湾、宁村、小里坞等
低温瓷石	≥1 900	3	三宝、焦源坞、画眉垅等
釉果	90	0.5	瑶里
石灰石	100	0.3	仙槎、寺前、草家岭、涌山等

① 参见王幸斌、江平汉：《景德镇陶瓷工业生态补偿机制的研究》，《中国陶瓷》2007年第11期，第13~16页。

目前，景德镇优质矿物原料仅有高温瓷石还能持续开采15年左右，低质原料储量丰富但仍不能大量利用，景德镇日用及建筑陶瓷所用高岭土及景德镇不盛产的矿物原料主要取自江西省九江、宜春、余干、抚州及湖南、湖北、福建等地。表4.4所示为景德镇各日用陶瓷及陈设陶瓷原料厂所用原料化学成分。

表4.4　景德镇各日用陶瓷及艺术陶瓷原料厂所用原料化学成分（wt%）

	Na_2O	MgO	Al_2O_3	SiO_2	K_2O	CaO	TiO_2	Fe_2O_3	I.L
江西星子高岭1	0.79	0.56	34.29	49.22	1.07	0.03	0.04	0.61	13.39
江西星子高岭2	0.67	0.53	31.28	48.00	1.86	0.08	0.07	0.86	16.65
江西星子高岭3	0.91	0.66	36.92	47.56	0.70	0.02	0.04	0.57	12.61
江西宜春高岭	1.73	0.61	32.53	54.88	1.45	0.06	0.02	0.27	8.45
福建龙岩高岭1	0.72	0.71	34.97	48.72	1.05	0.03	0.02	0.36	13.42
福建龙岩高岭2	0.00	0.58	36.35	48.66	1.01	0.03	0.02	0.34	13.02
江西钠长石	8.13	0.00	14.48	71.20	1.32	0.32	0.04	0.23	4.28
湖南钾长石	1.70	2.52	12.88	73.41	2.85	2.08	0.02	0.18	4.36
湖北钾长石	2.79	0.21	16.96	71.42	3.41	0.69	0.04	0.10	4.39
江西广丰滑石	0.41	30.38	0.89	63.68	0.02	0.34	0.00	0.12	4.16
江西柳家湾瓷石	0.35	0.33	18.15	74.73	1.97	0.24	0.05	0.36	3.83
江西宁村瓷石1	0.27	0.33	18.29	74.64	1.75	0.39	0.01	0.34	3.99
江西宁村瓷石2	0.21	0.31	18.69	74.27	1.84	0.33	0.02	0.35	3.99
江西贵溪瓷石	0.50	0.29	20.69	71.08	1.92	0.31	0.02	0.43	4.76
江西弋阳瓷石	0.22	0.52	24.10	66.36	2.37	0.30	0.04	0.46	5.62
江西宜春石英	0.04	0.01	0.10	99.55	0.05	0.04	0.03	0.04	0.08

表4.5、表4.6、表4.7、表4.8、表4.9分别为中华人民共和国轻工业日用陶瓷用高岭土、长石、石英、滑石、陶瓷用瓷石等级行业标准。对比表4.4可知，景德镇日用陶瓷及陈设陶瓷所用原料等级为：高岭土为优等品及一等品，钠长石为一等品，石英为优等品，滑石为优等品，瓷石为优等品，钾长石为合格品。可见，景德镇日用陶瓷及陈设陶瓷所用原料除钾长石外均为一等品以上的优质原料。而钾长石仅为合格品也是由于景德镇周边省市区所产钾长石已基本没有一等品以上的优质原料。

表 4.5 日用陶瓷用高岭土等级划分[①]

化学成分		指标 (wt%)		
		优等品	一等品	合格品
Al_2O_3	≥	37.00	30.00	23.00
$Fe_2O_3+TiO_2$	≤	0.60	0.80	1.60
TiO_2	≤	0.10	0.45	0.60
$CaO+MgO$	≤	1.20	1.50	1.80
SO_3	≤	0.20	0.25	0.30

表 4.6 日用陶瓷用长石等级划分[②]

类别	等级	化学成分 (wt%)				
		$Fe_2O_3+TiO_2$	TiO_2	K_2O+Na_2O	K_2O	Na_2O
钾长石	优等品	≤0.15	≤0.03	≥14.00	≥12.00	
	一等品	≤0.25	≤0.05	≥13.00	≥10.00	
	合格品	≤0.50	≤0.10	≥10.00	$K_2O>Na_2O$	
钠长石	优等品	≤0.15	≤0.03	≥10.00		≥9.00
	一等品	≤0.25	≤0.05	≥9.00		≥8.00
	合格品	≤0.50	≤0.10	≥8.00	$Na_2O>K_2O$	

表 4.7 日用陶瓷用石英等级划分[③]

类别	等级	化学成分 (wt%)		
		SiO_2	$Fe_2O_3+TiO_2$	TiO_2
块石英	优等品	≥99	≤0.08	≤0.02
	一等品	≥98	≤0.15	≤0.03
	合格品	≥96	≤0.25	≤0.05
石英砂	优等品	≥98	≤0.10	≤0.03
	一等品	≥97	≤0.20	≤0.05
	合格品	≥95	≤0.40	≤0.10

① QB/T 1635—1992 中华人民共和国轻工行业标准。
② QB/T 1636—1992 中华人民共和国轻工行业标准。
③ QB/T 1637—1992 中华人民共和国轻工行业标准。

表 4.8　日用陶瓷用滑石等级划分[①]

化学成分		指标（wt%）	
		一等品	合格品
$Fe_2O_3+TiO_2$	≤	0.20	0.50
TiO_2	≤	0.02	0.04
MgO	≥	31.00	30.00
CaO	≤	0.50	1.00
Al_2O_3	≤	1.00	1.50
烧失量	≤	6.00	8.00

表 4.9　陶瓷用瓷石等级划分（wt%）[②]

等级 化学成分	优等品	一等品	合格品
K_2O+Na_2O	K_2O≤3.5 Na_2O　0—0.5	≤5	≥7
Al_2O_3　≥	15	14	12
$Fe_2O_3+TiO_2$　≤	0.4	0.5	0.7

表 4.10 列出了景德镇建筑陶瓷企业所用原料的化学成分，从表 4.10 中化学成分可知，所用原料大部分为不同种类的黏土类原料（吉安白泥、吉安泥、吉水泥、三元吉水泥、螺土）和钾钠长石（金桥石、利群砂、天湖砂、宋万砂）[③]。目前，建筑陶瓷行业标准中仅有叶腊石、长石、硅灰石及黏土等级行业标准，表 4.11、表 4.12、表 4.13 分别为建筑陶瓷用叶腊石、长石、硅灰石等级行业标准，而黏土的等级行业标准仅是按照矿物中 Al_2O_3 的含量将黏土分为高铝质黏土（≥45）、高碱性黏土（≥38）、碱性黏土（≥28）、半酸性黏土（≥14）和酸性黏土(<14)5 类[④]。经对比可知，景德镇建筑陶瓷企业所用原料中叶腊石及硅灰石为三级品、钾钠长石则为等外原料、黏土为碱性黏土。

---

① QB/T 1638—1992 中华人民共和国轻工行业标准。

② QB/T 2264—1996 中华人民共和国轻工行业标准。

③ 参见李家驹：《日用陶瓷工艺学》，中国轻工业出版社 2001 年版。

④ 参见《中华人民共和国国家标准　建筑卫生陶瓷用原料　粘土》，《陶瓷》2012 年第 1 期，第 37~40 页。

表 4.10　景德镇建筑陶瓷企业所用原料化学成分（wt%）

	Na_2O	MgO	Al_2O_3	SiO_2	K_2O	CaO	TiO_2	Fe_2O_3
吉安白泥	0.38	0.78	30.07	65.17	1.26	0.03	0.71	1.44
吉安泥	0.88	0.64	33.8	61.7	0.64	0.04	0.84	1.4
吉水泥	0	0.24	36.98	59.54	0.45	0.01	1.51	1.06
三元吉水泥	0.34	0.62	26.3	70.15	0.66	0.04	1.05	0.66
螺土	0.4	1.47	31.34	49.97	0.72	0.21	2.56	12.14
赭石	0	2.79	18.27	65.46	2.36	7.41	0.38	2.74
金桥石	2.93	0.69	21.23	72.1	1.92	0.21	0.06	0.72
利群砂	3	0.51	28.72	65.1	1.72	0.22	0.04	0.47
天湖砂	0.17	0.27	27.74	68.19	2.29	0.02	0.04	1.07
宋万砂	3.91	1.01	26.61	65.32	2.39	0.17	0.08	0.36
硅灰石	0.31	1.33	1.99	57.03	0.09	38.83	0.02	0.31
叶腊石	0.15	0.08	19.5	76.6	1.24	0.18	0.05	1.41

表 4.11　建筑陶瓷用叶腊石等级划分[①]（wt%）

化学成分		叶腊石		
		一级品	二级品	三级品
Al_2O_3	≥	26.00	21.00	17.00
SiO_2	≤	70.00	75.00	
Fe_2O_3	≤	0.5	1.0	1.5
K_2O+Na_2O	≤	0.5	1.0	

表 4.12　建筑陶瓷用长石等级划分[②]

类别	等级	化学成分（wt%）				
		$Fe_2O_3+TiO_2$	TiO_2	K_2O+Na_2O	K_2O	Na_2O
钾长石	优等品	≤0.18	≤0.03	≥13.50	≥11.00	
	一等品	≤0.22	≤0.05	≥12.00	≥9.50	
	合格品	≤0.25	≤0.10	≥10.50	≥8.00	
钠长石	优等品	≤0.20				≥10.50
	一等品	≤0.25				≥10.00
	合格品	≤0.30				≥8.00

① JC/T 929—2003 中华人民共和国建材行业标准。

② JC/T 859—2000 中华人民共和国建材行业标准。

表 4.13 建筑陶瓷用硅灰石等级划分 (wt%)[①]

检测项目	硅灰石			
	一级品	二级品	三级品	四级品
硅灰石 ≥	90	80	60	40
SiO_2	48—52	46—54	41—59	≥40
CaO	45—48	42—50	38—50	≥30
Fe_2O_3 ≤	0.5	1.0	1.5	—
烧失量 ≤	2.5	4.0	9.0	—

综上所述,景德镇日用陶瓷及陈设陶瓷生产尽可能选取优质的原料,而建筑陶瓷生产主要选取低档次的原料。且建筑陶瓷生产主要选取低档次的原料,也仅是与景德镇日用陶瓷生产相比。景德镇建筑陶瓷生产主要集中在抛光砖、釉面砖等瓷砖种类,而这些种类对原料的要求相对较高,并不符合在进入"十一五"以后"绿色环保"的发展主题[②]。如,现在流行的仿石砖、仿古砖、炻质砖、马赛克等易于采用较低质原料的产品生产较少。长期以来优质制瓷矿物原料的过度消耗,导致了千年瓷都的资源枯竭化,如何有效利用资源,实现陶瓷产业的可持续发展已引起行业内外人士的高度关注。

二、明清时期陶瓷官窑文化对当代中国陶瓷行业发展的启示

(一) 如何从"中国制造"走向"中国创造"?

案例:中国陶瓷遭遇欧盟反倾销

廉价的劳动力成本和资源优势是我国陶瓷产品出口的优势,由此奠定了我国在国际陶瓷市场中的地位。但是,靠廉价劳动力成本和资源优势是不可持续的,最典型的挫折是遭遇欧盟反倾销。2010年6月19日,欧盟对中国瓷砖反倾销正式立案,相关调查随即开展,以决定是否征收反倾销税。此次反倾销涉及有釉和无釉的墙地砖、马赛克等产品,金额超过3亿元。2010年6月22日下午,有关人士齐聚广东佛山就此次反倾销事件召开紧急会议,会议的主要议题是组织企业积极应诉,但没有改变遭遇反倾销调查之后不得已的被动态势。2011年9月16日,欧盟对原产于中国的瓷砖作出反倾销终裁,执行时间从2011年9月15日0时起至2016年9月14日24时止,惩罚性关税最高达69.7%。对从中国进口的瓷砖征收为期五年的正式反倾销税,让我国的陶瓷业雪上加霜[③]。2012年2月16日欧盟

① JC/T 535—2007 中华人民共和国建材行业标准。

② 参见杨洪儒:《从绿色角度看建筑卫生陶瓷产品的发展趋势》,《陶瓷》2006年第9期,第5~7页。

③ 参见易水陶:《欧盟反倾销:梦魇开始?》, http://www.taocizixun.com/news—view.php?id=8039。

委员会发布公告，宣布对中国出口至欧盟的陶瓷餐具及厨房用具发起反倾销调查，超2 000家陶企将被波及[①]。

启示："中国创造"需要精品意识

官窑设立后，官窑的生产以满足皇室的需求为目的，以"不计工本，刻意求精"为宗旨，为达到质量要求不计代价，甚至不惜将其砸碎掩埋，其体现出来的精品意识非常值得我们学习。

当然，"不计工本，刻意求精"只适合专为封建朝廷服务的自然经济里，我们推崇的是其中的精品意识，而商品经济必须讲究成本和收益。随着时代的变迁，为了追求利润最大化，人们更多的是追求降低成本，精益求精的精品意识在逐渐淡化。反映在陶瓷出口问题上，更多的是以价格优势抢占国外市场。曾几何时，让"中国制造"走出国门是几代人的梦想；而今，作为"世界工厂"，"中国制造"已经走向世界，我们也曾为此沾沾自喜。但是，一系列的欧盟反倾销事件促使我们反思。随着中国综合国力的快速增强，"中国制造"大量走向世界，西方国家的贸易保护主义日益抬头，今后中国与西方国家的贸易摩擦会愈演愈烈。在这场没有硝烟的战争中，"中国制造"的优势到底在哪里？要打破西方贸易壁垒，最重要的是靠什么？目前，我国的陶瓷之所以走出国门，能源、原材料和劳力成本的优势在逐渐消失，最大的优势是政府的扶植政策，包括出口退税、税务减免等。但是，我们应该清醒地认识到，低价的"中国制造"不是政府所希望看到，更不是政府支持扶植的，政府今后将会对"二高一资"的产业实行限制或取消退税补贴、限制出口，也是产业升级的关键，这是大的方向。

我国是陶瓷生产大国，还不是陶瓷生产强国。从依靠数量取胜的"中国制造"到以质量占优的"中国创造"，是我国政府一项长期的目标，仅靠仿冒、卖低价、贱卖国土和低廉劳力是不可持续的，今后陶瓷行业要健康有序发展，需要在发掘新的更深层次市场和新的更高工艺上下足力气，并通过创新提升产业附加值，走精品之路。

（二）从"画地为牢"走向"全国一盘棋"

案例：佛山建陶大迁移

在过去三十多年中，佛山成为国内最重要的陶瓷产业基地，打造了佛陶这一响当当的品牌。然而，作为高能耗、高污染、低附加值的传统制造产业，佛陶已经不能适应现代经济发展的需要，这使佛陶的产业转移成为必然。自2007年12月国家出台节能减排政策，为了应对成本、资源、环境压力，满足快速增长的陶瓷消费市场需求，佛山、山东及其他产区政府已经对高能耗、重污染企业实行关、停、转，其中佛山建筑陶瓷领域的大规模迁移震荡了整个陶瓷行业。据不完全统计，从2007年3月开始，佛山加快了战略转移布局全国

① 参见《中国陶瓷再遭欧盟反倾销　超2 000家陶企将被波及》，《信息时报》2012年2月17日。

的速度，频繁地外围投资建厂，衍生出全国 11 个陶瓷新产区，其中包括：广东清远、德庆、高要、江门，江西高安、丰城、萍乡、景德镇、九江、东乡，湖南衡阳、临湘，湖北当阳、鄂州、蕲春、宜昌，山东淄博、临沂，辽宁法库、建平，内蒙古鄂尔多斯。涉及总投资超过 250 亿元，新规划总占地面积接近 4 万亩，涉及生产线约 350 多条，佛陶产业版图已开始在全国逐渐形成。在北移过程中，广东清远、江西高安是最早承接转移的地区，也是新兴产业基地最先初具规模的地区。2010 年，一大批在佛山，甚至在海内外都有着响当当品牌的陶瓷企业，纷纷大规模转移至广东北部清远市所辖的清新县境内，规划区面积将达近 80 平方公里的佛山禅城（清新）产业转移工业园里。佛山建筑陶瓷领域的大规模迁移不仅仅是产业地域的变换，更深层次的是整个经济、社会发展到一定阶段陶瓷产业的结构调整和产业升级。在这个过程中，佛山市政府按照"保留一批、提升一批、转移一批、关闭一批"的原则，旨在将佛山变为佛陶的总部基地，集中研发、设计、营销、物流等陶瓷生产的上下游产业，仅保留少数优秀企业与大部分陶瓷企业的总部，以品牌为支撑打造"总部经济"。陶瓷企业的优化重组和升级，提升了佛山陶瓷的竞争力，也使以佛山陶瓷为代表的广东省陶瓷行业走上了一条可持续发展之路。从 2004 年以来，广东省规模以上企业数量及其主营业务收入、利润总额不断攀升（详见表 4.14）。

表 4.14　2004—2010 年广东省陶瓷制品制造主要规模指标变动情况 ①

时间	规模以上企业数量		主营业务收入		利润总额	
	数量（个）	同比增长（%）	金额（千元）	同比增长（%）	金额（千元）	同比增长（%）
2004 年	450	41.07	18 182 407	94.03	674 242	81.38
2005 年	411	-8.67	16 813 043	-7.53	749 608	11.18
2006 年	468	13.87	20 236 090	20.36	919 813	22.71
2007 年 1—11 月	502	7.49	22 815 834	27.96	686 442	-8.44
2008 年 1—11 月	540	7.57	26 584 479	16.52	804 690	17.23
2009 年 1—11 月	606	12.22	32 462 649	22.11	1 152 612	43.24
2010 年 1—11 月	682	12.54	40 217 991	23.89	1 760 426	52.73

数据来源：国家统计局　银联信

① 《（2010—2011 年）中国陶瓷行业年度授信政策指引研究报告》，http://doc88.com/p-9075141872306.html。

在这次行业大转移中，江西省从高安、丰城、萍乡、九江、东乡到千年瓷都景德镇，重新形成了一个“大陶瓷”格局，吸纳投资近 200 亿元人民币。江西高安是这一轮转移中的一个大赢家，仅仅 2008 年，佛山陶瓷在当地投资已达数十亿元，其中，新中源 10 亿元、新明珠 24 亿元、欧亚 8 亿元、英皇卫浴 6 亿元。加上景德镇深厚的陶瓷文化底蕴和人才优势、资源优势，江西在未来 5 到 15 年内注定要占据中国陶瓷行业的龙头地位。我国陶瓷行业自 2008 年上半年开始从广东时代进入了江西时代[①]。从 2004 年以来，江西省规模以上企业数量及其主营业务收入、利润总额增长速度不断加快，走上了一条健康发展的快车道(详见表 4.15、表 4.16)。

表 4.15　2004—2010 年江西省陶瓷制品制造主要规模指标变动情况[②]

时间	规模以上企业数量		主营业务收入		利润总额	
	数量（家）	同比增长（%）	金额（千元）	同比增长（%）	金额（千元）	同比增长（%）
2004 年	98	15.29	1 090 327	35.26	29 263	899.54
2005 年	85	-13.27	1 606 917	47.38	62 803	114.62
2006 年	115	35.29	3 103 141	93.11	146 305	132.96
2007 年 1—11 月	140	23.89	5 397 988	109.49	295 140	137.54
2008 年 1—11 月	225	60.71	11 369 607	110.63	1 088 985	268.97
2009 年 1—11 月	268	19.11	16 468 718	44.85	1 515 649	39.18
2010 年 1—11 月	296	10.45	27 260 427	65.53	2 991 690	97.39

数据来源：国家统计局　银联信

产业中心转移使传统上由几个主产区独大的情况逐渐改变，人才、资金、技术等生产要素的合理流动使产业布局更加均衡和合理。传统主产区如佛山、淄博等产能和产量将继续减少，而新兴产区将进一步增加，直接结果是中国建陶产业新格局基本形成。资料显示，2009 年陶瓷砖产量除广东产区略有下降之外，其他产区的产量都有不同程度的增长，其中辽宁、江西、湖北、陕西、重庆、河南、湖南、山西八个省（市）的建陶产量增长都超过了 50%。

① 参见《佛山新一轮陶瓷产业转移大潮来临》，《中国建材报》2008 年 1 月 11 日。

② 《(2010—2011 年)中国陶瓷行业年度授信政策指引研究报告》，http://doc88.com/p-9075141872306.html。

表 4.16　2010 年 1—11 月全国陶瓷制品制造行业规模对比分析[①]

区域	销售收入		利润总额		总资产		企业数量	
	总额（千元）	同比（%）	总额（千元）	同比（%）	总额（千元）	同比（%）	数量（家）	同比（%）
全国	162 370 161	36.82	11 577 830	65.11	93 471 851	17.24	2 408	10.31
广东	40 217 991	23.89	1 760 426	52.73	20 344 804	15.91	682	12.54
山东	28 701 527	26.02	2 355 361	42.31	15 064 945	16.88	242	14.15
江西	27 260 427	65.53	2 991 690	97.39	10 366 186	20.88	296	10.45
河南	13 789 694	57.79	1 804 274	65.67	4 794 992	27.88	122	5.17
湖南	13 213 905	51.15	565 861	70.56	6 262 904	16.22	239	8.64
福建	9 641 814	25.13	455 455	47.47	4 923 703	26.95	258	5.31
江苏	6 437 844	31.42	426 236	150.68	6 182 439	15.55	93	0
河北	5 513 175	25.9	196 146	52.54	7 316 061	2.8	81	1.25
广西	3 602 166	35.78	36 063	0	2 905 456	21.38	83	15.28
浙江	3 177 804	30.48	196 824	39.72	3 823 764	39.61	85	10.39
上海	2 266 827	17.74	301 934	39.15	3 217 678	17.58	32	–3.03
四川	1 746 305	78.65	84 278	121.15	682 799	99.7	26	73.33
辽宁	1 499 643	28.38	87 393	–18.1	2 034 919	6.33	30	25
重庆	1 419 589	88.14	65 832	459.89	1 274 733	–11.41	23	15
湖北	1 086 480	47.64	24 770	–24.8	844 552	87.9	22	22.22
山西	820 395	61.44	22 068	628.32	976 998	14.91	33	6.45
北京	687 045	24.54	173 586	62.86	849 426	–21.18	7	–30
安徽	475 406	99.08	16 718	0	378 947	10.5	18	20
吉林	223 745	61.23	9 856	116.47	66 051	25.75	0	0
黑龙江	186 235	109.29	5 108	0	157 022	15.65	8	14.29
云南	116 954	17.89	–762	0	124 941	4.38	7	0
天津	110 851	–3.18	6 212	–64.45	232 314	–3.18	6	50
陕西	83 132	162.1	–1 324	0	123 627	68.11	5	25
内蒙古	51 234	–10.08	–8 910	0	456 577	54.49	0	0
贵州	18 241	31.32	234	25.81	37 522	53.93	0	0
宁夏	11 687	49.26	1 611	279.06	6 881	159.66	0	0
甘肃	10 045	0	890	0	21 610	0	0	0

数据来源：国家统计局　银联信

① 《(2010—2011 年)中国陶瓷行业年度授信政策指引研究报告》，http://doc88.com/p-9075141872306.html。

启示：社会化大生产下的产业结构优化升级

中国明清官窑制度是古代自然经济、皇权专制条件下出现的特殊产物，是与当时社会物质生产发展和社会制度的产生分不开的，是一种超经济的文化现象。古代官窑之所以走向没落，除了其赖以生存的政治基础丧失之外，根本原因是古代官窑是与自然经济相适应的，自然经济的封闭性无法适应社会化的大生产。

在社会主义市场经济条件下，原料、人才、资金、技术、管理等一切生产要素都要以市场为基础进行优化配置，资源的合理流动要遵循商品经济的一般规律。由于建筑陶瓷行业属于劳动密集型产业，它始终无法摆脱趋贫转移的客观命运。在原材料、能源、人力资源、物流、环境等各方面成本节节攀升的情况下，我国建筑陶瓷行业在广东等沿海发达省份的发展本身已经到了一个极限，产业从东南沿海向内地中西部地区转移将是中国陶瓷业产业结构调整的方向。从聚集到分散、从聚集到迁移、从低级到高级、从重视经济利益到重视环境保护，这是发达地区陶瓷产区乃至国内所有建筑陶瓷产区发展和产业调整的必经之路。

（三）如何实现陶瓷行业的可持续发展

案例：以消耗优质资源为代价的“景德镇制（造）”却在“地摊式”销售

景德镇是中外闻名的瓷都，在 1 700 多年的发展过程中，景德镇陶瓷产业集全国名窑之大成，汇各地良工之精华，创造出美轮美奂的陶瓷精品，形成了“白如玉，明如镜，薄如纸，声如磬”的独特风格，为中华民族陶瓷工业的发展增添了异彩。但是，如今世界知名陶瓷品牌多为欧美国家的天下，千年瓷都景德镇却没有一个享誉全球的陶瓷品牌。

长期以来景德镇陶瓷只有产地概念，而没有形成产业的名牌效应。景德镇这个名字是最响亮的品牌、最可观的无形资产，景德镇这个地区是具有极强说服力的千年历史陶瓷发源地。“景德镇这三个字就是陶瓷的金字招牌，我们完全有实力培育我们自己的世界级陶瓷品牌。”景德镇九段烧瓷厂厂长段镇民说，“但是，我们没有好好开发利用这个金字招牌，景德镇就像一个大篮子，萝卜、白菜和牛羊肉都往里面装，自己把牌子砸烂了。”综观现在景德镇的陶瓷市场，不难发现大量采用优质制瓷资源所造的陶瓷制品，却在以极其低廉的价格地摊式地展销、抛售，不仅影响了“景德镇”品牌在用户心目中的地位，更浪费了有限的宝贵资源。据调查，景德镇日用陶瓷生产虽然采取了优质原料，但生产的瓷器却以中低档次为主。日用陶瓷的出口平均单价为 1.78 美元 / 千克，远低于日本出口平均单价 12.11 美元 / 千克和欧盟出口平均单价 9.77 美元 / 千克，也低于泰国出口平均单价 3.55 美元 / 千克。景德镇日用陶瓷生产在消耗优质原料的同时，没有发掘出优质原料所能带来的价值空间，这在一定程度上是对优质原料的损耗和浪费。

启示：官（御）窑的“优质优料优工”模式，利于资源的有效利用和市场的可持续发展。

为了使御窑厂的资源供应得到保障，明代沿袭了元代的旧制，将麻仓土（即高岭土）列为“官土”。明嘉靖三十五年《江西省大志·陶书》记载:“陶土出新正都麻仓山,曰千户坑、曰龙坑坞、高路坡、低路坡,为官土”,禁止其他民间瓷窑开采。新正都即今景德镇市浮梁县窑里镇东埠村以东地区,这里盛产高岭土。清同治四年,胡元龙在安徽祁门东乡太和坑独资开采瓷石矿,取牌号为“胡春培”,“胡春培”号瓷石为最优质的制瓷原料,因此后来官府钦定其为御用砖矿,只能供应御窑厂。此外,永乐(1403—1424年)、宣德(1426—1435年)等朝所使用的青花进口钴料——苏泥勃青,嘉靖(1522—1566年)时所用的进口回青,均被朝廷垄断和统一调用,所谓“陶用回青,本外国贡也;嘉靖中遇烧御器,奏发工部,行江西布政使司贮库时给之”[①],再如《明神宗实录》明确记载:“御用回青……买之甚难。因命甘肃巡抚田乐设法召买解进,以应烧造急用,不许迟误。”瓷土原料是古代陶瓷坯料配方中的主要组成之一,是陶瓷胎体中氧化铝的主要来源,其品质好坏,不仅会直接影响最终产品的烧成温度和外观特征(如白度、透光性、色泽等),还决定了坯体成型性能、干坯强度,以及产品强度等工艺和理化性能。而青花料则是当时官民窑中产量最大、最具代表性的青花瓷,以及部分颜色釉瓷如霁蓝釉、天青釉等生产制作所不可缺少的原料之一,不同产地、不同品质的青花料在组成和性能上存在着较大差异。这种差异又将直接影响最终产品的发色和外观特征。由此可见,优质的制瓷原料资源,直接决定了产品的最终品质。

同时,为了使产品达到最高水平,御窑厂还雇佣了全国最好的制瓷工匠,明洪武时规定“凡工匠二等:曰‘轮班’,三岁一役,役不过三月,皆复其家;曰‘住坐’,月役一旬”。“住坐之匠月上工十日,不赴班者输罚班银月六钱,故谓之输班”。上好的制瓷原料和一流的工匠及其所拥有的最好的制瓷技艺才保证了御窑厂精美瓷器的品质和合格率。

虽然我们今天会觉得统治阶级对优质原料的绝对占有很不公平,但是不可否认的是,正是因为统治阶级将最优秀的原料、最熟练的工匠、最完善的制瓷场地,以及规范明细的分工管理模式结合起来,才能够在尽可能短的时间里创造出当时最先进的制瓷技艺、制造出最优秀的陶瓷产品,更是最大限度地避免了优质资源的随意、过度滥用。虽然官御窑当时所采用的“优质优料优工”生产模式,是为了服务于上层政治阶层而设定的,对当时的制瓷行业发展利弊兼有,造就了大量优秀的官窑产品,也破坏了市场的公平原则。但是,面对资源已近枯竭的千年瓷都景德镇,面对当下景德镇无论何种品牌、何种质量的制品均可以随便使用任何一种优质的制瓷原料的境况,面对优质资源过度消耗于售价低廉的低档陶瓷制品的情形,官御窑的这种“优质优料优工”的生产模式,尤其是其对优质资源的控制和管理是值得批判性借鉴的。为了有效保护我们有限的宝贵资源,为了我国陶瓷行业的可持续健康发展,应该在学习官御窑的“优质优料”模式基础上,尽早形成陶瓷资源的分级

① [明]王宗沐:《江西省大志》卷七《陶书》,转引自熊寥、熊微:《中国陶瓷古籍集成》,江西科学技术出版社2000年版,第177页。

标准化，并进行统一管理和调配，针对不同层次陶瓷制品限制使用不同层次、品质陶瓷原料，以实现资源的最大化利用。

（四）品牌是企业的生命

案例：美的“紫砂门事件”

陶瓷作为家居行业产业链之一，历来遭遇高能耗、高污染、高排放、资源型行业的指责。然后面对“低碳”时代的来临，各种“低碳陶瓷”应运而生。可惜，大量陶瓷企业只把“低碳”当作潮流噱头以此逐利，由于缺乏低碳身份的标准认定，让真正以低碳为目标的企业难以得到认同，以低碳、环保为噱头的产品让消费者莫衷一是。2010 年 5 月 23 日央视《每周质量报告》栏目曝光了美的生活电器紫砂煲生产黑幕，称紫砂煲产品中的天然紫砂基本都是以普通陶土为原料，用化工制剂二氧化锰、铁红进行增色制造而成，而非真正的紫砂[①]。

启示：品牌需要知识产权保护

“成也萧何，败也萧何。”这句话用在明清王朝的专制制度与官窑制度的关系上同样适用。官窑凭借专制制度的保护凌驾于民窑之上，由于它在政治资源上所处的垄断地位，通过政权、法律、道德、军事等手段，在装饰、色彩、用料、规格等方面禁止民间仿制，限制官民使用，以保障帝王对御用瓷的专享权为最高准则。明清王朝的一项基本政策就是禁止民窑生产御用瓷器，违令者严惩不贷。

垄断成就了明清官窑文化的辉煌，创新则赋予了明清官窑文化以灵魂。现代市场经济下的今天，垄断已经成为一种违法的市场行为，而创新仍然是我们民族进步的灵魂。如果我们把古代官窑的垄断视为对品牌的保护的话，那么，我们可以说，基于自主知识产权之上的“品牌垄断”和专属保护则有利于创新。

随着陶瓷行业的快速发展，陶瓷知识产权的保护也面临着很大的挑战。一些人受经济利益的驱使，违反版权法，抄袭仿冒他人产品和名人作品的事件时有发生，这种现象不仅损害了消费者和创作者的权益，同时也挫伤了创作者的积极性，影响了陶瓷行业的创新与发展。究其因，主要原因是由于我国的知识产权制度建立与实施较晚，目前全国尚未形成非常良好的知识产权保护的公民素质、文化、心理、经济、社会和政治制度的环境，导致对陶瓷作品的知识产权保护无论是在保护的意识、水平，保护的措施、范围还是社会人文环境、制度环境与执法水平等方面都不尽如人意。

以景德镇艺术陶瓷知识产权保护为例，景德镇作为享誉世界的千年瓷都，艺术陶瓷是其重要的组成部分，但是，景德镇艺术陶瓷知识产权保护并不容乐观。据相关资料显示，在专利保护方面从申请的发展趋势来看（见图 4.5），1985 年到 2000 年，景德镇艺术陶瓷专

① 参见《美的“紫砂门”事件》，《南方日报》2010 年 5 月 24 日。

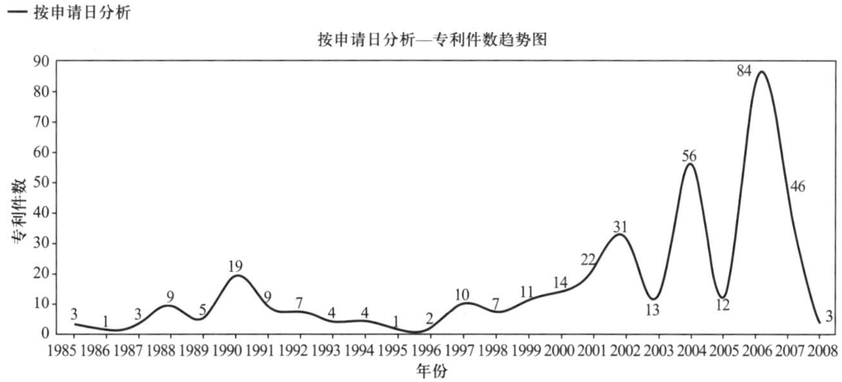

	1985	1986	1987	1988	1989	1990	1991	1992	1993	1994	1995	1996	1997	1998	1999	2000	2001	2002	2003	2004	2005	2006	2007	2008
■按申请日分析	3	1	3	9	5	19	9	7	4	4	1	2	10	7	11	14	22	31	13	56	12	84	46	3

图 4.5 景德镇艺术陶瓷专利申请日分析趋势图[①]

利申请基本处在一个低位，起伏较小；从 2001 年开始，尤其是 2004 年以后，进入一个比较快速的发展阶段，但起伏较大。说明对陶瓷知识产权不够重视，其结果是不能有效保护发明者的权益，而损害创新的土壤和氛围。在艺术陶瓷专利保护方面，专利申请总量占全国的比例较小，而且与潮州、宜兴等产瓷区差距较大。景德镇艺术陶瓷企业整体专利创新意识不强，在新产品研制、设计创新过程中申请专利的意识淡薄，在艺术陶瓷生产过程中一些经营者喜欢“跟风”，在艺术陶瓷创作中大多是以往艺术陶瓷简单复制与再现，一旦某独特艺术陶瓷出现在景德镇陶瓷市场，马上就有大量低质和劣质的仿制艺术瓷产品随之良莠不齐地充斥陶瓷市场，景德镇陶瓷声誉遭到严重破坏。

如果说申请专利的意识淡漠导致创新原动力不足的话，那么，景德镇在对现有知识产权的保护方面也不容乐观。在陶瓷市场竞争日益激烈的今天，谁拥有高端品牌，谁就拥有了赖以生存的基础和生命线。而商标作为品牌的核心要素，是市场主体重要的无形资产，已经成为市场主体参与市场竞争的重要利器。目前，景德镇陶瓷品牌除了“景德镇”为“中国驰名商标”外，在市场上几乎没有叫得响的品牌。但是，景德镇大多数陶瓷企业缺乏品牌保护意识，认为景德镇金字招牌是老祖宗遗留下来的，对于其制造的质量粗劣的陶瓷也标注为景德镇制造，侵犯景德镇商标。20 世纪 90 年代后期开始由民间自发组织的一系列境内外无序展销，更把景德镇千年瓷都的名声“砸”得一落千丈，这不仅造成了景德镇地理标志的巨大无形资产浪费，而且还使景德镇市及其生产、经销景德镇瓷器的企业在国内外经济贸易中遭受了巨大损失。

① 江伟辉：《景德镇艺术陶瓷知识产权保护》，知识产权出版社 2011 年版。

地摊的地位、破碎的瓷片、如潮的指责，令景德镇重新正视品牌和信誉的重要性。自2004年起，每年10月举行的以“博览世界陶瓷精品，弘扬千年瓷都文明”为主题的“中国景德镇国际陶瓷博览会”日益成为我国陶瓷行业国际化、专业化的会展品牌与名片，也成为展示和推介景德镇陶瓷品牌的大舞台。

景德镇在推进陶瓷品牌战略和知识产权保护方面的做法给我们有益的启示：加强对知识产权工作的政策引导和投入，带动全社会增强知识产权意识，加强对陶瓷知识产权的保护，为陶瓷品牌建设撑起“保护伞”；加大对陶瓷品牌的培育力度，进一步建立完善陶瓷标准化体系，积极推进企业采用国际标准或国外先进标准及制标工作；加强陶瓷产品质量定期监督检验，对非法侵犯陶瓷品牌权益的行为坚决予以打击；政府大力扶持新创品牌企业，着力发展优秀的陶瓷企业成为品牌企业，出台相关政策给予表彰和奖励[①]。

（五）专业化分工、标准化生产、精细化管理是中国陶瓷行业发展必由之路

从窑场的生产布局、原材料管理到工种分工、工艺流程管理；从产品的设计、样品的试验、批量生产到质量控制、销售模式的管理；从官员的委派、工匠的使用、成本的控制到人员的奖惩制度、相关保障制度的管理等，明清官窑制度都呈现出其独特的运行模式，表现出其独特的文化色彩。社会生产发展到一定程度时，社会分工就会产生。将制瓷工序固定化、精细化，不仅可以提高劳动生产率，增加劳动产品的数量，而且还可以使工匠精益求精，有着自己独特的拿手活，从而提高产品的质量。按照不同的工种进行合理的布局可以节省人力物力财力，提高生产效率。陶瓷制作分工远在西周时期就出现了。《考工记》中记载：“抟埴之工，二。”“抟埴之工，陶、旊。”[②]随着制陶向制瓷业的发展，制作工艺越来越复杂，到了明清时期更是达到了精细化的程度，就连画青花也分了多个工种，分别由不同的专业化人才操作完成。唐英在《陶冶图说》中描绘了青花分工的情况：“青花绘于圆器，一号动累百千，若非画款相同，必致参差互异。故画者止学画不学染，染者止学染不学画，所以一其手而不分其心。画者、染者分类处一室，以成其划一之功。其余拱、锥、雕、镂，业似同而各习一家。釉红、宝烧技实异而类近于画。至如边线青箍，出镟坯之手；识铭书记，归落款之工；花鸟禽鱼写生以肖物为上，宣、成、嘉、万仿古以多见能精，此青花之异于五彩也。”

明清御窑厂的又一特点是把生产过程量化并严格按照量化后的标准实施控制与管理。对不同器件胎体、色料、釉料等用量，对青花料的制作方面，都有十分明确的规定。如对不同器皿所需青料、银两数规定为：“大样鱼缸（高二尺八寸，阔三尺，每口估银五十五

① 参见郭进、徐巧琳：《景德镇陶瓷：产业文化、发展历史、未来前景“长篇报告”》，http://news.taoci.com/yejie/20120218093941.htm。

② 闻人军译注：《考工记译注》，上海古籍出版社1993年版，第118页。

两。原画青一两，并附烧，共估青二两二钱）；二样鱼缸（高一尺八寸，阔二尺五寸，每口估银四十六两。原画青八钱，并附烧，共估青二两）……”[①] 此外，管理者也为工匠提供标准化的生产样品，如，在画作标准的确定上，“画青之际，照依估约之数，随其器之大小给以青之多寡，令其绘画，择其纯朴者二人，一人绘大，一人绘小，严为之防，明为之察。画完本器，有无同异，如是而三试之，则画工之真伪，颜色之浓淡，有不知者否也。即将画成之器，附窑带烧，即为样器。以后分画工以绘器也，视此以为颜料之多寡，责画工以成器也。视此以验颜色之浓淡，如此而程能，如此而课工，则虽不必人为之防，官为之稽，而欲颜色之浅淡不可得矣”[②]。选择两个做事负责又诚实的画匠，一人在大件器物上作画，一人在小件器物上作画，各三次，计其用料，器物入窑烧造合格者为样器，其画用颜料和器物颜色就作为其他画工的标准。

明清时期官御窑这种精细化的分工、定量化的管理和标准化的生产，尽管还存在着一定的缺陷，但是，正是这样一套严格的生产管理体系，造就了那一件件精美绝伦的皇家官窑御器。

意大利是当今世界陶瓷的一流强国，其日用瓷生产占据了欧洲全部产量的 1/4，建筑瓷产量占欧洲总产量的 50% 左右，卫生瓷生产接近欧洲的 1/3。另外意大利建筑陶瓷工业设备在世界范围内具有领先地位，意大利除陶瓷种类齐全外，陶瓷产业链非常完整，产业分工极为细致，各环节均发育良好。在谈到当今中国与意大利等国家陶瓷行业的差距时，某陶瓷企业董事长曾说：“意大利等欧洲国家无论从分工到协作、专业化全方位工作都做到了很细化的地步，他们的确是在为促进陶瓷行业的发展进步而努力着。但中国更多是从商业经济的角度去发展，中国的企业更多是考虑如何赚钱，赚更多的钱。在这样的一种动力下的发展，这就有别于国外是在专业化的基础和价值观的支撑下的发展，两者之间的取向截然不同。”他还进一步提到：“专业化分工、标准化生产、精细化管理是中国陶瓷行业发展的必由之路。”[③]

（六）创建中国当代官窑——塑造高端陶瓷品牌的路径选择

陶瓷，是人类文明史上的一朵奇葩，也是人类不可磨灭的共同记忆。瓷器与人类的生存环境、生产方式、生活习惯、社会制度、宗教信仰、审美情趣等有着密不可分的联系，因而不同时期、不同地区的瓷器也蕴含着不同的历史与人文内容，并形成了各具特色的瓷文化。在中世纪的欧洲，来自中国的瓷器曾有“白色金子”之誉。在英文中，china 既有中国又有瓷器之意。可以毫不夸张地说，瓷器见证了中华民族的辉煌历史，并已成为中华文明

---

① ［明］王宗沐纂，陆万垓增修：《江西省大志》卷七《陶书续补》，“回青”条，明万历二十五年本。

② ［明］王宗沐纂，陆万垓增修：《江西省大志》卷七《陶书续补》，“回青”条，明万历二十五年本。

③ 罗杰、张磊、陈飞：《何乾：专业化分工、标准化生产、精细化管理是中国陶瓷行业发展的必由之路》，http://www.fstcb.com/spect/brick/development2010110815148.html。

最重要的象征之一。千百年以来，陶瓷始终以其独特的形式承载着中华文化，传达着兼容并包、自强不息的伟大民族精神。尤其是随着明清时期御器(窑)厂在景德镇的设立，迎来了我国陶瓷制作技艺的顶峰时期。明清时期官窑之所以达到了中国瓷器制作技艺的最高水准，抛开社会性质和意识形态因素，与政府强力推动，把官窑作为汇聚资金、人才、技术的高端平台是分不开的。

然而时至今日，作为世界陶瓷大国的中国，却已离世界陶瓷强国相差甚远。我国是目前世界主要的日用陶瓷生产大国和出口大国，日用陶瓷总产量约占世界总产量的60%。出口日用陶瓷平均单件换汇仅为0.32美元，远远低于世界平均单件出口价格0.87美元的水平，为英国、日本的1/7，法国的1/3。我国陶瓷产业国际竞争力不强，是不争的事实。可见，中国虽有部分企业的产品质量接近或达到了国际水平，但大多数企业的质量仍属中低档产品，仍然处于价值链低端，知识产权保护力度不够，大量企业"重模仿轻创新"，"重引进轻消化"，品牌建设和自主营销能力薄弱，没有自己的品牌和营销网络。陶瓷企业如果仍然走过去的粗放式、无品牌和抄袭别人知识产权的发展模式，必然难以获得长久发展。十七届五中全会提出："推动文化产业成为国民经济支柱性产业。"实现这一目标成为转变经济发展模式的关键之一。陶瓷产业要乘此次东风，响应国家发展战略的号召，改变过去靠廉价劳动力、廉价自然资源来发展的模式，依靠创意设计和品牌建设，形成具有自主知识产权、自主知名品牌的产业发展模式[①]。当下，要大力推动陶瓷产业的发展，一个可行的思路是以红色文化为引领创建中国当代官窑。

新中国成立以后，在创建"红色官窑"方面进行了可贵的探索。"红色官窑"即是指新中国成立后，某些特殊瓷厂在"文化大革命"这一个特殊的历史年代所生产的各种生活用瓷和装饰用瓷，这些瓷器都带有那个时代的烙印，成了见证这段时代的历史文物。景德镇建国瓷厂、景德镇艺术瓷厂、人民瓷厂、红旗瓷厂、雕塑瓷厂、湖南群力瓷厂、轻工业部陶瓷研究所等单位，先后为中央国家机关生产过一些生活用瓷、陈设瓷及礼品瓷，这些单位也堪称当代的"红色官窑"。"红色官窑"中最著名的当属景德镇生产的"7501"毛瓷。为烧制这批瓷器，当年轻工业部陶瓷工业科学研究所专门组织了40多位当时中国最优秀的陶瓷人才，如当时中国最著名的陶瓷艺术家汪桂英、洪国忠、王锡良、戴荣华、徐亚风、刘平、彭召贤等人都参与其中，突击设计出初样后由毛主席亲点"水点桃花"纹样，并选用最好的材料，用最好的工艺进行生产，在工艺造诣上的成就与宋明官窑器相比有过之而无不及。集中了诸多大师智慧的"水点桃花"也被专用来指代"毛瓷"，亦称"红色官窑""中南海用瓷"。"毛瓷"的艺术特征就是红色经典加传统御制瓷的精美，其高超的艺术成就和所蕴藏

---

① 参见王世群、陈雨前、占士红:《官窑视角下我国陶瓷产业的千年辉煌与启示》,《中华文化画报》2011年第6期，第104~106页。

的丰富的时代政治、历史、文化信息，堪称空前绝后的精品。

红色文化是中国共产党在革命、建设与改革时期领导中国人民创建的无产阶级政治文化，是中华民族宝贵的精神财富。红色文化因其生长和扎根于中华大地五千年文化沃土，传承了中华文化精髓，从而有着强大的生命力和无限的魅力；又因为它产生于中华儿女为民族复兴而艰苦卓绝的奋争历程中，体现了中华民族自强不息、不畏艰难、前仆后继和勇往直前的民族精神，因而成为中华文化经典中的一部分和先进文化的重要内容。红色文化不仅在革命时期发挥了重大作用，而且在建设社会主义和谐社会的今天，仍然具有重大的传承价值。新时期，创建中国当代官窑并将丰富的红色文化内涵注入中国当代官窑之中，具有多方面的重大意义。现阶段，我们要创建当代中国红色官窑，绝不是对过去的简单复制，而是一种扬弃，是借鉴古代官窑的宝贵历史经验、汲取其中的优秀元素为我所用。陈雨前教授认为，创建当代中国红色官窑，就是以社会主义先进文化为引领，建立适应社会主义市场经济、有中国作风、中国气派、中国样式的高端平台，并以唱响时代主旋律、构建社会主义核心价值体系为己任，以敢为天下先的精神大胆创新，生产出有导向性、示范性，代表最高制瓷水准的陶瓷作品，从而推动整个陶瓷行业的发展。创建中国当代官窑，既是一个重大的理论命题，也是一个重大的实践问题。从理论和实践上，需要回答三个主要问题：为什么要创建中国当代官窑？以什么样的视角构建中国当代官窑？以及如何推进中国当代官窑建设？之所以要创建当代官窑，是与我们所处的时代密切相关的。当前，我国正处于经济转轨、社会转型的加速期，各种文化观念不断交流、交融、交锋，文化多元化扩展了我们的视野，也对我们的传统文化造成了巨大的冲击，在涉及文化的深层问题如“民族根、民族魂、民族脊梁”等重大问题上存在一定的迷茫。因此，在新的历史条件下，要壮大我国的文化软实力，就必须在中华文化中汲取有益的精神营养。而中国共产党领导各族人民在进行革命、建设和改革的历史实践中创造的红色文化是具有浓郁中国作风与中国气派的主流文化，是中国人民的宝贵精神财富。在当代中国，保护与传承革命历史文化遗产、促进传统陶瓷文化与中国红色文化有效融合，既是我们应当承担的历史使命，也是发展先进文化和创建中国当代官窑的独特视角。在此基础上，围绕中国当代官窑的发展理念、发展方向、功能定位、配套措施以及市场运作等方面，寻求创建中国当代官窑的有效路径[①]。

① 参见陈雨前、王世群、占士红：《新时期创建中国当代红色官窑的思考》，《建筑与文化》2011年第8期。

主要参考文献

《2012 年景德镇陶瓷工业总产值首破 200 亿元》，高雪梅、孙红丽，《景德镇日报》2013 年 2 月 19 日

《EDXRF 应用于古陶瓷科技鉴定的实验条件探讨》，吴隽、张茂林、吴军明、李其江，《中国陶瓷》2012 年第 1 期

《参内监疏》，萧近高，《江西通志》卷四九《舆地略》，《四库全书总目提要》，纪昀总纂，石家庄：河北人民出版社 2000 年版

《成化实录》，"中央研究院"历史语言研究所校勘，上海：上海书店 1982 年版。

《重新认识官窑——关于官窑概念的探讨》，袁南征，《文博》1995 年第 6 期

《从故宫藏品看乾隆时期"唐窑"的新成就》，叶佩兰，《故宫博物院院刊》1986 年第 1 期

《从故宫藏清代制瓷官样看中国古代官样制度——清代御窑厂研究之二》，王光尧，《故宫博物院院刊》2006 年第 6 期

《从官手工业制度看汝窑》，王光尧，《故宫博物院院刊》2002 年第 1 期

《从景德镇制瓷工艺的发展谈葫芦形窑的演变》，王上海，《文物》2007 年第 3 期

《从历史典籍看景德镇官窑御器的演变》，洪卫宁，《景德镇陶瓷》2004 年第 3 期

《从绿色角度看建筑卫生陶瓷产品的发展趋势》，杨洪儒，《陶瓷》2006 年第 9 期

《大明会典》，申时行等修，赵用贤等纂，《续修四库全书》，上海：上海古籍出版社 1995 年版

《东西文化及其哲学》，梁漱溟，上海：上海人民出版社 2006 年版

《斗彩考》，赵宏，《陶瓷研究》1994 年第 4 期

《督陶官与清代前期御窑的成就》，刘淼，《中国历史文物》2007 年第 2 期

《对景德镇御器厂几个问题的探讨》，余家栋，《江西历史文物》1987 年第 1 期

《珐琅彩艺术的源与流》，王升虎，《景德镇陶瓷》2000 年第 4 期

《浮梁瓷局与御土窑器》，李民举，《南方文物》1994 年第 3 期

《浮梁县志》，浮梁方志委，北京：中国方志出版社 1999 年版

《浮梁县志》，清乾隆四十八年刻本

《高岭土史考》，刘新园、白焜，《中国陶瓷》1982 年第 7 期

《更专业的督陶官与更自由的工匠——清代御窑的六大特点之三、之四》，周思中，《紫禁城》2007 年第 9 期

《工部十四》，申时行等修，《明会典》卷一九四，北京：中华书局 1989 年版

《故宫陶瓷馆》，故宫博物院，北京：紫禁城出版社 2008 年版

《“官搭民烧”考》,赵宏,《故宫博物院院刊》1996 年第 1 期
《官样与清宫御瓷——故宫藏清代同治光绪御定瓷样及瓷器展》,郭玉昆,《收藏家》2007 年第 10 期
《官窑瓷款识中的“年制”与“御制” ——权力对艺术的渗透与控制》,周思中,《紫禁城》2008 年第 3 期
《官窑视角下我国陶瓷产业的千年辉煌与启示》,王世群、陈雨前、占士红,《中华文化画报》2011 年第 6 期
《官窑制度的形成及其实质》,刘毅,《中原文物》1994 年第 3 期
《宦绩录·饶州府》,《江西通志》卷一三二,《四库全书总目提要》,纪昀总纂,石家庄:河北人民出版社 2000 年版
《皇明诏令》,傅凤翔,《中国法律典籍集成》乙编第三册,北京:科学出版社 1994 年版
《皇权专制下的清代御窑厂》,王光尧,《紫禁城》2006 年第 1 期
《机床发展史话》,广州机床研究所编,广州:广东人民出版社 1977 年版
《稽财用匮竭之源酌营造缓急之务以光圣德以济时艰疏》,王德完,《明经世文编》卷四四四,北京:中华书局 1962 年版
《纪窑器》,谷泰,《博物要览》第五卷,济南:齐鲁书社 1997 年版
《嘉靖崇道研究》,喻堰田,西北师范大学 2010 年硕士学位论文
《嘉靖道教纹饰瓷器》,刘伟,《收藏家》2002 年第 7 期
《简论官哥二窑》,李家治,北京:科学出版社 2007 年版
《简论康熙皇帝对西学的态度》,朱红霞,《临沂师范学院学报》2001 年第 5 期
《江西景德镇丽阳瓷器山明代窑址发掘简报》,王上海、王光尧、余江安,《文物》2007 年第 3 期
《江西景德镇明清御器(窑)厂落选御用瓷器处理的考察》,权奎山,《文物》2005 年第 5 期
《江西景德镇明清御窑遗址发掘简报》,刘新园、权奎山、李一平等,《文物》2007 年第 5 期
《江西景德镇市明清御窑遗址 2004 年的发掘》,刘新园、权奎山、李一平,《考古》2005 年第 7 期
《江西省大志·陶书续补》,王宗沐纂,陆万垓增修,明万历二十五年本
《江西省大志·陶书》,《中国陶瓷古籍集成》,熊寥、熊微,南昌:江西科学技术出版社 2000 年版
《江西陶瓷史》,余家栋,开封:河南大学出版社 1997 年版
《蒋祈与唐英》,耿宝昌,《故宫博物院院刊》1999 年第 1 期
《景德镇传统陶瓷兴衰历史原因之研究》,曹建文,《中国陶瓷工业》2010 年第 2 期
《景德镇瓷录》,陈海澄编著,景德镇:《中国陶瓷增刊》2004 年版
《景德镇瓷窑遗址的调查与中国陶瓷史上的几个相关问题》,刘新园,《景德镇出土陶瓷》,香港:香港冯平山博物馆 1992 年版
《景德镇官窑瓷器的艺术特色及其成就》,余勐,孔铮桢,《艺术百家》2007 年第 7 期
《景德镇湖田窑陈列馆 . 江西湖田窑址 H 区发掘简报》,江西省文物考古研究所,《考古》2000 年第 12 期
《景德镇湖田窑考察纪要》,刘新园,《文物》1980 年第 11 期
《景德镇湖田窑址:1988—1999 年考古发掘报告》,江西省文物考古研究所、景德镇民窑博物馆,北京:文物出版社 2007 年版
《景德镇历代青花瓷胎釉化学组成的多元统计分析》,吴隽、李家治,《陶瓷学报》1997 年第 3 期

《景德镇民窑》，方李莉，北京：人民美术出版社 2002 年版
《景德镇民窑制度文化的价值思考》，李兴华、饶俊南，《南昌大学学报》（人社版）2003 年第 3 期
《景德镇明代民间青花瓷器》，张志刚、郭演仪、陈尧成，《硅酸盐通报》1987 年第 3 期
《景德镇青花瓷彩上斑点显微结构的研究》，吴隽、李家治、郭景坤，《无机材料学报》1999 年第 1 期
《景德镇史话》，周銮书，南昌：江西人民出版社 2004 年，第 9 期
《景德镇陶瓷产业呈现新格局》，王燕、冯建和，《江西日报》2008 年 3 月 21 日
《景德镇陶瓷传统工艺》，祝桂洪，南昌：江西高校出版社 2004 年版
《景德镇陶瓷工业生态补偿机制的研究》，王幸斌、江平汉，《中国陶瓷》2007 年第 11 期
《景德镇陶瓷史稿》，江西轻工业厅陶瓷研究所编，北京：生活·读书·新知三联书店 1959 年版
《景德镇陶录》，蓝浦，京都书业堂光绪十七年本
《景德镇陶录图说》，连冕编注，济南：山东画报出版社 2004 年版
《景德镇五代瓷器组成配方的 EDXRF 分析》，张茂林、周剑、李其江等，《光谱学与光谱分析》2012 年第 5 期
《景德镇艺术陶瓷知识产权保护》，江伟辉，北京：知识产权出版社 2011 年版
《景德镇元明清青花的着色和显微结构特征》，陈尧成、张志刚、郭演仪，《中国陶瓷》1981 年第 2 期
《景德镇珠山出土的明初与永乐官窑瓷器之研究》，刘新园，《鸿禧文物》1996 年创刊号
《康熙青花之装饰艺术及成因简析》，张新沂，《景德镇陶瓷》2002 年第 4 期
《考工记译注》，闻人军译注，上海：上海古籍出版社 1993 年版
《科技研究为官哥等窑的时空定位提供新思路》，李家治、吴瑞，《文物保护与考古科学》2006 年第 4 期
《窥天外乘》，王世懋，《凤洲杂编·觚不觚录·窥天外乘》，王世贞、王世懋，上海：商务印书馆 1936 年版
《历史中的景德镇瓷业——连载之二》，王馨，《紫禁城》2008 年第 3 期
《历史中的景德镇瓷业——连载之三》，王馨，《紫禁城》2008 年第 4 期
《历史中的景德镇瓷业——连载之四》，王馨，《紫禁城》2008 年第 5 期
《论“官搭民烧”对明清景德镇瓷业发展的影响》，吴军明、张茂林等，《陶瓷学报》2012 年第 4 期
《论粉彩肇源的工艺基础》，邹晓松，《装饰》2005 年第 2 期
《论官窑对景德镇瓷业发展的贡献》，余勐、邬德慧，《中国陶瓷》2004 年第 6 期
《论郎廷极对高温颜色釉瓷发展的贡献》，方圆，《景德镇陶瓷》2011 年第 4 期
《论明代官私工商业经济的演变》，李绍强，《齐鲁学刊》2004 年第 4 期
《论明清时期官窑与民窑的关系》，李绍强，《齐鲁学刊》1999 年第 4 期
《论清乾隆官窑瓷“次色变价”与瓷艺大发展》，江春和，《中国陶瓷》2011 年第 5 期
《论饶器·新窑、古窑》，高濂，《遵生八笺》笺五，北京：中华书局 2013 年版
《略论景德镇官窑青花瓷器》，张宁、赵光林，《景德镇陶瓷》1993 年第 Z1 期
《美的“紫砂门”事件》，《南方日报》2010 年 5 月 24 日
《弭变修省疏》，赵志皋，《明臣奏议》卷三二，北京：中华书局 1985 年版
《明成化皇帝与成化斗彩瓷器》，刘炜，《收藏家》1995 年第 10 期
《明初青花瓷发展的原因及特点》，王健华，《故宫博物院院刊》1998 年第 1 期

《明代瓷器成就及其社会原因》,孙文伟、孙天健,《景德镇陶瓷》1996 年第 3 期
《明代官窑艺术》,熊廖,《景德镇陶瓷》1992 年第 4 期
《明代后期景德镇御器厂匠役制度的变化》,梁淼泰,《中国社会经济史研究》1982 年第 1 期
《明代宦官政治与景德镇的陶政》,彭涛,《南方文物》2006 年第 2 期
《明代景德镇官、民窑青花瓷审美趣味差异》,邓和清、杨冰,《装饰》2003 年第 12 期
《明代景德镇民间青花制瓷业述略》,甄励,《景德镇陶瓷》1986 年第 3 期
《明代空白期景德镇制瓷研究》,张静,景德镇陶瓷学院 2010 年硕士学位论文
《明代永乐青花瓷器》,张志刚、郭演仪,《中国陶瓷》1989 年第 3 期
《明代御器厂的建立》,王光尧,《故宫博物院院刊》2001 年第 2 期
《明弘治景德镇官窑瓷业的衰落》,陆明华,《景德镇陶瓷》1986 年第 2 期
《明清法制初探》,怀效锋,北京:法律出版社 1998 年版
《明清家具的材质研究与鉴定——紫檀》,周默,《收藏家》2004 年第 5 期
《明清晋商资料选编》,张正明、薛慧林,太原:山西人民出版社 1989 年版
《明清景德镇城市经济研究》,梁淼泰,南昌:江西人民出版社 1991 年版
《明清时期景德镇陶瓷轮制成型技艺的演变成因探析》,李其江、吴军明、张茂林,《中国陶瓷》2012 年第 10 期
《明清时期景德镇御窑厂督陶官的文献考察》,陈宁、徐波,《中国陶瓷工业》2011 年第 4 期
《明清陶瓷官窑制度比异》,刘毅,《南方文物》1992 年第 4 期
《明清以来景德镇陶瓷施釉工艺的演变研究》,李其江、张茂林、吴军明,《陶瓷学报》2012 年第 3 期
《明神宗实录》,据广方言馆本补用嘉业堂本校,台北:"中央研究院" 历史语言研究所 1962 年版
《明实录·附录·05·明太祖宝训·卷二·议礼》,台北:"中央研究院" 历史语言研究所 1962 年版
《明史》第七十八卷,张廷玉,《志第五十四·食货二》,北京:中华书局 1973 年版
《明史稿》敬慎堂刊本第五十四卷,王鸿绪,台北:文海出版社 1962 年版
《明太祖实录》,据广言方馆本补用嘉业堂本校,台北:"中央研究院" 历史语言研究所 1962 年版
《明孝宗实录》,据广方言馆本补用嘉业堂本校,台北:"中央研究院" 历史语言研究所 1962 年版
《明宣宗实录》,据广方言馆本补用嘉业堂本校,台北:"中央研究院" 历史语言研究所 1962 年版
《明英宗实录》,据广方言馆本补用嘉业堂本校,台北:"中央研究院" 历史语言研究所 1962 年版
《南宋官窑探微》,邓禾颖,《东南文化》2003 年第 5 期
《南窑笔记》,桂林:广西师范大学出版社 2012 年版
《乾隆朝宫廷景泰蓝初步研究》,李彤彤,复旦大学 2010 年硕士学位论文
《乾隆皇帝与督陶官唐英(下)》,张宁、张敏,《收藏家》2006 年第 9 期
《浅论青花料的发色肌理与时代特征》,牛什荣,《陶瓷研究》2008 年第 1 期
《浅谈我国日用陶瓷行业的现状及对策》,王同言,《陶瓷》2013 年第 10 期
《钦定大清会典则例·广储司》卷一百五十九,《钦定四库全书·史部十三》文渊阁藏本
《清朝文献通考》,万有文库本,杭州:浙江古籍出版社 2000 年版
《清初瓷器胎釉的研究》,周仁,《景德镇瓷器的研究》,北京:科学出版社 1958 年版

《清代官窑瓷业的技术成就与陶官制度》，刘淼，《中国社会经济史研究》2008 年第 1 期
《清代康熙朝制瓷业发展述评》，李莹，内蒙古大学 2010 年硕士学位论文
《清代乾隆仿生瓷初步研究》，李霞，吉林大学 2010 年硕士学位论文
《清代学术概论》，梁启超，上海：上海古籍出版社 2000 年版
《清宫瓷器档案全集》，铁源，北京：中国画报出版社 2008 年版
《清宫述闻》，章乃炜，北京：紫禁城出版社 1990 年版
《清前期景德镇御窑管理制度刍议》，何新会、李伟，《郑州航空工业管理学院学报》（社会科学版）2009 年第 3 期
《清三代景德镇官窑瓷器设计思想研究》，宁钢、孔铮祯，《艺术百家》2008 年第 1 期
《清实录·高宗纯皇帝实录》，北京：中华书局 1987 年版
《清史稿》卷五百零五，北京：中华书局 1977 年版
《清唐英〈陶冶图说〉中的工艺观》，赵宏，《景德镇陶瓷》1999 年第 4 期
《"榷陶"唐英与清代官窑》，孙悦，中国艺术研究院 2010 年硕上学位论文
《人间词话》及评论汇编，姚柯夫，北京：书目文献出版社 1983 年版
《日用陶瓷工艺学》，李家驹，北京：中国轻工业出版社 2001 年版
《试述清嘉道咸三朝官窑瓷器的生产——兼论清官窑衰落的确切年代》，钱潮，《东南文化》1999 年第 4 期
《试析汝窑及相关问题》，郭木森、赵文军，《华夏考古》2000 年第 3 期
《疏通海禁疏》，许孚远，《明经世文编》卷四〇〇，北京：中华书局 1962 年版
《宋代官窑瓷器》，李辉柄，北京：紫禁城出版社 1993 年版
《宋代官窑瓷器型风格与特色》，叶宏明、叶国珍、袁敏智，《中国陶瓷工业》2005 年第 10 期
《宋代官窑续论》，李刚，《东方博物》2006 年第 2 期
《宋蒋祈〈陶记〉校注》，白焜，《景德镇陶瓷》1981 年第 S1 期
《宋至清前期景德镇的形成和发展概述》，萧放，《江西社会科学》1987 年第 6 期
《谈南宋官窑及相关问题》，李辉柄，《文物》1998 年第 4 期
《谈清代宫廷瓷器画样对粉彩工笔花鸟画的影响》，黄利初，《高岭论坛》2011 年第 3 期
《檀木分类、性状及辨别浅析》，王剑菁、苏中海、李兴伟，《广东林业科技》2010 年第 6 期
《唐英和清雍正时期的制瓷成就》，汪庆正，《景德镇陶瓷》1982 年第 3 期
《唐英与御窑厂的管理》，程贤达、张德山，《中国陶瓷》2008 年第 2 期
《陶瓷科技考古》，吴隽、张茂林、李其江、吴军明，北京：高等教育出版社 2012 年版
《陶冶图编次》，孙祐、周鲲、丁观鹏、唐英，《江西通志》，《四库全书总目提要》，纪昀总纂，石家庄：河北人民出版社 2000 年版
《陶冶图说》制瓷技术理论化的特点及价值》，李其江、吴军明、张茂林等，《陶瓷学报》2012 年第 1 期
《天工开物》，宋应星，北京：中国社会出版社 2004 年版
《〈天工开物〉中的"无名异"和"回青"试释》，刘秉诚，《自然科学史研究》1982 年第 4 期
《停差烧造太监疏》，唐龙，《明臣奏议》卷一六，北京：中华书局 1985 年版

《同步辐射在古陶瓷研究中应用的现状和展望》,张茂林、李其江、吴军明、吴隽,《光谱实验室》2011 年第 5 期
《晚清官样与大雅斋瓷器艺术风格初探》,杨莉莎,景德镇陶瓷学院 2010 年硕士学位论文
《文房肆考》,唐秉钧,清乾隆四十三年本
《文化引导未来》,保罗·谢弗,许春山、朱邦俊译,北京:社会科学文献出版社 2008 年版
《五杂俎》,谢肇淛,上海:上海书店出版社 2001 年版
《新时期创建中国当代红色官窑的思考》,陈雨前、王世群、占士红,《建筑与文化》2011 年第 8 期
《熊熊燃烧的千年窑火 . 手铲下的文明:江西重大考古发现》,余家栋,南昌:江西人民出版社 2004 年版
《宣德青花瓷器与宣德皇帝》,刘炜,《收藏家》1998 年第 4 期
《宣州窑及相关问题研究》,杨玉璋、张居中,《广西民族大学学报》(自然科学版)2007 年第 1 期
《养心殿造办处史料御览》(第一辑雍正朝),朱家溍选编,北京:紫禁城出版社 2003 年版
《窑器说》,程哲,《生活博物丛书·器物珍玩编》,上海:上海古籍出版社 1993 年版
《饮冰室合集》第 5 册,梁启超,《饮冰室文集》,北京:中华书局 1989 年版
《饮流斋说瓷译注》,许之衡著、叶喆民译注,北京:紫禁城出版社 2005 年版
《"影子窑场"与"财出内府,不扰地方"——清代御窑的六大特点之五之六》,周思中,《紫禁城》2007 年第 10 期
《永乐皇帝与"甜白瓷"》,刘炜,《收藏家》1994 年第 4 期
《元代官窑艺术》,熊廖,《河北陶瓷》1993 年第 4 期
《元明史料笔记丛刊·四友斋丛说·史九》卷十三,何良俊、元朗,北京:中华书局 1959 年版
《元明史料笔记丛刊·松窗梦语·风俗记》卷七,张瀚,北京:中华书局 1959 年版
《原始文化,神话、哲学、宗教、语言、艺术和习俗发展之研究》,爱德华·泰勒,边树声译,桂林:广西师范大学出版社 2005 年版
《越窑、龙泉及南宋官窑青瓷等我国南方青釉名瓷的元素组成模式和显微结构特征研究》,吴隽、罗宏杰、李其江等,《硅酸盐学报》2009 年第 8 期
《越窑秘色瓷及相关问题》,郑嘉励,《华夏考古》2011 年第 3 期
《在园杂志》,刘廷玑,北京:中华书局 2005 年版
《中国彩瓷的成熟时期——明代景德镇彩瓷》,叶佩兰,《艺术与投资》2007 年第 8 期
《中国传统工匠现代转型问题研究》,余同元,复旦大学 2005 年博士学位论文
《中国的瓷器》,江思清主编,颜石麟补充整理,北京:中国轻工业出版社 1983 年版
《中国地方志中的陶瓷史料》,梁宪华、翁连溪编,北京:学苑出版社 2008 年版
《中国古代官窑制度》,王光尧,北京:紫禁城出版社 2004 年版
《中国景德镇历代官窑青花瓷的断代研究》,吴隽、李家治、邓泽群等,《中国科学 E 辑》2004 年第 5 期
《中国科学技术史·陶瓷卷》,李家治,北京:科学出版社 1998 年版
《中国器物艺术论》,高丰,太原:山西教育出版社 2001 年版
《中国青瓷史略》,陈万里,上海:上海人民出版社 1956 年版
《中国陶瓷》,冯先铭,上海:上海古籍出版社 2001 年版

《中国陶瓷古籍集成》，熊寥、熊微，上海：上海文化出版社 2006 年版
《中国陶瓷史》，中国硅酸盐协会编，北京：文物出版社 2004 年版
《中国陶瓷再遭欧盟反倾销 超 2000 家陶企将被波及》，《信息时报》2012 年 2 月 17 日
《中华人民共和国国家标准 建筑卫生陶瓷用原料 粘土》，《陶瓷》2012 年第 1 期

人名索引

书名索引